浙江省普通高校"十三五"新形态教材
浙江省"十三五"国际经济与贸易优势专业项目
义乌工商职业技术学院校企合作开发教材项目
义乌工商职业技术学院在线开放课程建设项目

U0600870

国际贸易系列教材

FOREIGN TRADE
DOCUMENTATION PRACTICE

外贸制单实务

龚江洪　陈巧萍 / 主　编

姜申心　李惠娟
　　　　　　　 / 副主编
吴小渊　曹晶晶

ZHEJIANG UNIVERSITY PRESS
浙江大学出版社
·杭州·

浙江省普通高校"十三五"首批新形态教材项目
浙江省"十三五"国际经济与贸易优势专业项目
义乌工商职业技术学院校企合作开发教材项目
义乌工商职业技术学院在线开放课程建设项目

主编：龚江洪　陈巧萍

副主编：姜申心　李惠娟　吴小渊　曹晶晶

前　言

改革开放以来，中国同世界各国的经济往来越来越密切，对外贸易发展取得了巨大成就。世界贸易组织有关资料显示，继2009年中国成为世界第一大出口国后，2013年中国首次超过美国，跃居全球第一大货物贸易国，并且夺得三连冠，2016年美国反超中国成为第一大货物贸易国，中国位居第二，2017年中国再次赶超美国成为全球第一大货物贸易国，并且连续6年保持世界第一大货物贸易国地位。党的二十大报告指出："推动货物贸易优化升级，创新服务贸易发展机制，发展数字贸易，加快建设贸易强国。"中国外贸今后的主要任务是从贸易大国走向贸易强国。

对外贸易的快速发展对技能型外贸人才的需求日益增大。在外贸企业中，外贸单证员是在进出口贸易履约过程中，主要从事审证、订舱、报检、报关、投保、结汇等环节单证办理和制作的专门人员。外贸单证工作是外贸从业人员必须掌握的基础性工作。

进出口贸易履约过程中涉及的单据太多，而且不同业务中，相同单据的制作也会有所不同，但万变不离其宗。为了方便初学者既能轻松掌握常用单据的缮制规范，又能在实际工作中以不变应万变，本书以单据为基本，通过项目引领、任务驱动引发思考，帮助初学者掌握我国《票据法》、《跟单信用证统一惯例》(UCP 600)、《跟单信用证项下银行间偿付统一规则》(URR 725)、《关于审核跟单信用证项下单据的国际标准银行实务》(ISBP 745)、《托收统一规则》(URC 522)和《国际贸易术语解释通则2024》(INCOTERMS®2024)等相关法律、惯例的规定。一方面可以降低初学者的学习难度，另一方面也为初学者将来参加国际商务单证员考试奠定良好的知识基础。

本书共分九个项目，每个项目都设置有若干个任务。项目设置主要突出不同结算方式下进出口货物贸易合同履行过程中各环节的操作，任务设置主要突出外贸中常用单据的申请流程及缮制规范。其中项目一至项目六阐述一个连贯的出口贸易信用证业务，按照合同履行的全过程，在每个项目中通过任务设置突出该环节所需单据的缮制。项目七阐述一项独立的出口贸易汇付业务，项目八阐述一项独立的出口贸易托收业务，项目九阐述一项独立的进口贸易信用证业务。在不同结算方式下，进出口合同履行的过程大同小异，在各环节中所需的单据也基本相同，从单据缮制的角度来讲，区别不大。因此，为了保证本书的体系简洁、清爽，项目七至项目九不再重复讲解各环节的操作，而只着重介绍各业务与出口贸易信用证业务不同的地方。

本书由龚江洪负责拟定编写大纲、主题内容及最后统稿。具体编写分工如下：龚江洪、李惠娟负责编写项目一、项目五，陈巧萍负责编写项目四、项目九，吴小渊负责编写项目二、项目三和项目六，姜中心负责编写项目七、项目八，曹品品负责编写导论及对本书编写、视频拍摄的指导。视频拍摄分工如下：龚江洪负责拍摄项目一、项目三和项目五，陈巧萍负责拍摄项目二、项目四、项目六和项目九，姜中心负责拍摄项目七、项目八。

本书在编写过程中得到了义乌乐讯进出口有限公司总经理刘永敬、义乌市国际陆港集团有限公司李惠娟和义乌市众鼎进出口有限公司朱江忠的大力支持，也得到了中国农业银行义乌分行、中国工商银行义乌分行及中国银行义乌分行的大力支持；视频拍摄得到了杭州简学科技有限公司的大力支持；同时本书参阅了包括国际商务单证员、高级外经贸业务员全国考试统一教材的相关内容和其他相关著作、国家政策法规等。

由于编者水平所限，书中的疏漏、不足甚至错误在所难免，敬请读者批评指正。

编　者

2023年5月（2024年6月修改）

CONTENTS 目录

项目五　出口贸易信用证业务——办理保险操作

导　论

　　国际贸易单证有广义和狭义之分。广义的国际贸易单证是国际贸易中使用的各种单据、文件与证书的统称。从贸易合同签订、报关，到装运货物、出口结算、进口提货的整个过程，每个环节都需要相应的单证缮制、处理、交接和传递，买卖双方凭借这些单证来满足企业、运输、银行、保险、商检、海关以及政府机关管理对外贸易等多方面的需要。单证工作是对外贸易工作中的一个重要组成部分。狭义的国际贸易单证通常是指结算单证，特别是信用证支付方式下的结算单证。

一、国际贸易单证的分类

(一)《托收统一规则》(URC 522)的分类

　　《托收统一规则》将国际贸易单证分为金融单据(financial document)和商业单据(commercial document)两类。

　　金融单据是指汇票、本票、支票或其他类似的可用于取得款项支付的凭证。金融单据具有货币的属性。

　　商业单据是指发票、运输单据、所有权文件或其他类似的文件，或者不属于金融单据的任何其他单据。商业单据具有商品的属性。

　　《托收统一规则》的分类方式使得商业单据的范畴相当广泛，涵盖了除金融单据以外的所有单据。

(二)《跟单信用证统一惯例》(UCP 600)的分类

　　《跟单信用证统一惯例》将信用证项下的单据分为运输单据(transport document)、保险单据(insurance document)、商业发票(commercial invoice)和其他单据(other documents)四大类。

　　其中，运输单据包括海运提单，不可转让的海运单，多式或联合运输单据，租船合同提单，空运单据，公路、铁路或内陆水运单据，快递收据、邮政收据或投邮证明。保险单据包括保险单、保险凭证、预约保险单、投保声明等。其他单据包括装箱单、重量单、产地证、检验检疫证书、受益人证明等。

(三)UN/EDIFACT的分类

　　联合国欧洲经济委员会从事国际贸易程序简化工作的第四工作组将EDI国际标准分为三个领域：行政(administration)、商业(commerce)和运输(transportation)。并于1986年发布了EDI国际通用标准——UN/EDIFACT(United Nations/Electronic Data Interchange for Administration，Commerce and Transport)。该标准按照国际贸易流程将单证分为九大类：①生产单证；②订购单证；③销售单证；④银行单证；⑤保险单证；⑥货运代理服务单证；⑦运输单证；⑧出口单证；⑨进口和转口单证。

(四)按照单证的形式分类

　　国际贸易单证按照单证的形式可分为纸质单证和电子单证，《2024年国际贸易术语解释通则》(INCOTERMS® 2024)规定，纸质单证和电子单证具有同等效力。

(五)根据单证签发的单位分类

根据单证签发单位的不同,可把国际贸易单证分为以下几类:

①出口商自制的单据,包括汇票、商业发票、形式发票、装箱单、重量单、寄单证明、寄样证明、装运通知等。

②协作单位签发的单据,包括运输单据、保险单据、船龄证明、航程证明等。

③政府机构、社会团体签发的单据,包括许可证书、商检证书、产地证书等。

④进口国官方规定的其他单据,包括海关发票、领事发票等。

二、国际贸易单证的作用

(一)单证是结算的基本工具

国际贸易是国与国之间的商品买卖,但由于买卖双方处在不同的国家或地区,商品与货币不能简单地直接交换,而是以单证作为交换的媒介手段。因此,现代贸易又称为单据买卖。《跟单信用证统一惯例》(UCP 600)第五条规定:"银行处理的是单据,而不是单据可能涉及的货物、服务或履约行为。"第十四条a款规定:"按指定行事的指定银行、保兑行(如果有的话)及开证行须审核交单,并仅基于单据本身确定其是否在表面上构成相符交单。"如果单据与信用证要求不符,开证行可不负承付责任。因此,正确地缮制各种单证,以保证交货后及时收回货款就显得十分重要了。

(二)单证是履行合同的必要手段

单证与货款的对流已经成为国际贸易中商品买卖的一般原则。卖方交货不仅要将实际货物装运出口,而且要向买方提交包括物权凭证在内的全套单证以表示让渡物权。卖方交单意味着交付了货物,而买方付款则是以得到物权凭证为买到商品的标志,双方的交易不再是以货物为核心,而是以单证为核心。

在进出口贸易合同履行过程中的单证一般可分为两类:一类具有商品的属性,它们有的代表商品,有的表示商品的交换价值,有的说明商品的包装内容,有的保证商品的质和量,有的为商品的输入国提供必要的证明等;另一类具有货币的属性,它们有的直接代表货币,有的为货币的支付做出承诺或做出有条件的保证等。每种单据都有其特定的功能,它们的签发、组合、流转、交换和应用反映了合同履行的进程,也反映了买卖双方权责的产生、转移和中止。由此可见,单据的缮制是履行合同的必要手段。

(三)单证工作是外贸企业经营管理的重要环节

单证工作是为进出口贸易全过程服务的。贸易合同的内容、信用证条款、货源衔接、审证改证、交单议付等业务管理的问题,最后都会在单证工作中反映出来。单证工作组织管理的优劣直接关系到外贸企业的经济利益。因此,单证工作是外贸企业经营管理中一个非常重要的环节。

(四)单证是进出口企业形象的重要内涵

国际贸易单证不仅是商务和法律文件,而且还能起到塑造和完善进出口企业对外形象的作用。美观、整洁、清楚的单证,能够展示进出口企业高水平的业务素质和高质量的管理规范,有利于企业塑造良好的形象,促进业务的开展。

三、制单的基本要求

单证工作应做到"三一致，五要求"。"三一致"即"单证一致、单单一致、单货一致"，"五要求"即"正确、完整、及时、简洁、清晰"。

(一)正 确

"正确"是单证工作的前提，是安全收汇的保证。它包括以下两个方面的内容：

①要求各种单据必须做到"三相符"(单据与信用证相符、单据与单据相符、单据与实际货物相符)，其中"单证相符"是前提，离开这个前提，单单之间即使相符，也会遭到银行的拒付。"单货相符"主要是指单据的内容应该与实际交货一致，亦与合同一致。这样，单证才能真实代表出运的货物，确保履约正常，安全收汇。

②要求各种单据必须符合有关国际惯例和进出口国有关法令和规定。

(二)完 整

"完整"是构成单证合法性的重要条件之一，是单证成为有价证券的基础。它包含以下三方面的内容：

①单据内容完整，即每一种单据本身的内容(包括单据本身的格式、项目、文字、签章、背书等)必须完备齐全，否则就不能构成有效文件，也就不能为银行所接受。

②单据种类完整，即单据必须是成套齐全而不是单一的，遗漏一种单据，就是单据不完整。单据应严格按照信用证规定一一照办，除主要单据外，一些附属证明、收据一定要及时催办，不得遗漏。

③单据份数完整，即在信用证项下的交易中，出口商需要提交哪些单据，一式几份都已明确，尤其是提单的份数，更应注意按要求出齐，避免多出或少出。

(三)及 时

"及时"是指进出口单证工作的时间性很强，必须在合理的时间内及时制单。它包括以下两个方面的内容：

①各种单据的出单日期必须符合逻辑。也就是说，每一种单据的出单日期不能超过信用证规定的有效期限或商业习惯的合理日期。例如，保险单、检验证书的日期应早于提单的日期，而提单的日期不应晚于信用证规定的最迟装运期限等，否则，就会造成单证不符。

②交单议付不得超过信用证规定的交单有效期。如果信用证不做规定，按照《跟单信用证统一惯例》(UCP 600)的规定，受益人应该在不迟于货物发运日后的21个日历日内交单，但是在任何情况下都不得迟于信用证的截止日。

(四)简 洁

"简洁"是指单证的内容应力求简化，避免复杂烦琐，提高工作效率。

(五)清 晰

"清晰"是指单证表面清洁、美观、大方。如果"正确"和"完整"反映的是单证的内在质量，那么清晰则反映了单证的外观质量，它在一定程度上也反映了一个国家的科技水平和一个企业的业务水平。单证是否清晰，不但能够反映出制单人的业务熟练程度和工作态度，而且还会直接影响出单的效果。单证的清晰要求单证格式设计标准规范、内容排列整齐有序，字迹清晰，更改处要盖校对章或简签。如单证涂改过多，应重新缮制。

四、制单的依据

缮制和审核国际贸易单证的主要依据包括买卖合同、信用证、有关商品的原始资料、相关国际惯例、相关国内管理制度、相关国外客户要求等，以下主要介绍前四种。

(一)买卖合同

买卖合同是制单和审单的首要依据。如果签订了买卖合同，则国际贸易单证中的各项内容应与买卖合同的相应内容一致。若未签订买卖合同，则买卖双方往来的业务函电也可以作为制单和审单的依据。

(二)信用证

在以信用证方式付款的交易中，信用证取代买卖合同成为主要的制单和审单依据。UCP 600第四条a款规定，"就其性质而言，信用证与可能作为其开立基础的销售合同或其他合同是相互独立的交易，即使信用证中含有对此类合同的任何援引，银行也与该合同无关，且不受其约束。因此，银行关于承付、议付或履行信用证项下其他义务的承诺，不受申请人基于与开证行或与受益人之间的关系而产生的任何请求或抗辩的影响。受益人在任何情况下不得利用银行之间或申请人与开证行之间的合同关系"。在审证环节，如果发现信用证条款与买卖合同条款不符，应提出修改信用证；若不能修改或同意接受信用证条件，则必须以信用证为制单和审单的依据，这样才能达到安全收汇的目的。

(三)有关商品的原始资料

商品原始资料主要是指由生产制造厂商提供的一些资料，如货物出厂装箱单中显示的货物具体规格、型号、数量、毛重、净重、尺码等，往往是缮制装箱单的依据。

(四)相关国际惯例

相关国际惯例主要是指国际商会制定的《跟单信用证统一惯例》(UCP 600)、《跟单信用证项下银行间偿付统一规则》(URR 725)、《关于审核跟单信用证项下单据的国际标准银行实务》(ISBP 745)、《托收统一规则》(URC 522)、《2024年国际贸易术语解释通则》(INCOTERMS® 2024)等，这些国际惯例也是正确处理一些单据问题的依据。

五、国际贸易单证标准化

(一)概　述

国际贸易单证是国际贸易中的重要组成部分，根据联合国贸发会的统计，国际贸易单证费用占国际贸易总额的8%。国际贸易通常要涉及近400种单证，因此单证标准化工作就非常重要。国际贸易单证标准化的目的是使得商贸业务能够顺利开展，又使得各方在理解和执行单证所明确的内容方面获得一致，以确保国际贸易过程的有序和简化，减少纠纷，降低费用。

国际贸易单证标准化工作始于20世纪60年代初。1960年，联合国/欧洲经济委员会(UN/ECE)成立了"外贸单证简化与标准化工作组"，开始了国际贸易单证标准化和简化贸易程序的工作，并于1972年更名为"国际贸易程序简化工作组"，1999年改名为"贸易简化与电子业务委员会"。从20世纪80年代开始，该组织同世界各有关组织合作，陆续以联合国建议书的方式推出了31个联合国(UN)推荐标准。其中最重要的8项推荐标准被国际标准化组织(International Organization for Standardization，ISO)采纳为正式国际标准，并在全世界推行。经过30多年的使用，全世界主要贸易国都在国际贸易单证标准化工作中采纳了联合国推荐标准，并根据本国国情制定了相应的国家标准。

国际贸易单证标准化主要是指信息记录和交换格式的标准化，主要涉及四大元素：单证格式、贸易数据元、贸易数据元代码和标准EDI报文。只有这四个方面都做到了规范化、科学化和标准化，才能全面实现国际贸易单证标准化工作，使国际贸易单证在世界各国畅通无阻。实现在电子计算机管理的基础上，应用现代通信和电子数据交换手段来进行电子制单、远程电子申领、电子数据自动交换、跨国核查等现代国际贸易单证流程。这是国际贸易历史上的一次重大创新和变革，使国际贸易单证的制单速度提高了几十倍(从平均制作一套单证需要36小时，缩短到只需30分钟)，而且大大提高了单证的准确性，从而提高了国际贸易的经济效率。

我国国际贸易单证标准化工作始于20世纪90年代初，由商务部主管。我国研制国家标准的原则是与国际接轨，在有ISO标准的情况下首先采用ISO标准，而后才采用先进的国际标准，如UN/CEFACT标准等。目前，根据联合国基准贸易单证体系的架构模式研制的我国国际贸易单证格式标准体系已经完成。

(二)我国国际贸易单证的主要标准

1. 单证格式标准

与单证格式有关的标准如下：

①GB/T 14392—2009《国际贸易单证样式》(ISO 6422，UN推荐标准1)；

②GB/T 14393—2008《贸易单证中代码的位置》(ISO 8440，UN推荐标准2)；

③GB/T 15311.1—2008《中华人民共和国进出口许可证格式　第1部分：进口许可证》；

④GB/T 15311.2—2008《中华人民共和国进出口许可证格式　第2部分：出口许可证》；

⑤GB/T 15310.1—2014《国际贸易出口单证格式　第1部分：商业发票》；

⑥GB/T 15310.2—2009《国际贸易出口单证格式　第2部分：装箱单》；

⑦GB/T 15310.3—2009《国际贸易出口单证格式　第3部分：装运通知》；

⑧GB/T 15310.4—2012《中华人民共和国出口货物原产地证书格式》。

2. 代码标准

与单证代码有关的标准如下：

①GB/T 15421—2008《国际贸易方式代码》；

②GB/T 16963—2010《国际贸易合同代码编制规则》；

③GB/T 2659—2000《世界各国和地区名称代码》(ISO 3166，UN推荐标准3)；

④GB/T 7408—2005《数据元和交换格式　信息交换　日期和时间表示法》(ISO 8610，UN推荐标准7)；

⑤GB/T 12406—2008《表示货币和资金的代码》(ISO 4217，UN推荐标准9)；

⑥GB/T 18131—2010《国际贸易用标准化运输标志》(UN推荐标准15)；

⑦GB/T 15514—2015《中华人民共和国口岸及相关地点代码》(UN推荐标准16)；

⑧GB/T 16962—2010《国际贸易付款方式分类与代码》(UN推荐标准17)；

⑨GB/T 6512—2012《运输方式代码》(UN/CEFACT Rec.19，MOD)；

⑩GB/T 17295—2008《国际贸易计量单位代码》(ISO 1000，UN推荐标准20)；

⑪GB/T 16472—2013《乘客及货物类型、包装类型和包装材料代码》(UN推荐标准21)；

⑫GB/T 17152—2008《运费代码(FCC)运费和其他费用的统一描述》(UN推荐标准23)；

⑬GB/T 18804—2010《运输工具类型代码》(UN推荐标准28)；

⑭GB/T 7407—2015《中国及世界主要海运贸易港口代码》

(三)国际贸易单证常用代码

1.国际贸易用标准化运输标志

运输标志(shipping marks)俗称"唛头"，其作用是在运输途中使有关人员易于辨认货物，避免货物发生混乱。

标准运输标志由收货人(买方)、参考号、目的地和件数编号4个数据元依次组成。分4行，每行限17个字母或数字。使用大写英文字母、数字；不允许使用几何图形或其他图案；不允许用彩色编码作为运输标志。例如：

ABC CO	收货人名称
SC9750	合同号码
LONDON	目的港
NO. 4/20	件号(顺序号和总件数)

2.表示货币的字母代码

部分国家或地区货币名称及代码如表0-1所示。

表0-1　国际贸易中常用的计价货币代码

国家或地区	货币名称	代　码
中国 China	人民币元 Renminbi Yuan	CNY
中国香港 Hong Kong	港元 Hong Kong Dollar	HKD
中国澳门 Macau	澳门元 Pataca	MOP
美国 United States	美元 US Dollar	USD
欧盟 European Union	欧元 Euro	EUR
英国 United Kingdom	英镑 Pound Sterling	GBP
俄罗斯 Russian Federation	俄罗斯卢布 Russian Ruble	RUR
日本 Japan	日元 Yen	JPY
加拿大 Canada	加元 Canadian Dollar	CAD
澳大利亚 Australia	澳大利亚元 Australia Dollar	AUD

国家或地区	货币名称	代　码
新加坡 Singapore	新加坡元 Singapore Dollar	SGD
瑞士 Switzerland	瑞士法郎 Swiss Franc	CHF
韩国 Republic of Korea	圆 Won	KRW
泰国 Thailand	铢 Baht	THB
越南 Viet Nam	盾 Dong	VND

3.日期和时间、时间期限的数字表示

常用日期表示方法，如2024年1月4日可以表示为20240104；常用的时间表示方法，如当地时间16时26分36秒可以表示为162636；常用日期与该日的时间组合表示方法，如2024年8月20日9时10分15秒可以表示为20240820T091015。

4.国际贸易计量单位代码

国际贸易中部分常用计量单位代码如表0-2所示。

表0-2　常用计量单位代码

中文名称	英文名称	表示符号	通用代码
米	meter	m	MTR
英尺	foot	ft	FOT
平方米	square meter	m^2	MTK
平方英尺	square foot	ft^2	FTK
立方米	cubic meter	m^3	MTQ
立方英尺	cubic foot	ft^3	FTQ
千克	kilogram	kg	KGM
吨（米制）	tonne	t	TNE
长吨	long ton	ton (UK)	LTN
短吨	short ton	ton (US)	STN
纸板箱	carton	—	CT
金属桶	drum	—	DR
袋	bag	—	BG
包	bale	—	BL
捆	bundle	—	BE
打	dozen	DOZ	DZN

出口贸易信用证业务——外贸合同拟订

项目导入

王芳是一名大学毕业生，刚刚来到义乌市国际陆港集团有限公司工作，她的工作岗位是外贸单证员。在2023年中国义乌国际小商品博览会上，义乌市国际陆港集团有限公司王某某总经理和日本的 Mr. Poly 进行了洽谈，洽谈中王某某总经理将其公司合同一般交易条款(包括商检、不可抗力、异议和仲裁等)和公司的产品介绍交给了 Mr. Poly。数日后，Mr. Poly 来到王某某总经理的办公室，双方就有关拖鞋的交易条款进行了进一步的磋商，并达成了一致。会谈后，义乌市国际陆港集团有限公司的单证员王芳认真整理了会谈资料。

1. 双方公司地址

Mr. Wang

单位：International Land Port Group

地址：588 Airport Road, Yiwu City, Zhejiang Province, China

Mr. Poly

单位：Do-Best, Inc.

地址：3-85-16 Chuo, Warabi-Shi Saitama, Japan

2. 双方会谈记录

Mr. Poly: Mr. Wang, do you have offers for all the articles listed here?

Mr. Wang: Oh yes, this is the price list, but it serves as a guideline only. I wonder, Mr. Poly, is there anything you are particularly interested in?

Mr. Poly: I'm interested in your Jian Hua Brand Plastic Slippers style No. 8130G and No. 8133F. I hope you could offer us your most favorable price.

Mr. Wang: I'm sure you will find our price most competitive. If the quantity is less than 5,000 pairs, the unit price of No. 8130G is USD3.87 per pair, and the unit price of No. 8133F is USD4.07 per pair, CIF Tokyo. If the quantity is larger than 10,000 pairs, we will give you a discount of 5%.

Mr. Poly: Oh, 10,000 pairs are certainly too many for us. But if you can offer us a discount of 5%, I will purchase Jian Hua Brand Plastic Slippers style No. 8130G 2,400 pairs and No. 8133F 2,400 pairs separately.

Mr. Wang: You are asking a great deal, 5% reduction is absolutely impossible. Now Mr. Poly, to help you sell our product, we will make an exception—a special discount of 3%. Furthermore, as to the terms of payment, we ask the irrevocable L/C at sight, which should be opened and reach us 30 days before shipment and the L/C is valid for 15 days after the shipment date.

Mr. Poly: OK, Mr. Wang, by the way, is it possible to find alternate terms for our future business? What about D/A?

Mr. Wang: To be frank, D/A is impossible. But perhaps after more business together, we could agree to D/P terms.

Mr. Poly: Oh, I see. Then I want to know the earliest time of shipment, could you tell me?

Mr. Wang: We'll arrange direct shipment from Shanghai to Tokyo in December.

Mr. Poly: All right, let's talk about packing.

Mr. Wang: As to packing, we will use cartons, 24 pairs per carton, total 200 cartons to one 20' container.

Mr. Poly: OK, I want to say that the shipping marks should be printed like this... Shipping Marks: Do-Best/QJDB1018/Tokyo/C/No. 1-up)

Mr. Wang: No problem. We will do as you request.

Mr. Poly: Thank you. The last issue is insurance. The goods should be covered for 110% of the invoice value against All Risks.

请思考

1. 王芳应如何根据会谈内容缮制售货确认书呢？

2. 合同的形式有哪些？

3. 合同包含哪些基本内容？

4. 王芳应如何正确撰写出口合同的具体条款？

项目目标

学习目标

▶ 了解合同的形式与内容；

▶ 掌握合同基本条款的撰写方法。

技能目标

▶ 能够判断合同条款是否合理与完整；

▶ 能够根据往来函电，熟练地缮制合同。

任务一 合同概述

在国际货物买卖中，经过交易磋商，一项发盘被有效接受后，交易即告达成，买卖双方合同关系成立。合同是买卖双方达成交易的协议书，它明确了买卖双方的权利和义务，对双方都具有法律约束力。

◀ 外贸合同拟订

(一)合同的形式

合同的形式是合同当事人内在意思的外在表现形式。在国际贸易中,交易双方订立合同有下列几种形式。

1. 书面形式

书面形式指合同书、信件以及数据电文(包括电报、电传、传真、电子数据交换和电子邮件)等可以有形地表现所载内容的形式。《联合国国际货物销售合同公约》以及西方大多数国家的法律对买卖合同的形式,虽然原则上不加以限制,但在实际业务中,买卖双方的习惯做法,依然是在达成协议之后,再签订一份书面合同,将各自的权利和义务用书面方式加以明确。

采用书面形式订立的合同,既可以作为合同成立的证据,也可以作为履行合同的依据,还有利于加强合同当事人的责任心,使其依约行事,即使履约中发生纠纷,也便于举证和分清责任,故书面合同成为合同的一种主要形式。

关于书面合同的名称,并无统一规定,其格式的繁简也不一致。在我国进出口贸易实践中,书面合同的形式包括合同(contract)、确认书(confirmation)和协议书(agreement)等。其中以采用"合同"和"确认书"两种形式的居多。从法律效力来看,这两种形式的书面合同没有区别,只是格式和内容的繁简有所差异。

2. 口头形式

采用口头形式订立的合同,又称为口头合同或对话合同,即当事人之间通过当面谈判或电话方式达成协议而订立的合同。采用口头形式订立合同,有利于节省时间、简便行事,对加速成交起着重要作用。但是,因无文字依据,空口无凭,一旦发生争议,往往造成举证困难,不易分清责任的局面。这也是导致有些国家的法律、行政法规强调必须采取书面合同的最主要原因。

3. 其他形式

其他形式是指上述两种形式之外的订立合同的形式,即以行为方式表示接受而订立的合同。例如,根据当事人之间长期交往中形成的习惯做法,或发盘人在发盘中已经表明受盘人无须发出接受通知,可直接以行为做出接受而订立的合同,均属此种形式。

上述订立合同的三种形式,从总体上来看,都是合同的法定形式,因而均具有相同的法律效力,当事人可根据需要,酌情做出选择。根据我国《合同法》第十条规定:"当事人订立合同,有书面形式、口头形式和其他形式。法律、行政法规规定采用书面形式的,应当采用书面形式。当事人约定采用书面形式的,应当采用书面形式。"由此可见,当事人签订合同时,究竟采用什么形式,应根据有关法律、行政法规的规定和当事人双方的意愿行事。

(二)合同的内容

书面合同不论采取何种格式,其基本内容通常包括约首、基本条款和约尾三个组成部分。

约首一般包括合同名称、合同编号、缔约双方名称和地址、电报挂号、电传号码等项内容。

基本条款是合同的主要部分,包括品名、品质规格、数量或重量、包装、价格、交货条件、运输、保险、支付、检验、索赔、不可抗力和仲裁等项内容。商定合同主要是就这些基本条款如何规定进行磋商，并达成一致意见。

约尾一般包括订约日期、订约地点和双方当事人签字等项内容。

为了提高履约率，在规定合同内容时应考虑周全，力求使合同中的条款明确、具体、严密和相互衔接，且与磋商的内容一致，以利于合同的履行。

任务二　出口合同的基本条款

(一)品质条款

品质条款是商品说明的重要组成部分，也是交易双方在交接货物时对货物品质界定的主要依据。在出口交易中，表示商品品质主要有用文字说明和用实物样品表示两种方法。

1.品质条款的基本内容

(1)在凭样品买卖时，合同中除了要列明商品的名称外，还要定明样品的编号，必要时列出寄送的日期。

【例1-1】玩具熊，货号333，22厘米，有帽子和围巾，根据卖方于2023年8月20日寄送的样品

Art. No. 333, 22 cm, toy bear, with a cap and scarf, as per the samples dispatched by the Seller on Aug. 20, 2023

(2)在凭文字说明买卖时，应根据具体情况在合同中选用规格、等级、标准、牌名、商标或产地等方法进行品质说明。

【例1-2】花生，水分(最高)10%，杂质(最高)7%，含油量(最低)40%

(如实际装运货物的油量高于或低于1%，价格应相应增减1%。)

Peanut, moisture (max.) 10%, admixture (max.) 7%, oil content (min.) 40%

(Should the oil content of the goods actually shipped be 1% higher or lower, the price will be accordingly increased or decreased by 1%.)

【例1-3】玩具娃娃，货号7707	Toy doll Art. No. 7707
30×3672×6935.6×42码	30×3,672×6,935.6×42 yards
型号PMC9-71323	Type No. PMC9-71323
颜色蓝、黄、白，平均搭配	Blue, yellow, and white equally assorted
每打尺码搭配为小/3，中/6，大/3	S/3, M/6, and L/3 per dozen
质量符合样品的SP-03号	Quality as per sample No. SP-03

2.订立品质条款时的注意事项

根据商品的特性来确定表示的方法。例如，工艺品用样品表示，土特产用产地表示，机电产品使用说明书、图样表示。

凡能用一种方法表示品质的，一般不宜用两种或两种以上的方法来表示。

品质描述宜准确具体、科学合理，避免笼统含糊，如大约、左右；又忌绝对化，如棉布无瑕疵。

重视应用品质机动幅度(规定范围、规定极限、规定上下差异)和品质公差(允许交付货物的特定质量指标有在公认的一定范围内的差异)，掌握灵活性。

(二)数量条款

1. 数量条款的基本内容

合同中的数量条款一般包括商品的具体数量、计量单位及/或数量机动幅度的规定。

在国际贸易实务中，根据商品的不同性质，通常使用的计量单位有重量、容积、个数、长度、面积和体积等六种。其中重量可以按净重、毛重、"以毛作净"、公量和理论重量等方法进行计量。

【例1-4】
5000打	5,000 dozen
500箱	500 cases
1000纸板箱	1,000 cartons
3000套	3,000 sets
10000公吨	10,000 metric tons
65000码	65,000 yards

【例1-5】中国花生，1000公吨，以毛作净，卖方可溢短装5%，增减部分按合同价计算。

Chinese Peanut, 1,000 metric tons, gross for net, 5% more or less at the Seller's option at contract price.

2. 订立数量条款时的注意事项

按重量计算的商品应明确用哪种计重方法，即按毛重、净重或以毛作净等。在合同中未明确按何种计重方法计量时，按惯例应以净重计量。

使用"约"量时必须注意其机动幅度及适合的情况。

在使用溢短装条款(规定卖方实际交货数量可增减的百分比条款，也称增减条款)时，应注明溢短装部分的百分比、溢短装部分的选择权及溢短装部分的作价原则等。

(三)包装条款

1. 包装条款的基本内容

商品的包装条款一般包括包装的材料、包装的方式、包装的费用及包装的标志等内容。

【例1-6】"in..."表示用某物包装，用某种形式包装。

用箱装	In cases
打包	In bales
打捆	In bundles
散装	In bulk

【例1-7】"in... of... each"或"in..., each containing..."表示用某物包装，每件装多少。

用木箱装，每箱50打

In wooden cases of 50 dozen each / In wooden cases, each containing 50 dozen

【例1-8】"in... of... each, ... to..."表示用某物包装，每件装多少，若干件装于一大件中。

用盒装，每打装一盒，100盒装一木箱

In boxes of one dozen each, 100 boxes to a wooden case

【例1-9】国际标准茶叶纸箱装，10箱一托盘，10托盘一集装箱

In international standard tea cartons, 10 cartons on a pallet, 10 pallets in an FCL container

【例1-10】用涤纶袋包装，30磅装一袋，5袋装一箱，箱子需用金属作衬里的木箱。包装费用由卖方承担。

They shall be be packed in poly bags, 30 pounds in a bag, 5 bags in a sealed wooden case, which is lined with metal. The cost of packing is for the Seller's account.

2. 订立包装条款时的注意事项

明确包装材料、包装方式。不宜笼统地规定，不宜采用"适合海运包装""习惯包装"等字眼，以免引起争议。

明确包装费用负担问题。包装费用一般计入货价内，不另记价，但如果买方提出特殊包装要求，额外的包装费用应由买方负担。

明确运输标志(唛头)问题。一般由卖方决定，无须在合同中做具体的规定，但如果买方对唛头有具体要求，那么在合同中明确规定唛头的具体样式和内容，并规定提交唛头的具体时间限定，以免延误交货。

对于一些容易破碎、残损、变质的商品应在外包装上贴上相应的指示性标志(如"怕湿""向上""小心轻放""禁止手钩"等)，对于危险物品应在外包装上贴上相应的警告性标志(如"有毒品""爆炸物""腐蚀性物品"等)。

(四)价格条款

1. 价格条款的基本内容

买卖合同中的价格条款由单价和总额两部分组成。

单价主要由计价货币、单位货币金额、计量单位、价格术语四部分组成。

【例1-11】USD　　　　　100　　　　　Per M/T　　　　CIF New York

　　　　　计价货币　单位货币金额　计量单位　　价格术语

【例1-12】每公吨500港元CIFC5香港(或CIF香港包含5%的佣金)

HKD500 per M/T CIFC5 Hong Kong (CIF Hong Kong including 5% commission)

【例1-13】每件85美元成本加运费至纽约港减1%的折扣

USD85 per PC CFR New York less 1% discount

总额由阿拉伯数字和字母两部分构成。

【例1-14】USD8,000.00

Total Value: USD8,000.00

(SAY US DOLLARS EIGHT THOUSAND ONLY)

或(Say US Dollars Eight Thousand Only)

在用文字填写时应适当注意以下三点：①第一个词用"Say"，最后一个词用"Only"；②一般每个单词的第一个字母大写，或者所有字母都大写；③币别也可以写在

后面，如，Say Eight Thousand US Dollars Only.

2. 订立价格条款时的注意事项

单价条款由四个部分组成，即计价的数量单位、单位价格金额、计价货币和贸易术语等。四者缺一不可，且前后左右顺序不能随意颠倒。

单价与总值的金额要吻合，且币别要保持一致。

计价货币和贸易术语要根据实际情况慎重选用。

如果数量允许增加，则合同中的总金额也应有相应的增减。

(五)运输条款

1. 运输条款的基本内容

合同中的运输条款主要包括装运时间、装运港或装运地、目的港或目的地，以及分批装运和转运等内容，有的还规定装船通知条款、滞期速遣条款等。

【例1-15】2023年10月25日或25日前装运。

Shipment shall be on or before/shall not be later than Oct. 25, 2023.

【例1-16】收到信用证后30天内装运，相关的信用证必须最迟于××（日期）开到卖方。

Shipment shall be within 30 days after receipt of L/C, and the relevant L/C must reach the Seller not later than × ×(date).

【例1-17】2023年1月/2月每月平均装运

装运港：上海/南京/南通

目的港：伦敦/汉堡/鹿特丹

Shipment during Jan./Feb. 2023 in two equal monthly lots

Port of loading: Shanghai/Nanjing/Nantong

Port of destination: London/Hamburg/Rotterdam

【例1-18】2023年7月间由上海运往热那亚，允许分批，不允许转船

Shipment from Shanghai to Genoa during July 2023 with partial shipments allowed, transshipment not permitted.

【例1-19】卖方应在装运月份前45天将备妥货物可供装船的时间通知买方。允许分批和转船。

The Seller shall advise the Buyer 45 days before the month of shipment of the time the goods will be ready for shipment. Partial shipments and transshipment will be allowed.

2. 订立运输条款时的注意事项

一般在合同中应明确规定具体的装运时间。避免采用笼统规定近期装运的做法，如"立即装运"(immediate shipment)、"尽快装运"(shipment as soon as possible)、"即刻装运"(prompt shipment)等，这种方法各国解释不一致，容易引起纠纷。

订立装运时间时应考虑货源和船源的实际情况。卖方签合同时，要了解货源、船源情况，避免船、货脱节。同时要考虑运输情况，对有直达船和航次较多的港口，装运期可短一些，对无直达船或偏僻的港口，装运期要长一些。

一般应选择费用低、装卸效率高的港口作为装运港或目的港。考虑装卸港口具体的

条件。例如，有无直达班轮航线，有无冰封期，对船舶国籍有无限制等因素。

不接受内陆城市为装运港或目的港的条件，否则我方要承担从港口到内陆城市的运费和风险。

应注意港口有无重名，如有重名，应在合同中明确注明港口所在国家或地区的名称。例如，全世界有12个维多利亚，悉尼、波士顿等地都是有重名的。

对于分批装运的分批时间、分批次数、批量要根据实际货源情况进行订立。

在下列情况下应当规定"允许转船"：①目的港无直达船或无固定船期的；②航次稀少，间隔长的；③成交量大，而港口拥挤、作业条件差的。

(六)保险条款

1. 保险条款的基本内容

合同中的保险条款因不同的贸易术语而异。

以CIF、CIP术语成交，保险条款一般包括四个方面的内容：由何方办理保险、投保金额、投保险别及以哪一个保险公司的保险条款为准等。

【例1-20】保险由卖方按发票金额的110%投保一切险和战争险，以中国人民保险公司1981年1月1日海洋货物运输保险条款为准。

Insurance shall be covered by the Seller for 110% of total invoice value against All Risks and War Risk as per the relevant Ocean Marine Cargo Clauses of The People's Insurance Company of China dated Jan. 1, 1981.

以FOB、CFR或FCA、CPT术语成交，合同中的保险条款无须说明具体内容(由买方自行安排)，保险条款直接订为"保险由买方办理"即可。

【例1-21】保险由买方办理

Insurance to be covered by the Buyer

2. 订立保险条款时的注意事项

按CIF或CIP术语成交，买卖双方应该在合同中约定保险金额，如未约定，按照INCOTERMS® 2024的要求，保险金额按CIF或CIP总值加成10%计算。

买卖双方约定的险别通常为平安险、水渍险、一切险三种基本险别中的一种，还可在此基础上加保一种或若干种附加险。在买卖双方未约定投保险别的情况下，按照INCOTERMS® 2024的要求，卖方只需按保险公司的最低险别投保。

(七)支付条款

依据不同的付款方式，合同中的支付条款内容和注意事项各异，现分别介绍如下。

1. 汇付条款及注意事项

为明确责任，防止拖延收付款时间，影响及时发运货物和企业的资金周转，对于使用汇付方式结算货款的交易，在买卖合同中应当明确规定汇付的时间、具体的汇付方式和金额等。

【例1-22】买方应在2023年9月15日前将100%的货款以电汇(信汇/票汇)方式预付给卖方。

The Buyer shall pay 100% of the sales proceeds in advance by T/T (M/T or D/D) to reach the Seller not later than Sep. 15, 2023.

【例1-23】买方应于合同签订以后15日内通过电汇方式支付合同总金额的30%作为预付款，买方在收到卖方寄交的正本提单后立即将70%的余款用电汇付交卖方。

30% of the total contract value as advance payment shall be remitted by the Buyer to the Seller through telegraphic transfer within 15 days after signing this contract. The Buyer should pay 70% of the contract value by T/T upon the receipt of the original Bills of Lading sent by the Seller.

2. 托收条款及注意事项

在采用托收方式时，要具体说明使用即期付款交单、远期付款交单还是承兑交单，注意承兑交单、远期付款交单的风险把握。

(1)即期付款交单托收条款

【例1-24】买方凭卖方开具的即期跟单汇票，于第一次见票时立即付款，付款后交单。

Upon first presentation the Buyer shall pay against documentary draft drawn by the Seller at sight. The shipping documents are to be delivered against payment only.

(2)远期付款交单托收条款

【例1-25】买方对卖方出具的见票后××天付款的跟单汇票于第一次提示时予以承兑，并在汇票到期日付款，付款后交单。

The Buyer shall duly accept the documentary draft drawn by the Seller at × × days sight upon first presentation and make payment on its maturity. The shipping documents are to be delivered against payment only.

(3)承兑交单托收条款

【例1-26】买方应于第一次提示卖方出具的见票后××天付款的跟单汇票时予以承兑，并在汇票到期日付款，承兑后交单。

The Buyer shall duly accept the documentary draft drawn by the Seller at × × days sight upon first presentation and make payment on its maturity. The shipping documents are to be delivered against acceptance.

3. 信用证条款及注意事项

在国际货物买卖中应对信用证条款做出明确的规定，包括开证时间、开证银行、受益人、信用证类别、信用证金额、信用证有效期和到期地点等。

(1)即期信用证条款

【例1-27】买方应通过为卖方所接受的银行于装运月前××天开立不可撤销即期信用证并送达卖方，有效期至装运月后第15天，在中国议付。

The Buyer shall open through a bank acceptable to the Seller an Irrevocable Sight Letter of Credit to reach the Seller × × days before the month of shipment, valid for negotiation in China until the 15th day after the month of shipment.

(2)远期信用证条款

【例1-28】买方应通过为卖方所接受的银行于装运月前××天开立不可撤销见票后30天付款的信用证并送达卖方，有效期至装运月后第15天，在上海议付。

The Buyer shall open through a bank acceptable to the Seller an Irrevocable Letter of Credit at 30 days' sight to reach the Seller × × days before the month of shipment, valid for negotiation in Shanghai until the 15th day after the month of shipment.

(八)检验条款

进出口合同中检验条款一般包括下列内容：有关检验权的规定，检验或复验的时间和地点，检验机构，检验检疫证书等。

【例1-29】买卖双方同意以装运港(地)中国国家质量监督检验检疫总局签发的品质和数量(重量)检验检疫证书作为信用证下议付所提交的单据的一部分，买方有权对货物的品质和数量(重量)进行复验，复验费由买方负担。但若发现品质和/或数量(重量)与合同规定不符，买方有权向卖方索赔，并提供经卖方同意的公证机构出具的检验报告。索赔期限为货物到达目的港(地)后45天。

It is mutually agreed that the General Administration of Quantity Supervision Inspection and Quarantine of the People's Republic of China at the port of shipment shall be part of the documents to be presented for negotiation under the relevant L/C. The Buyer shall have the right to reinspect the quality and quantity (weight) of the cargo. The reinspection fee shall be borne by the Buyer should the quality and/or quantity (weight) be found not in conformity with that of the contract, the Buyer are entitled to lodge with the Seller a claim which should be supported by survey reports issued by a recognized surveyor approved by the Seller. The claim, if any, shall be lodged within 45 days after arrival of the cargo at the port of destination.

(九)索赔、仲裁与不可抗力条款

1. 索赔条款

国际货物买卖合同中的索赔条款有两种规定方法：一种是异议与索赔条款(discrepancy and claim clause)；另一种是罚金条款(penalty clause)。

一般买卖合同中，多数只订异议与索赔条款。异议与索赔条款除规定一方如违反合同，另一方有权索赔外，还包括索赔依据、索赔期限、赔偿损失的办法和赔付金额等。

【例1-30】买方对货物的任何异议必须于装运货物的船只到达提单指定目的港 × × 天内提出，并须提供经卖方同意的公证机构出具的检验报告。

Any claim by the Buyer regarding the goods shall be filed within × × days after the arrival of the goods at the port of destination specified in the relative B/L and supported by a survey report issued by a surveyor approved by the Seller.

2. 仲裁条款

仲裁条款主要包括仲裁地点、仲裁机构、仲裁程序和仲裁裁决的效力等内容。其中仲裁地点的选择是一个关键问题。因为在一般情况下，在何国仲裁即采用何国的仲裁规则或相关法律。在我国的国际贸易实践中，仲裁地点大致有三种订法：①在我国仲裁；②在被告所在国仲裁；③在双方同意的第三国仲裁。关于裁决的效力，一般应在合同中明确订明：仲裁裁决是终局的，对双方当事人均有约束力。

【例1-31】凡因执行本合同所发生的或与本合同有关的一切争议，双方应通过友好协商解决。如果协商不能解决，应提交北京中国国际经济贸易仲裁委员会，根据该会的仲裁规则进行仲裁。仲裁裁决是终局的，对双方都有约束力。仲裁费用除仲裁庭另有规定外，均由败诉方负担。

All disputes arising from the execution of or in connection with this contract shall be amicably settled through negotiation in case no settlement can be reached between the two parties. The case under disputes shall be submitted to China International Economic and Trade Arbitration Commission Beijing Sub-Commission, for arbitration in accordance with its Rules of Arbitration. The arbitral award is final and binding upon both parties. The arbitration fee shall be borne by the losing party unless otherwise awarded by the arbitration court.

3. 不可抗力条款

国际货物买卖合同中的不可抗力条款主要包括：不可抗力事故的范围，对不可抗力事件的处理原则和方法，不可抗力事件发生后通知对方的期限和方法，以及出具证明文件的机构等。我国进出口合同中的不可抗力条款主要有三种规定方法，即概括式、列举式和综合式。综合式的方法既明确具体，又有一定的灵活性，是一种较好的方法，我国在实际业务中多采用此法，具体见范例。

【例1-32】如由于战争、地震或其他不可抗力，致使卖方对本合同项下的货物不能全部或部分装运或延迟装运，卖方对此不负任何责任。但卖方应立即通知买方并于15天内以航空挂号函件将由中国国际贸易促进委员会出具的证明发生此类事件的证明书寄给买方。

If the shipment of the contracted goods is prevented or delayed in whole or in part by reason of war, earthquake，or other causes of Force Majeure, the Seller shall not be liable. However, the Seller shall notify the Buyer immediately and furnish the letter within 15 days by registered airmail with a certificate issued by the China Council for the Promotion of International Trade attesting such event or events.

任务解决

王芳缮制售货确认书如下。

Sales Confirmation

S/C No.: QJDB1018

Date: Oct. 28, 2023

(1) The Seller: International Land Port Group

Address: 588 Airport Road, Yiwu City, Zhejiang Province, China

(2) The Buyer: Do-Best, Inc.

Address: 3-85-16 Chuo, Warabi-Shi, Saitama, Japan

(3) Commodity & Specifications	(4) Unit	(5) Quantity	(6) Unit Price (USD)	(7) Amount (USD)
Jian Hua Brand Plastic Slippers			CIF Tokyo	
8130G	Pairs	2,400	3.75/Pair	9,000.00
8133F	Pairs	2,400	3.95/Pair	9,480.00
	Total:	4,800		18,480.00

(8) Total Contract Value: SAY US DOLLARS EIGHTEEN THOUSAND FOUR HUNDRED AND EIGHTY ONLY.

(9) Packing: Each 24 pairs packed in one carton; total 200 cartons to one 20' container

(10) Port of Loading & Destination: From Shanghai China to Tokyo Japan

(11) Shipment: To be effected by the Seller during Dec. 2023 with partial shipment and transshipment prohibited

Shipping Marks: Do-Best/QJDB1018/Tokyo/C/No.1-up

(12) Payment: The Buyer shall open through a bank acceptable to the Seller an Irrevocable Sight Letter of Credit to reach the Seller 30 days before the month of shipment, valid for negotiation in China until the 15th day after the month of shipment

(13) Insurance: To be covered by the Seller for 110% of total invoice value against All Risks as per the relevant ocean marine cargo clauses of The People's Insurance Company of China dated Jan. 1, 1981

Confirmed By:

The Seller

International Land Port Group

王某某

The Buyer

Do-Best, Inc.

Amy Poly

Please sign and return one copy for our file

任务实训

2023年5—6月份义乌市国际陆港集团有限公司与巴塞罗那Hem International, S.A.公司就塑料购物袋货号377进行往来函电磋商，经双方共同努力，最终达成交易。请根据下列背景资料和往来的函电实例缮制销售合同。

Seller: International Land Port Group

588 Airport Road, Yiwu City, Zhejiang Province, China

Buyer: Hem International, S.A.

POLTCBN Industrial Rubi Sur

18201 Rubi, Barcelona, Spain

Commodity: Plastic Shopping Bag Article No. 377 32 cm × 26 cm × 12.5 cm

Usual Terms:

Goods to be packed in cartons of 200 PCS each.

Payment by Irrevocable Sight Letter of Credit.

往来函电

Incoming: May 18

Plastic shopping bag Article No. 377, please quote lowest price CIF Barcelona.

Outgoing: May 20

Yours eighteenth 377 price USD0.85/PC CIF Barcelona shipment July.

Incoming: May 22

Yours May 20 377 bidding USD0.73 one hundred thousand PCS. Shipment July reply here twenty sixth.

Outgoing: May 24

377 very difficult, however need time for consideration.

Incoming: May 25

Yours May 24 must expedite stop. We appreciate your sincerity. Please understand. We are similarly trying specially hard against strong competition and difficult market.

Outgoing: May 27

377, unless better price business is impossible.

Incoming: May 28

Very difficult to improve under hard competition anyhow persuaded user USD0.75 one hundred thousand PCS.

Outgoing: May 30

Yours May 28, appreciate your hard working, however price still too low, very difficult to make production, please do utmost improve.

Incoming: May 31

User very disappointed, we are sincerely sorry offer unimprovable and subject acceptance here June second otherwise we are forced to book elsewhere.

Outgoing: June 2

After hard calculation we now quote best USD0.80 which is still below market level. We hope user will appreciate our real effort. Please confirm.

Incoming: June 4

Specially confirmed add further one hundred thousand PCS. Still others unchanged. Please confirm immediately.

Outgoing: June 5

Yours June fourth 377, two hundred thousand PCS shipment July confirmed S/C No. YD-HEM070205

Sales Contract

S/C No.:

Date:

The Seller: The Buyer:

　　Address: Address:

We hereby confirm having sold to you the following goods on terms and conditions as stated below:

Commodity & Specifications	Quantity	Unit Price	Amount

　　Total Value:

Packing:

Port of Loading & Destination:

Time of Shipment:

Terms of Payment:

Insurance:

Confirmed by:

　The Seller   The Buyer

项目小结

　　通过上面的学习，我们了解到拟订合同的时候应该注意以下几方面的内容。

　　根据合同形式分析，我们发现出口合同最好采用书面形式订立，具体可以采用合同和确认书等，可酌情选择。

　　根据合同内容分析，我们发现书面合同不论采取何种格式，其基本内容通常包括约首、基本条款和约尾三个组成部分。

　　拟订外贸合同的步骤为：

　　①认真阅读往来函电或谈判内容，找出合同具体要件。

　　②缮制合同(撰写具体条款)。

项目测试

义乌市国际陆港集团有限公司与 Fujimin Sangyo Co. Ltd 已有多年业务交往。双方建立了密切的业务联系，在建立业务关系之初，已就"一般交易条件"达成协议，其中规定：除双方另有协议外，价格按 CIF 条件包括 5% 佣金；保险按 CIF 发票金额另加 10% 投保一切险和战争险，按照中国人民保险公司 1981 年 1 月 1 日的保险条款办理；从 Ningbo 港运往 Mizushima 港，付款方式为不可撤销即期信用证。2023 年 1 月间，Fujimin Sangyo Co. Ltd 又来电洽购男款毛巾袜货号 07032 和 07033，并与义乌市国际陆港集团有限公司交换了如下函电。

Incoming: Jan. 4

Seller: International Land Port Group

       588 Airport Road, Yiwu City, Zhejiang Province, China

Buyer: Fujimin Sangyo Co. Ltd

       6-18-9, Toranomon, Minato-Ku, Tokyo, Japan

Men's terry socks Article Nos. 07032 and 07033, please cable present price and available quantity for Feb. shipment.

Outgoing: Jan. 5

Yours fourth men's terry socks in cartons of ten dozens each shipment Mar.

Article No.	Quantity	Price
Men's Terry Socks		CIFC5 Mizushima
07032	6,000 DOZ	HKD32.50
07033	6,000 DOZ	HKD35.50

Incoming: Jan. 6

Yours fifth shipment Mar. credit 30 days' sight reply immediately price as follows.

Article No.	Quantity	Price
Men's Terry Socks		CIFC5 Mizushima
07032	8,000 DOZ	HKD29.50
07033	8,000 DOZ	HKD32.50

Outgoing: Jan. 7

Market trends upward demand keen your price too low regret unable to counter offer.

Incoming: Jan. 9

Yours seventh insurance 110 percent invoice value against all and war risks price as follows. Reply before twelfth.

Article No.	Quantity	Price
Men's Terry Socks		CIFC5 Mizushima
07032	8,000 DOZ	HKD30.50
07033	8,000 DOZ	HKD33.50

Outgoing: Jan. 10

Yours ninth only available 6,000 dozens each shipment Mar. as usual by sight credit. Reply before fifteenth.

Article No.	Quantity	Price
Men's Terry Socks		CIFC5 Mizushima
07032	6,000 DOZ	HKD30.50
07033	6,000 DOZ	HKD33.50

Incoming: Jan. 12

Yours tenth L/C opening, please cable contract number.

Outgoing: Jan. 13

Yours fifteenth S/C number 11FF09.

请根据以上交易磋商往来函电拟订合同条款。

Sales Contract

S/C No.:

Date:

The Seller: The Buyer:

Address: Address:

We hereby confirm having sold to you the following goods on terms and conditions as stated below:

Commodity & Specifications	Quantity	Unit Price	Amount

Total Value:

Packing:

Port of Loading & Destination:

Time of Shipment:

Terms of Payment:

Insurance:

Confirmed by:

The Seller   The Buyer

出口贸易信用证业务——信用证审核与修改

项目导入

2023年11月7日，义乌市国际陆港集团有限公司单证员王芳收到中国工商银行义乌分行国际业务部的信用证通知书，随附日本Do-Best，Inc.公司通过MHBKJPJT开来的信用证。

Advice of Letter of Credit 信用证通知书	Industrial and Commercial Bank of China　Yiwu City Branch No.128 Huangyuan Road, Yiwu, Zhejiang Tel.: 86-0579-85459101

To 致：义乌市国际陆港集团有限公司　　　　Date 日期：Nov. 7, 2023

Our Ref. No. 我行通知编号：　　　　　　Av33801 102 10003

L/C No. 信用证号：　　　　　　　　　　A30-0305-001033

Date of Issue 开证日期：　　　　　　　　Nov. 4, 2023

Issuer 开证方：　　　　　　　　　　　　MHBKJPJT

L/C Amount 信用证金额：　　　　　　　USD18,480.00

Expiry Date 有效期：　　　　　　　　　Jan. 15, 2024

Latest Shipment Date 最迟装运期限：　　Dec. 31, 2023

Transmitted/Transferred From 转递/转让行：Industrial and Commercial Bank of China

　　　　　　　　　　　　　　　　　　　Yiwu City Branch, Yiwu, China

Their Ref. 转递/转让行编号：　　　　　　Ad

Dear Sirs 敬启者，

We have pleasure in advising you that we have received from the a/m bank a Letter of Credit, contents of which are as per attached sheet(s). This advice and the attached sheet(s) must accompany the relative documents when presented for negotiation.

兹通知贵公司我行收到上述银行信用证一份，现随附通知。贵司交单时，请将本通知书及信用证一并提示。

Please note that this advice does not constitute our confirmation of above L/C nor does it convey any engagement or obligation on our part.

本通知书不构成我行对此信用证之保兑及其他任何责任。

If you find any terms and conditions in the L/C which you are unable to comply with and/or any error(s), it is suggested that you contact applicant directly for necessary amendment(s) so as to avoid any difficulties which may arise when documents are presented.

如本信用证中有无法办到的条款及／或错误，请直接与开证申请人联系进行必要的修改，以排除交单时可能发生的问题。

Under the terms and conditions of this Letter of Credit we have calculated the following fees. 在本信用证条款下计算费用如下。

Our fees charged today:

今日收费：

Advising Fee 咨询费	USD28.60

The amounts are settled as follows:

金额结算如下：

We Debit Your Account 收款账号 1208001011005353593 Value 金额：	USD	28.60

Subject to UCP latest version.

适用于UCP最新版本规则。

If you have any further queries, please don't hesitate to contact us on the above mentioned number.

如果贵司有任何疑问，请按上述业务编号随时与我行联系。

This is a computer-generated letter, no signature required.

此为计算机生成信件，无须签字。

以下为信用证原件的内容：

Safe Reference: 01001611710150304

Received From: MHBKJPJT

Message Type: MT 700 Issue of a Documentary

Date:	Nov. 7, 2023	
27:	Sequence of Total	
	1/1	
40A:	Form of Documentary Credit	
	Irrevocable	
20:	Documentary Credit Number	
	A30-0305-001033	
31C:	Date of Issue	
	20231104	
31D:	Date and Place of Expiry	
	20240110 at the issuing bank	
50:	Applicant	
	Dobest, Inc.	
	3-85-16 Chuo, Warabi-Shi, Saitama, Japan	
59:	Beneficiary	
	International Land Port Group	
	588 Airport Road, Yiwu City,	

Zhejiang Province, China

32B:	Currency Code, Amount
	USD18,480.00
41D:	Available with... by...
	Any bank
	By negotiation
42C:	Drafts at...
	Beneficiary's draft(s) at sight for full invoice cost
42A:	Drawee
	MHBKJPJT
43P:	Partial Shipments
	Prohibited
43T:	Transshipment
	Prohibited
44A:	Loading on Board/Dispatch/Taking in Charge at/from...
	Shipment from Shanghai
44B:	For Transportation to...
	For transportation to Tokyo, Japan
44C:	Latest Date of Shipment
	231231
45A:	Description of Goods and/or Services
	Jiang Hua brand plastic slippers as per S/C No. QJDB1018,
	8133F, 2,400 pairs, USD3.75 per pair, 8130G, 2,400 pairs, USD3.95
	per pair, CIF Tokyo, each 24 pairs packed in one carton;
	total 200 cartons to one 20' container
	Shipping marks: Do-Best/QJDB1018/Tokyo/C/No.1-up
46A:	Documents Required
	+Signed commercial invoice in triplicate
	+Full set of clean on board marine bills of lading made out to order and
	blank endorsed, marked "freight to collect," notify applicant,
	indicating credit number.
	+Packing list in triplicate
	+Insurance policy or certificate in duplicate
	endorsement in blank covering ocean marine cargo
	clause all risks and war risk plus 110 percent of
	invoice value as per CIC dated Jan. 1,1981
	+Certificate of origin in one photo copy
	+Beneficiary's certificate certifying that they have

sent one full set of non-negotiable documents under

L/C No. A30-0305-001033 which have been mailed to the

applicant by EMS within 48 hours after shipment.

+Fax to applicant, showing date of shipment and details,

as per B/L. The report of transmission is required.

47A:　　　　　Additional Conditions

Instruction to the negotiating bank.

Negotiating bank must forward negotiated

documents to Mizuho Bank Ltd, head office.

(Address: 5 Hcsai Road Tokyo, Japan.)

71B:　　　　　Charges

All banking charges outside Japan are for beneficiary's account.

48:　　　　　Period for Presentation

Document must be presented within 5 days after the date of shipment but

within the validity of this credit.

49:　　　　　Confirmation Instructions

Without

78:　　　　　Instruction to the Paying/Accepting/Negotiating Bank

Instructions to the negotiating bank:

Upon receipt of the original documents in order, we

shall reimburse you by remitting the amount

claimed to your designated account.

All documents must be airmailed to us in two

separate sets by courier service.

Reimbursement by teletransmission is prohibited.

A discrepancy fee will be deducted/charged if

documents are presented with discrepancies.

　　王芳需要对信用证的内容进行仔细审核，判断信用证的条款与之前签订的合同条款是否相符，确定是否需要修改信用证以及如何修改信用证。

项目目标

学习目标

▶掌握审核信用证的要点；

▶掌握修改信用证的要点；

▶了解改证函的撰写要求。

技能目标

▶ 能够根据合同审核信用证；

▶ 能够判断信用证的条款是否需要修改；

▶ 能够依据合同修改信用证的条款。

任务一 审核信用证

任务导入

义乌市国际陆港集团有限公司单证员王芳首先需要运用专业知识对日本Do-Best, Inc.公司通过MHBKJPJT Mizuho Bank Ltd开来的信用证条款进行审核，以便判断信用证条款与之前签订的合同条款(合同编号为QJDB1018)是否相符，是否存在收汇风险等。

要完成此项工作任务，必须了解：审核信用证的依据是什么，需要对信用证的哪些条款进行审核，信用证条款通常会出现哪些问题，这些问题可能给企业带来什么风险等。

■ 信用证审核要点

任务资讯

一、信用证的操作流程

信用证是银行(开证行)根据买方(申请人)的要求和指示向卖方(受益人)开立的在一定期限内凭规定的、符合信用证条款的单据，即期或在一个可以确定的将来日期，承付一定金额的书面承诺。

信用证的收付程序随信用证类型的不同而有所差异，但就其基本流程而言，大体要经过订立买卖合同、申请开证、开证、通知、审讯、交单、议付、索偿、偿付、付款赎单等环节。下面以即期不可撤销跟单议付信用证为例，介绍其收付程序，如图2-1所示。

各环节的具体内容分述如下。

(一)订立买卖合同

进出口双方先就国际货物买卖的交易条件进行磋商，达成交易后订立国际货物买卖合同，明确规定买方(进口商)以信用证方式支付货款，其中一般还应规定开证银行的资信地位、信用证的类型、金额、到期日、信用证开立并送达至卖方(出口商)的日期等。

(二)申请开证

开证申请人，即进口商，在买卖合同规定的时限内向所在地的银行申请开立信用证。申请开证时应向开证行递交开证申请书，并交付一定比例的保证金，习称押金(margin)或其他担保品。押金的多少视开证申请人的资历和信誉、市场动向、商品销售的滞畅而定。

(三)开 证

开证行接受开证申请人的开证申请书后，必须按申请书规定的内容向指定的受益人开立信用证，并将信用证直接邮寄或用电信方式通知出口地的代理银行(通知行)转递或

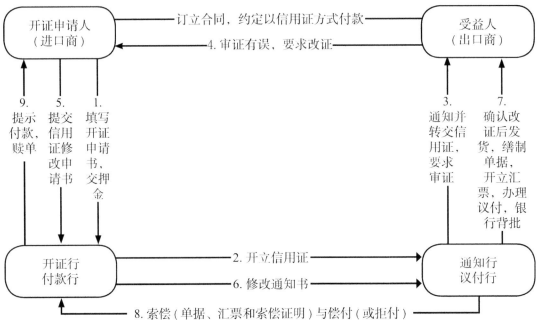

图2-1　即期不可撤销跟单议付信用证收付程序

者通知受益人。信用证的开证方式有信开和电开两种。

信开(L/C opened by mail)，是指银行通过平邮、航空挂号及特快专递等方式把信用证邮寄给受益人或通知行。信开信用证的费用较低，但周转时间长，目前信开信用证已不多见。

电开(L/C opened by teletransmission)，是指以电报、电传或SWIFT等电信方式开立信用证。随着现代电信业务的快速发展，电开信用证在实际业务中使用十分广泛，尤其是用SWIFT方式开立的信用证。

电开信用证有全电本和简电本之分。全电本开立的信用证内容详细，简电本开立的信用证一般只说明信用证的性质、有效期、装运期、货物的基本情况等内容。简电本上通常注上"随寄证实书"等字样，此种简电本并非有效的信用证文件。

(四)通　知

通知行在收到信用证后，应即核对开证行的签字与密押，经核对证实无误，除留存副本或复印件备查外，必须尽快将信用证转交受益人。如收到的信用证是以通知行本身为收件人的，则通知行应以自己的通知书格式照录信用证全文通知受益人。

(五)审证、交单、议付

受益人在收到经通知行转来的信用证后，应即根据买卖合同和UCP 600对其进行认真审核，主要审核信用证中所列的条款与买卖合同中所列的条款是否相符。如发现条款有差错，时间有矛盾，概念不清，词义不明，数字有误等与买卖合同不符，或不能接受或无法照办的内容时，均应通知开证申请人，要求修改信用证。如开证申请人同意修改，开证申请人就应向开证行提交修改申请书；如开证行同意修改，即据以做成修改通知书函寄或电告通知行，经通知行转交受益人。信用证修改通知书的传递方式与信用证相同。

受益人收到信用证经审查无误，或需修改的经收到修改通知书认可后，即可根据信用证或经过修改认可的规定发运货物。在货物发运完毕后，缮制并取得信用证所规定的全部单据，开立汇票连同信用证正本(如经修改的还需连同修改通知书)在信用证规定的交单期和有效期内，递交给有权议付的银行办理议付。

所谓"议付"(negotiation)，就是由议付行向受益人购进由其出立的汇票及所附单据；是议付行在确认相符交单的前提下，对受益人的垫款，也是银行叙做的"出口押汇"业务。由于在议付时要扣除一个来回邮程的利息，因此，它也是一种汇票的"贴现"行为，在我国，习惯上称作"买单"。议付行办理议付后成为汇票的善意持票人，如遇开证行拒付，有向其前手出票人即受益人进行追索的权利。

议付行一般为出口地银行，它可以由开证行在信用证中指定；如在信用证中未指定，则可由受益人酌情选择通知行或与其有往来的其他银行担任议付行。

议付行在议付后，通常在信用证正本背面做必要的有关议付事项的记录，俗称"背批"，其目的主要是防止超额和重复议付。

(六)索 偿

索偿就是议付行办理议付后，根据信用证规定，凭单向开证行或其指定的银行(付款行或偿付行)请求偿付的行为。其具体做法是：由议付行按信用证要求将单据连同汇票和索偿证明(证明单据符合信用证规定)分次以航邮寄给开证行或其指定的付款行。如信用证指定偿付行，则开证行应在开出信用证后立即向偿付行发出偿付授权书(reimbursement authorization)通知授权付款的金额、有关信用证号码、有权索偿的押汇与偿付费用由何方承担等内容。议付行在办理议付后，一面把单据分次直接寄给开证行，一面给偿付行发出索偿书(reimbursement claim)，说明有关信用证的开证行名称和信用证号码、声明已按信用证规定进行议付，并请求按指明的方法进行偿付。偿付行收到索偿书后，只要索偿金额不超过授权书金额就立即根据索偿书的指示向议付行付款。凡信用证规定有电汇索偿条款的，议付行就需以电报、电传或SWIFT网络传递的方式向开证行、付款行或偿付行进行偿付。

电汇索偿条款(T/T reimbursement clause)，在即期信用证中使用，指开证行允许议付行用电报或电传等电信方式通知开证行或指定付款行，说明各种单据与信用证要求相符，开证行或指定付款行应立即用电汇将货款拨交议付行。因此，带有电汇索偿条款的信用证，出口方可以加快收回货款。付款后如发现单据与信用证规定不符，开证行或付款行有行使追索的权利。这是因为此项付款是在未审单的情况下进行的。

(七)偿 付

在信用证业务中的偿付(reimbursement)是指开证行或被指定的付款行或偿付行向议付行进行付款的行为。

开证行或指定的付款行收到议付行寄来的汇票和单据后，经核验认为与信用证规定相符，应即将票款偿付议付行。如发现单据与信用证规定不符，可以拒付。

如信用证指定付款行或偿付行，则由该指定的银行向议付行进行偿付。

(八)付款赎单

开证行履行偿付责任后，应即向开证申请人提示单据，开证申请人核验单据无误后，办理付款手续。如申请开证时，曾交付押金，则付款时予以扣减。如曾提交其他抵押品，则在付款后由开证行退还。开证申请人付款后，即可从开证行取得全套单据，包括可凭以向承运人提取货物的运输单据。若此时货物已经到达，便可凭运输单据立即向承运人提货。

二、信用证的审核要点

信用证是国际贸易中使用最普遍的付款方式。其特点是受益人(通常为出口商)在提供了符合信用证规定的有关单证的前提下，由开证行承担第一付款责任，其性质属于银行信用。应该说在满足信用证条款的情况下，利用信用证付款既安全又快捷。但必须特别注意的是信用证付款方式强调"单单相符、单证相符"的"严格符合"原则，如果受益人提供的文件不符合信用证的规定，不仅会产生额外的费用，而且还会遭到开证行的拒付，给安全、及时收汇带来很大的风险。信用证是依据买卖合同开立的，信用证的内容理应与买卖合同的条款相一致。但在实际业务中，出于种种原因，如国外客户或开证行工作的疏忽和差错，或者某些国家对开立信用证有特别规定，或者国外客户对我国政策不了解等，往往会出现开立的信用证条款与买卖合同条款不符等。

所以事先对信用证条款进行审核，对于不符合买卖合同规定或无法办到的信用证条款及时提请开证申请人(通常为进口商)进行修改，可以大大避免今后不符合信用证规定情况的发生。

(一)审核信用证的依据

审核信用证的依据主要包括以下三个方面。

1.买卖合同

信用证是根据买卖合同开立的，但信用证一经开立，是独立于买卖合同之外的。信用证各当事人的权利和责任完全以信用证中所列条款为依据，不受买卖合同的约束，出口商提交的单据即使符合买卖合同要求，但若与信用证条款不一致，仍会遭到银行拒付。因此，审核信用证条款是否与买卖合同条款相符，是外贸单证员收到信用证后的首要工作。

2. UCP 600

审核信用证时，应遵循UCP 600的规定来确定是否可以接受信用证的某些条款。例如：UCP 600第三十八条b款规定，可转让信用证系指特别注明"可转让(transferable)"字样的信用证。否则，视为不可转让信用证。

3. 业务实际情况

对于买卖合同未做规定或无法根据UCP 600来做出判断的信用证条款，应根据实际业务情况来审核。比如对安全收汇的影响、进口国的法令法规等条款。

(二)通知行审核信用证

审核信用证，是通知行和外贸企业的共同责任，但审核内容各有侧重。通知行着重审核开证行的政治背景、资信能力、付款责任及索汇路线等方面的问题。按UCP 600的规定，信用证可经由另一银行(通知行)通知受益人，而该通知行无须承担责任，但如该行愿意通知，则应合理审慎地鉴别通知的信用证的表面真实性。如该行不愿通知，则必须毫不迟延地告知开证行；如通知行无法鉴别信用证的表面真实性，必须毫不迟延地通知开证行说明它无法鉴别，如通知行仍决定通知受益人，则必须告知受益人它未能鉴别该证的真实性。

知识链接

UCP 600的相关条款

第九条 信用证及其修改的通知

a. 信用证及其任何修改可以经由通知行通知给受益人。非保兑行的通知行通知信用证及修改时不承担承付或议付的责任。

b. 通知行通知信用证或修改的行为表示其已确信信用证或修改的表面真实性，而且其通知准确地反映了其收到的信用证或修改的条款。

c. 通知行可以通过另一银行（"第二通知行"）向受益人通知信用证及修改。第二通知行通知信用证或修改的行为表明其已确信收到的通知的表面真实性，并且其通知准确地反映了收到的信用证或修改的条款。

d. 经由通知行或第二通知行通知信用证的银行必须经由同一银行通知其后的任何修改。

e. 如一银行被要求通知信用证或修改但其决定不予通知，则应毫不延误地告知自其处收到信用证、修改或通知的银行。

f. 如一银行被要求通知信用证或修改但其不能确信信用证、修改或通知的表面真实性，则应毫不延误地通知看似从其处收到指示的银行。如果通知行或第二通知行决定仍然通知信用证或修改，则应告知受益人或第二通知行其不能确信信用证、修改或通知的表面真实性。

(三)受益人审核信用证

外贸企业则着重审核信用证与买卖合同是否一致和信用证的一些要求我方能否接受等。审核信用证的要点包括如下几个方面。

1. 检查信用证的付款保证是否有效

有下列情况之一的，不是一项有效的付款保证或该项付款保证是存在缺陷的：①信用证明确表明是可以撤销的，由于此信用证无须受益人同意可以随时撤销或变更，对受益人来说没有付款保证，一般不予接受。UCP 600第三条规定，信用证是不可撤销的，即使信用证中对此未做指示也是如此。②应该保兑的信用证未按要求由有关银行进行保兑。③由开证申请人提供的开证申请书。④有条件生效的信用证，如"待获得进口许可证后才能生效"。⑤信用证简电或预先通知。

知识链接

UCP 600的相关条款

第十一条 电信传输的和预先通知的信用证和修改

a. 以经证实的电信方式发出的信用证或信用证修改即被视为有效的信用证或修改文据，任何后续的邮寄确认书应不予理会。

如电信声明"详情后告"（或类似用语）或声明以邮寄确认书为有效信用证或

修改，则该电信不被视为有效信用证或修改。开证行必须随即不延误地开立有效信用证或修改，其条款不得与该电信矛盾。

　　b.开证行只有在准备开立有效信用证或做出有效修改时，才可以发出关于开立或修改信用证的初步通知(预先通知)。开证行做出该预先通知，即不可撤销地保证不延误地开立或修改信用证，且其条款不能与预先通知相矛盾。

　　2.检查信用证的金额是否符合合同规定

　　检查信用证金额是否正确。

　　检查信用证中的单价、总值、币种及大小写是否一致。

　　检查有无佣金，是否符合合同规定。如所开的金额已扣除佣金，就不能在信用证上再出现议付行内扣佣金的词句。

　　如数量上可以有一定幅度的溢短装，那么，信用证的支付金额也应允许有一定的伸缩幅度。

知识链接

UCP 600的相关条款

　　第三十条　信用证金额、数量与单价的伸缩度

　　a."约"或"大约"用于信用证金额或信用证规定的数量或单价时，应解释为允许有关金额或数量或单价有不超过10%的增减幅度。

　　b.在信用证未以包装单位件数或货物自身件数的方式规定货物数量时，货物数量允许有5%的增减幅度，只要总支取全额不超过信用证金额。

　　c.如果信用证规定了货物数量，而该数量已全部发运，如果信用证规定了单价，而该单价又未降低，或当第三十条b款不适用时，则即使不允许部分装运，也允许支取的金额有5%的减幅。若信用证规定有特定的增减幅度或使用第三十条a款提到的用语限定数量，则该减幅不适用。

　　3.对货物描述的审核

　　审核信用证中货物的名称、货号、规格、包装、合同号码、订单号码等内容是否与买卖合同完全一致。

　　检查信用证的数量是否与合同规定相一致。

　　检查价格条款是否符合合同规定。不同的价格条款涉及的具体费用如运费、保险费由谁承担。如合同中规定是FOB Shanghai USD50/PC，那么运费和保险费由买方承担；如果信用证中的价格条款没有按合同的规定表示，而是写成CIF New York USD50/PC，对此条款如不及时修改，那么受益人将承担有关的运费和保险费。

　　4.检查信用证受益人和开证申请人的名称和地址是否完整和准确

　　受益人和开证申请人的名称和地址是出口单证中必不可少的，如来证开错应及时修改，以免制单和交单发生困难、影响收汇。

5.检查有效期及有效地点、交单期和装运期是否合理

(1)有效期及有效地点

有效期,即信用证的交单截止日,是受益人最迟使用信用证的时间。UCP 600第六条d款i项规定"信用证必须定一个交单的截止日。规定的承付或议付的截止日将被视为交单的截止日"。承付,是指:① 如果信用证为即期付款信用证,则即期付款;② 如果信用证为延期付款信用证,则承诺延期付款并在承诺到期日付款;③ 如果信用证为承兑信用证,则承兑受益人开出汇票并在汇票到期日付款。议付,是指指定银行在相符交单下,在其应获偿付的银行工作日当天或之前向受益人预付或者同意预付款项,从而购买汇票(其付款人为指定银行以外的其他银行)及/或单据的行为。

有效地点,也称为到期地点、交单地点,即受益人兑用信用证的银行所在地。一般有三种情况,即在出口地到期、在进口地到期,以及在第三国到期。这三种情况中,第一种规定方法对出口商最有利,而第二、三两种情况,到期地点均在国外,有关单据必须寄送国外,由于无法掌握单据到达国外银行所需的时间且容易延误或丢失,因而风险较大。为此,出口商应争取在出口地到期,若争取不到,则必须提前交单,以防逾期。

知识链接

UCP 600的相关条款

第六条a款规定:信用证必须规定可在其处兑用的银行,或是否可在任一银行兑用。规定在指定银行兑用的信用证同时也可以在开证行兑用。

第六条b款规定:信用证必须规定其是以即期付款、延期付款、承兑还是议付的方式兑用。

第六条d款i项规定:信用证必须定一个交单的截止日。规定的承付或议付的截止日将被视为交单的截止日。

第六条d款ii项规定:可在其处兑用信用证的银行所在地即为交单地点。可在任一银行兑用的信用证其交单地点为任一银行所在地。除规定的交单地点外,开证行所在地也是交单地点。

第六条e款规定:除非如第二十九条a款规定的情形,否则受益人或者代表受益人的交单应在截止日当天或之前完成。

(2)交单期

交单期,即信用证中规定运输单据出单后,最迟向银行提交的期限。交单期通常按下列原则处理:①信用证有规定的,应按信用证规定的交单期向银行交单;②信用证没有规定的,向银行交单的日期不得迟于货物发运日之后的二十一个日历日内。

知识链接

UCP 600的相关条款

第十四条c款规定:如果单据中包含一份或多份受第十九、二十、二十一、二十二、二十三、二十四或二十五条规制的正本运输单据,则须由受益人或其代表在不迟于本惯例所指的发运日之后的二十一个日历日内交单,但是在任何情况

下都不得迟于信用证的截止日。

(3)装运期

装运期，是指卖方将货物装上运往目的地(港)的运输工具或交付给承运人的日期。信用证中可以没有装运期，只有有效期。若信用证未规定装运期，卖方最迟应在信用证到期日前几天装运。如信用证中的装运期和有效期是同一天，即通常所称的"双到期"，在实际业务操作中，应将装运期提前一定的时间(一般在有效期前10天)，以便有合理的时间来制单结汇。

超过信用证规定装运期的运输单据将构成不符点，银行有权不付款。检查信用证规定的装运期应注意以下几点：①能否在信用证规定的装运期内备妥有关货物并按期出运。如来证收到时装运期太近，无法按期装运，应及时与客户联系修改。②实际装运期与交单期相距时间太短。

6.检查运输条款是否可以接受

信用证运输条款中的装运港(地)和目的港(地)，应与合同相符，交货地点也必须与价格条款相一致。

若信用证中指定运输方式、运输工具或运输路线以及要求承运人出具船龄或船籍证明，应及时与承运人联系。

分批装运和转运问题。多数信用证是允许转运或分批的(其中包括信用证中未注明可否转运或分批)。但也有信用证列明不许转运或不准分批，出口商应及时了解在装运期内是否有直达船到目的地，能否提供直运提单及了解货源情况，是否可以在装运期内一次出运。对信用证列有必须分批，且规定每批出运的日期和出运数量，或类似特殊的分运条款，应根据货源情况决定是否可以接受。对于分期装运，UCP 600规定，除非信用证另有规定，若一期未能按期完成，本期及以后各期均告失效。若要续运，必须修改信用证。

信用证中指定唛头。如货已备妥，唛头已刷好而信用证后到，且信用证指定的唛头与原唛头不一致，应要求修改唛头。否则，需按信用证重新刷制。

知识链接

UCP 600的相关条款

第三十一条 部分支款或部分发运

a.允许部分支款或部分发运。

b.表明使用同一运输工具并经由同次航程运输的数套运输单据在同一次提交时，只要显示相同目的地，将不视为部分发运，即使运输单据上表明的发运日期不同或装货港、接管地或发运地点不同。如果交单由数套运输单据构成，其中最晚的一个发运日将被视为发运日。

含有一套或数套运输单据的交单，如果表明在同一种运输方式下经由数件运输工具运输，即使运输工具在同一天出发运往同一目的地，仍将被视为部分发运。

c.含有一份以上快递收据、邮政收据或投邮证明的交单，如果单据看似由同一快递或邮政机构在同一地点和日期加盖印戳或签字并且表明同一目的地，将不被视为部分发运。

　　第三十二条　分期支款或分期发运

　　如信用证规定在指定的时间段内分期支款或分期发运，任何一期未按信用证规定期限支取或发运时，信用证对该期及以后各期均告失效。

7. 检查保险条款是否可以接受

检查保险金额、保险险别及其他保险条款是否符合合同规定。

若信用证中要求的投保险别或投保金额超出了合同的规定，受益人应及时和保险公司联系。若保险公司同意且信用证上也表明由此产生的额外费用由开证申请人承担并允许在信用证项下支取，则可接受。

8. 检查银行费用条款是否合理

银行费用(包括议付费、通知费、保兑费、承兑费、修改费、邮费等)一般由发出指示的一方负担。如信用证是由开证申请人申请开立的，同时又由开证行委托通知行通知议付，若来证规定由受益人承担全部费用(all banking charges are for account of beneficiary)，显然是不合理的。关于银行费用，可由出口商和进口商在谈判时加以明确，一般以双方共同承担为宜。

9. 检查信用证规定的单据条款是否合理

检查一些需要认证的单据特别是使馆认证等能否及时办理和提供。

检查由其他机构或部门出具的有关文件如出口许可证、运费收据、检验证明等能否及时提供。

检查要求提交的单据条款是否合理。例如：汇票的付款期限与合同规定不符；在信用证方式下，汇票的付款人为开证申请人；发票种类不当；提单收货人一栏填制要求不妥；提单抬头与背书要求有矛盾；对运输工具、方式或路线的限制无法接受；产地证明书出具机构有误；要求提交的检验证书与实际不符；明明是空运，却要求提供海运提单；明明价格条款是FOB，却要求提供保险单；提单运费条款规定与成交条件有矛盾；要求提单的出单日期比装运期早等。

10. 检查信用证中有无陷阱条款

下列信用证条款对于出口商来说是有收汇风险的。

正本提单全部或部分直接寄交开证申请人的条款。如果接受此条款，将面临货、款两空的危险。

将客检证作为议付文件的条款。要求提供客检证书，接受此条款，受益人正常处理信用证业务的主动权很大程度上掌握在对方手里，影响安全收汇，要警惕并防范假客检证书诈骗。所谓"假客检证书诈骗"，是指诈骗分子以申请人代表名义在受益人出货地签发检验证书，但其签名与开证行留底印鉴不符，致使受益人单据遭到拒付，而货物却被骗走。例如：中国银行曾收到香港DY金融公司开出的以浙江蓝天信息公司为受益人的信用证，金额为80万美元，出口货物是2万台照相机。信用证要求发货前由申请人指定代表出具货物检验证书，其签字必须由开证行证实，且规定1/2的正本提单在装运后交予申请人代表。在装运时，申请人代表来到出货地，提供了检验证书，并以数张大额支票为抵押，从受益人手中拿走了其中一份正本提单。后来，受益人将有关支票委托当地银行议付，但结果被告知"托收支票为空头支票，而申请人代表出具的检验证书签名不符，纯属伪造"。更不幸的是，货物已被全部提走，下落不明。受益人蒙受重大损失，有苦难言。

信用证规定必须由开证申请人或其指定的人签署有关单据的条款，如商业发票需由买方签字等条款内容应慎重对待。

信用证对银行的付款、承兑行为规定了若干前提条件，如货物清关后才付款等。

11. 检查有关信用证是否受国际商会丛刊第600号《跟单信用证统一惯例》的约束

信用证受国际商会丛刊第600号《跟单信用证统一惯例》(即UCP 600)的约束可以使我们在具体处理信用证业务中，对于信用证的有关规定有一个公认的解释和理解，避免因对某一规定的不同理解产生的争议。

三、SWIFT信用证格式说明

SWIFT是环球同业银行金融电讯协会(Society for Worldwide Interbank Financial Telecommunication)的缩写，是一个由会员机构拥有的合作组织。它成立于1973年，目前已有200多个国家/地区的1万多家金融机构加入，通过自动化国际金融电信网办理成员银行间资金调拨、汇款结算和信用证传递等业务。SWIFT系统的特点是电文标准化，采用SWIFT信用证，必须遵守SWIFT使用手册的规定，使用专门的格式和代号，而且信用证必须符合国际商会制定的《跟单信用证统一惯例》的规定。只有SWIFT成员银行才能用密码在它的电信网上进行信用证资料传递，因此该类信用证真实性可靠。

SWIFT项下开立跟单信用证MT格式一般有18种，分别为MT700、701、705、707、710、711、720、721、730、732、734、740、742、747、750、752、754、756，受益人收到的信用证大多是MT700/701格式(开立信用证时使用)、MT707格式(信用证修改用)、MT710/711格式(通知由第三家银行开立跟单信用证用)。

(一)跟单信用证MT700/701格式说明

MT700/701格式是开立信用证时使用的，MT700格式最长不能超过2000个字符，若超过2000，银行会将其分为若干部分，采用一个MT700和若干个(最多三个)MT701格式传递有关跟单信用证条款。MT700格式说明如表2-1所示。

表2-1　跟单信用证MT700格式说明

序　号	选　择	域　名	含　义	说　明
1	必选	20: Documentary Credit Number	跟单信用证号码	
2	可选	23: Reference to Pre-Advice	预先通知号码	如果信用证是采取预先通知的方式，则该项目内应该填入"PREADV/"，再加上预先通知的编号或日期

续 表

序 号	选 择	域 名	含 义	说 明
3	必选	27: Sequence of Total	报文页次	如果该信用证条款能够全部容纳在 MT700 报文中，则该项目内显示 1/1，如果该证由一份 MT700 报文和一份 MT701 报文组成，则在 MT700 报文的该项目中显示 1/2，在 MT701 报文的该项目中显示 2/2，以此类推
4	可选	31C: Date of Issue	开证日期	如果该项目没有填，则开证日期为电文的发送日期
5	必选	31D: Date and Place of Expiry	信用证有效期和有效地点	列明跟单信用证最迟交单日期和交单地点
6	必选	32B: Currency Code, Amount	信用证结算的货币代码和金额	——
7	可选	39A: Percentage Credit Amount Tolerance	信用证金额上下浮动的最大允许范围	该项目的数值表示百分比的数值，如：5/5，表示上下浮动最大为5%
8	可选	39B: Maximum Credit Amount	信用证金额最高限额	39B 与 39A 不能同时出现
9	可选	39C: Additional Amount Covered	附加金额	列明信用证所涉及的附加金额，如：保险费、运费、利息等
10	必选	40A: Form of Documentary Credit	跟单信用证形式	见注 1
11	必选	41A/D: Available with... by...	指定的有关银行及信用证兑付的方式	信用证兑付的方式见注 2 如果是自由议付信用证，对该信用证的议付地点不做限制，该项目代号为 41D
12	可选	42A: Drawee	汇票付款人	必须与 42C 同时出现
13	可选	42C: Drafts at...	汇票付款日期	必须与 42A 同时出现
14	可选	42M: Mixed Payment Details	混合付款条款	——
15	可选	42P: Deferred Payment Details	延期付款条款	——
16	可选	43P: Partial Shipments	分装条款	列明该信用证项下的货物是否允许分批装运
17	可选	43T: Transshipment	转运条款	列明该信用证项下的货物是否允许转运

续 表

序 号	选 择	域 名	含 义	说 明
18	可选	44A: Loading on Board/Dispatch/ Taking in Charge at/from...	装船、发运和接收监管的地点	——
19	可选	44B: For Transportation to...	货物发送的最终目的地	——
20	可选	44C: Latest Date of Shipment	最迟装运日期	列明最迟装船、发运和接受监管的日期
21	可选	44D: Shipment Period	装船期	44C 与 44D 不能同时出现
22	可选	45A: Description of Goods and/or Services	货物/劳务描述	货物/劳务的情况、价格条款
23	可选	46A: Documents Required	单据要求	各种单据的要求
24	可选	47A: Additional Conditions	附加条款	——
25	可选	48: Period for Presentation	交单期限	表明开立运输单据后多少天内交单
26	必选	49: Confirmation Instructions	保兑指示	Confirm：要求保兑行保兑该信用证 May Add：收报行可以对该信用证加具保兑 Without：不要求收报行保兑该信用证
27	必选	50: Applicant	开证申请人	一般为进口商
28	可选	51A: Applicant Bank	开证申请人的银行	如果开证行与开证申请人的银行不是同一家银行，则该项目列明开证申请人的银行
29	可选	53A: Reimbursement Bank	偿付行	列明被开证行授权偿付该信用证金额的银行
30	可选	57A: "Advise Through" Bank	通知行	——
31	必选	59: Beneficiary	受益人	一般为出口商
32	可选	71B: Charges	费用负担	出现该项目即表示费用由受益人承担。如无此项目，则表示除议付费、转让费外，其他费用均由开证申请人承担
33	可选	72: Sender to Receiver Information	附言	——

序 号	选 择	域 名	含 义	说 明
34	可选	78: Instruction to the Paying/Accepting/Negotiating Bank	给付款行、承兑行、议付行的指示	——

注：1. 跟单信用证有六种形式：① Irrevocable（不可撤销跟单信用证）；② Revocable（可撤销跟单信用证）；③ Irrevocable Transferable（不可撤销可转让跟单信用证）；④ Revocable Transferable（可撤销可转让跟单信用证）；⑤ Irrevocable Standby（不可撤销备用信用证）；⑥ Revocable Standby（可撤销备用信用证）。

2. 信用证兑付的方式有五种：① By Payment（即期付款）；② By Acceptance（承兑）；③ By Negotiation（议付）；④ By Def Payment（延期付款）；⑤ By Mixed Payment（混合付款）。

（二）信用证修改通知书MT707格式说明

MT707格式是在对跟单信用证进行修改时使用的，用来通知收报行跟单信用证条款的修改内容，该修改应被视为跟单信用证的一部分。MT707格式说明如表2-2所示。

表2-2　信用证修改通知单MT707格式说明

序 号	选 择	域 名	含 义	说 明
1	必选	20: Sender's Reference	发报行编号	——
2	必选	21: Receiver's Reference	收报行编号	发电文的银行不知道收报行的编号，填写"Nonref"
3	可选	23: Issuing Bank's Reference	开证行的编号	——
4	可选	26E: Number of Amendment	修改次数	该信用证修改的次数，要求按顺序排列
5	可选	30: Date of Amendment	修改日期	如果信用证修改没填该项目，修改日期就是发报日期
6	可选	31C: Date of Issue	开证日期	如果该项目没有填，则开证日期为电文的发送日期
7	可选	31E: New Date of Expiry	信用证新的有效期	信用证修改后的最后交单日期
8	可选	32B: Increase of Documentary Credit Amount	信用证金额的增加	——
9	可选	33B: Decrease of Documentary Credit Amount	信用证金额的减少	——
10	可选	34B: New Documentary Credit Amount After Amendment	修改后信用证的金额	——
11	可选	39A: Percentage Credit Amount Tolerance	修改后信用证金额上下浮动允许的范围	该项目的数值表示百分比，如：5/5，表示上下浮动最大为5%

续 表

序 号	选 择	域 名	含 义	说 明
12	可选	39B: Maximum Credit Amount	修改后信用证金额的最高限额	39B 与 39A 不能同时出现
13	可选	39C: Additional Amount Covered	附加金额的修改	表示信用证所涉及的保险费、利息、运费等金额的修改
14	可选	44A: Loading on Board/Dispatch/Taking in Charge at/from...	装船、发运和接受监管的地点的修改	——
15	可选	44B: For Transportation to...	货物发运的最终目的地的修改	
16	可选	44C: Latest Date of Shipment	最后装船期的修改	列明最迟装船日期
17	可选	44D: Shipment Period	装船期的修改	44C 与 44D 不能同时出现
18	可选	52A: Issuing Bank	开证行	——
19	必选	59: Beneficiary (Before This Amendment)	受益人（在本修改前的）	该项目为原信用证的受益人，如果要修改信用证的受益人，则新的受益人名称应该在 79 中写明
20	可选	72: Sender to Receiver Information	附言	/Bencon/：要求收报行通知发报行受益人是否接受该信用证的修改 /Phonben/：请电话通知受益人（列出受益人的电话号码） /Teleben/：用快捷有效的电信方式通知受益人
21	可选	79: Narrative	修改详述	详细的修改内容

任务小结

通过上面内容的学习，王芳了解到审核信用证时需要注意以下两个方面。

(1)审核信用证的主要依据是贸易合同、UCP 600的相关条款、国际贸易惯例及进口国相关法律的规定。

(2)审核信用证的步骤为：①熟悉买卖合同的内容；②对照买卖合同条款，逐条审核信用证各条款；③列出信用证中的不符条款及漏开条款。

任务解决

单证员王芳拿出编号为QJDB1018的外贸合同，根据审核信用证的一般原则和方法，对照合同条款，逐条审核信用证的各条款，发现以下不符的情况。

(1) 31D: "20240110 at the issuing bank"应该改为"20240115 at the negotiating bank"。

(2) 50: "Dobest, Inc." 应该改为 "Do-Best, Inc."。

(3) 45A: "Jiang Hua Brand" 应该改为 "Jian Hua Brand"。

"8133F, 2,400 pairs, USD3.75 per pair, 8130G, 2,400 pairs, USD3.95 per pair" 应该改为 "8130G, 2,400 pairs, USD3.75 per pair, 8133F, 2,400 pairs, USD3.95 per pair"。

(4) 46A: "freight to collect" 应该改为 "freight prepaid"。

(5) 46A: "all risks and war risk plus 110 percent of invoice value" 应该改为 "all risks plus 10 percent of invoice value"。

(6) 48: "5 days" 应该改为 "15 days"。

任务实训

请根据项目一任务二任务实训的合同(号码为 YD-HEM070205)的内容审核下列信用证:

Safe Reference: 01001611697250304
Received From: BSCHHKHH
Message Type: MT 710 Advice
Date: Jun. 9, 2023
27:                   Sequence of Total
                      1/1
40B: Form of Documentary Credit
                      Irrevocable
                      Without our confirmation
20:                   Sender's Reference
                      LA1101554
21:                   Documentary Credit Number
                      9022BTY110397
31C: Date of Issue
                      230608
31D: Date and Place of Expiry
                      230805 China
52A: Issuing Bank
                      BSCHHKHH
50:                   Applicant
                      Hem International, S.A.
                      POLTCBN Industrial Rubi Sur
                      18201 Rubi, Barcelona, Spain
59:                   Beneficiary
                      International Land Port Group
                      588 Airport Road, Yiwu City, Zhejiang Province, China

32B:	Currency Code, Amount
	USD160,000.00
39B:	Maximum Credit Amount
	Not exceeding
41D:	Available with... by...
	Santander Central Hispano, S.A. Barcelona
	By negotiation
43P:	Partial Shipments
	Partial shipments are prohibited.
43T:	Transshipment
	Transshipments are allowed.
44A:	Loading on Board/Dispatch/Taking in Charge at/from...
	Ningbo
44B:	For Transportation to...
	Barcelona
44C:	Latest Date of Shipment
	230730
45A:	Description of Goods and/or Services
	Plastic shopping bag Article No. 37, as per S/C
	No. YD-HE070205, dated Jun. 5, 2023.
	2,000,000 PCS, CIF Barcelona USD0.80 per PC
46A:	Documents Required
	+Hand signed commercial invoice in name of
	applicant in three folds, detailing description
	of goods.
	+Full set of clean on board bill of lading,
	consigned to the order of applicant, notify
	same, marked freight prepaid, with destination
	Barcelona.
	+Certificate of origin GSP China form "a",
	original plus copy, dated prior to B/L date in
	case of dated later then must show in box No. 4
	the stamp with words "issued retrospectively."
	+Packing list in three folds.
	+Insurance policy or certificate in duplicate
	endorsement in blank covering ocean marine
	cargo clause all risks and war risk for 10 percent of
	invoice value as per CIC dated Jan. 1, 1981

+Inspection certificate in duplicate issued and
signed by authorized person of applicant whose
signature must comply with that held in our
bank's record.

+Fax to applicant, showing date of shipment
and details, as per B/L. The report of
transmission is required.

+Certificate of beneficiary certifying that just
after shipment, copy of shipping documents,
invoice, packing list, C/O, B/L and in case of FCL
detailed loading list per container, are sent
directly to them by fax. The report of
transmission is also required.

47A: Additional Conditions
+A charge of EUR110.00 or its equivalent will be
deducted from our payment for each
presentation bearing discrepancies, this
charge not wish standing other considerations
will be for beneficiary's account.
+Shipment must be effected through the forwarder:
J.H. Bachmann Tel.: 8860-21-8665-0680 Fax.: 8860-21-8665-0681
+Full set of original bill of lading issued by
J.H. Bachmann or its agents is required.
+Third party documents in GSP form "a" can
be acceptable.

71B: Charges
All banking charges outside of Spain,
including reimbursement charges, if any, are for
beneficiary's account.

48:         Period for Presentation
Documents must be presented within 21 days
after shipment date. And within validity terms
of this documentary credit.

49:         Confirmation Instructions
Without

78:         Instruction to the Paying/Accepting/Negotiating Bank
Kindly acknowledge receipt to this message
quoting our reference.
Santander Trade Services Limited holds

special reimbursement instructions. All
documents drawn under this letter of credit
must present to us through them at:
Rm 1501, One Exchange Square, 8 Connaught
Place, Central, Hong Kong. Santander Trade
Services Ltd, Hong Kong advise this L/C.

57D: Advise Through Bank
Agricultural Bank of China,
Jinhua Branch, No. 433 North Bayi Street, Jinhua,
Zhejiang, China

72:    Sender to Receiver Information
Credit is subject to ICC uniform customs and
practice for credits (UCP 600).

任务二　修改信用证

信用证修改

任务导入

　　义乌市国际陆港集团有限公司单证员王芳对号码为A30-0305-001033的信用证进行审核后，发现该信用证上部分条款与之前签订的号码为QJDB1018的合同条款不符。她得尽快决定是否需要通知进口商修改信用证。信用证条款若与合同条款存在不符，该如何处理？如何修改信用证？信用证的修改通知书还需要审核吗？这些就是我们这节所要讲解的内容。

任务资讯

一、修改信用证的流程

　　在对信用证进行全面细致的审核之后，如果发现信用证上的条款与合同条款不符，受益人(通常为出口商)应按照"非改不可的坚决要改，可改可不改的根据实际情况酌情处理"的原则处理。凡是不符合相关法律法规规定，影响合同执行或安全收汇的条款，受益人应立即要求开证申请人，通过原开证行进行必要的书面修改。信用证修改的一般程序是：卖方向买方发函要求改证 →买方向开证行申请改证→开证行改证并转交通知行→通知行将改证通知卖方。

　　信用证的修改可以由开证申请人提出，也可以由受益人提出。由于修改信用证的条款涉及各当事人的权利和义务，因而不可撤销的信用证在其有效期内的任何修改，都必须征得各有关当事人的同意。

二、修改信用证的原则

出口商对信用证的修改应掌握的原则和注意的问题有以下几个方面。

非改不可的坚决要改，可改可不改的根据实际情况酌情处理。如合同中规定可以"分批装运"而信用证中规定"不许分批装运"，若实际业务中可以不分批装运，则不需修改该条款。

不可撤销信用证的修改必须得到各有关当事人全部同意后，方能有效。开证行发出修改通知后不能撤回。

保兑行有权对修改不保兑，但它必须不延误地将该情况通知开证行及受益人。

受益人应对开证申请人提出的修改发出接受或拒绝的通知。根据UCP 600的规定，受益人对不可撤销的信用证的修改表示拒绝的方法有两种：一是向通知行提交一份拒绝修改的声明书；二是在交单时表示拒绝修改，同时提交仅符合未经修改的原证条款的单据。

在同一信用证上，如有多处需要修改的，原则上应一次提出。一份修改通知书包括两项或多项内容，要么全部接受，要么全部拒绝，不能只接受一部分而拒绝另一部分。

受益人提出修改信用证，应及时通知开证申请人，同时规定一个修改通知书到达的时限。

收到信用证修改后，应及时检查修改内容是否符合要求，并分情况表示接受或重新提出修改。

有关信用证修改必须通过原信用证通知行才真实有效，通过客人直接寄送的修改申请书或修改书复印件不是有效的修改。

明确修改费用由谁承担，一般按照责任归属来确定修改费用由谁承担。

知识链接

UCP 600的相关条款

第十条 修改

a. 除第三十八条另有规定外，未经开证行、保兑行(如有的话)及受益人同意，信用证既不得修改，也不得撤销。

b. 开证行自发出修改之时起，即不可撤销地受其约束。保兑行可将其保兑扩展至修改，并自通知该修改时，即不可撤销地受其约束。但是，保兑行可以选择将修改通知受益人而不对其加具保兑。如此，其必须毫不延误地将此告知开证行，并在其给受益人的通知中告知受益人。

c. 在受益人告知通知修改的银行其接受该修改之前，原信用证(或含有先前被接受的修改的信用证)的条款对受益人仍然有效。受益人应提供接受或拒绝修改的通知。如果受益人未能给予通知，当交单与信用证以及尚未表示接受的修改的要求一致时，即视为受益人已做出接受修改的通知，并且从此时起，该信用证被修改。

d. 通知修改的银行应将任何接受或拒绝的通知转告发出修改的银行。

e. 对同一修改的内容不允许部分接受，部分接受将被视为拒绝修改的通知。

f. 修改中关于除非受益人在某一时间内拒绝修改否则修改生效的规定应不予理会。

三、改证函的基本写法

出口方在审核信用证后，如果发现有与合同不符或有不利于出口方安全收汇的条款，应及时联系进口商通过开证行对信用证进行修改。对改证函的写法并无统一规定和要求，但一般应包括如下三个方面的内容。

(一)开头部分

开头部分主要是感谢对方开来的信用证并引出信用证的号码。例如：

We are very pleased to receive your L/C No. 06SHGM356 issued by the Bank of Tokyo Ltd. New York agency dated Jun. 15, 2023.

Thank you for your L/C No. MQC0278 established by Alahli Bank of Kuwait dated May 5, 2023.

(二)主要修改内容

列明开证行开来的信用证中存在的不符点并说明如何修改。例如：

However we are sorry to find that it contains the following discrepancies.

But the following points are in discrepancy with the stipulation of our S/C No. 02CH98.

As to the description of the goods please insert the word... before...

The... should be... not...

The... should be... instead of...

Please delete the clause...

As there is no direct sea sailing to your port next month, please amend the relative L/C to read "transshipment allowed."

Please extend the shipment date and the validity of the L/C to... and... respectively.

(三)结束部分

感谢对方的合作，希望信用证修改书在××××年××月××日前开到。例如：

Thank you for your kind cooperation. Please see to it that the L/C amendment will reach us before Jul. 8, 2023, failing which we shall not be able to effect punctual shipment.

任务小结

通过上面内容的学习，王芳了解到在修改信用证时要注意以下几个方面。

首先，受益人审核信用证时，发现信用证条款与合同条款存在不符，应该先根据 UCP 600 及实际情况判断是否需要对信用证条款进行修改，按照"非改不可的坚决要改，可改可不改的根据实际情况酌情处理"的原则处理。

其次，由于信用证是开证行接受开证申请人的指示开立的，信用证的修改也必须由开证申请人去指示银行，受益人直接向开证行发出修改通知是无效的，受益人只能向他的合同关系人开证申请人提出要求，进而由开证申请人去指示银行进行修改。

最后，受益人收到信用证修改通知书后，还需要继续审核，直到确认与买卖合同条款内容一致，或者虽然不一致，但也能接受的时候，才能准备发货。

任务解决

单证员王芳根据修改信用证的一般原则和实际情况，判断以下不符的条款对受益人非常不利，必须修改。于是，王芳给Do-Best, Inc.发了一封改证函，内容如下：

Dear sirs,

We are very glad to receive your L/C No. A30-0305-001033, but we are quite sorry to find that it contains some discrepancies with the S/C No. QJDB1018. Please instruct your bank to amend the L/C as quickly as possible.

The L/C is to be amended as follows.

(1) 31D: "20240110 at the issuing bank" should be "20240115 at the negotiating bank."

(2) 50: "Dobest, Inc." should be "Do-Best, Inc."

(3) 45A: "Jiang Hua Brand" should be "Jian Hua Brand."

"8133F, 2,400 pairs, USD3.75 per pair, 8130G, 2,400 pairs, USD3.95 per pair" should be "8130G, 2,400 pairs, USD3.75 per pair, 8133F, 2,400 pairs, USD3.95 per pair."

(4) 46A: "freight to collect" should be "freight prepaid."

(5) 46A: "all risks and war risk plus 110 percent of invoice value" should be "all risks plus 10 percent of invoice value."

(6) 48: "5 days" should be "15 days."

Please see to it that the L/C amendment will reach us before Nov. 25, 2023, failing which we shall not be able to effect punctual shipment. Thank you in advance for your kind cooperation.

International Land Port Group

Wang Fang

任务实训

请对项目二任务一任务实训的信用证(编号9022BTY110397)内容进行审核后，给进口商写一封改证函。

项目小结

信用证虽然是根据合同内容开立的，但故意或错误等各种原因，都会导致受益人收到的信用证内容，与之前签订的买卖合同条款不符。由于信用证是独立于合同之外的一份自足的文件，银行在决定是否对受益人付款时，只看信用证，不问合同，因此对信用证条款进行认真、仔细审核，确保信用证上的条款都是受益人可以接受的条款，至关重要。

项目测试

Safe Reference:	01001815974850415
Received From:	CHGKJPJZ
Message Type:	MT 700 Issue of a Documentary
Date:	Jan. 28, 2023
27:	Sequence of Total
	1/1
40A:	Form of Documentary Credit
	Irrevocable
20:	Documentary Credit Number
	041-0269070-184
31C:	Date of Issue
	230125
31D:	Date and Place of Expiry
	230415 at our counter
50:	Applicant
	Fujimin Sangyo Co. Ltd
	6-18-9, Toranomon, Minato-ku, Tokyo, Japan
59:	Beneficiary
	International Land Port Group
	588 Airport Road, Yiwu City, Zhejiang Province, China
32B:	Currency Code, Amount
	USD384,000.00
39A:	Percentage Credit Amount Tolerance
	5/5
41D:	Available with... by...
	Any bank
	By negotiation
42C:	Drafts at...
	Draft at sight
	For full invoice cost
42A:	Drawee
	CHGKJPJZ
43P:	Partial Shipments
	Allowed
43T:	Transshipment
	Allowed

44A:	Loading on Board/Dispatch/Taking in Charge at/from...
	Shanghai, China
44B:	For Transportation to...
	Mizushima, Japan
44C:	Latest Date of Shipment
	230331
45A:	Description of Goods and/or Services
	Sales Confirmation No. FLM110329
	men's terry socks, 07031, 6,000 DOZ, HKD30.50 per DOZ.
	07032, 6,000 DOZ, HKD33.50 per DOZ, CIFC5 Mizushima
46A:	Documents Required
	+Signed commercial invoice in triplicate.
	+Full set of clean on board ocean bills of lading
	made out to order of shipper and blank endorsed
	and marked freight to collect and notify the applicant.
	+Packing list in triplicate.
	+G.S.P. certificate of origin form "a" in one photo copy.
	+Benneficiary's certificate stating that one of original B/L,
	one of original form "a" have been airmailed to
	Fujimin Sangyo Co. Ltd Kurashiki Branch
	(Address: 6-18-9, Toranomon, Minato-ku, Tokyo, Japan,
	Phone: 086-523-4620) within 5 days after shipment
	with registered and express.
	+Insurance policy or certificate in duplicate
	endorsement in blank covering ocean marine cargo
	clause all risks and war risk for 100 percent of
	invoice value as per CIC dated Jan. 1, 1981
47A:	Additional Conditions
	+Reimbursement by telecommunication is prohibited.
	+Please claim reimbursement to reimbursing bank,
	deducting a discrepancy fee of USD50.00
	if documents containing discrepancies are
	presented to you under this documentary credit.
	+5 percent more or less in quantity and amount is
	allowed.
71B:	Charges
	+All banking charges outside Japan including
	reimbursing commission are for account of beneficiary.

48:	Period for Presentation
	Documents shall be presented within 10 days after the
	date of shipment but within the validity of the credit.
49:	Confirmation Instructions
	Without
53A:	Reimbursement Bank
	BKTRUS33
78:	Instruction to the Paying/Accepting/Negotiating Bank
	+Please reimburse yourselves from the reimbursing bank.
	+The negotiating bank must send all documents and
	drafts to us 15-20, Marunouchi 1-Chome, Okayama, Japan
	(P. O. Box 28 Okayama 700-8628, Japan) in two
	consecutive airmails.
57A:	"Advise Through" Bank
	YR Jinhua Branch
	North Bayi Street, Jinhua,
	Zhejiang, China
72:	Sender to Receiver Information
	+This credit is subject to Uniform Customs and Practice
	for Documentary Credits, 2007 revision, ICC
	publication No. 600.
	+Reimbursement is subject to ICC
	URR 525.

问题1：翻译该信用证的条款。

问题2：根据项目一任务二项目测试的合同(号码为11FF09)内容，审核该信用证，找出不符条款。

问题3：对该信用证的不符条款提出修改意见。

项目三

出口贸易信用证业务——办理订舱操作

项目导入

2023年11月15日，义乌市国际陆港集团有限公司单证员王芳收到中国工商银行义乌分行转交的MHBKJPJT Mizuho Bank Ltd开出的信用证修改通知书(此处略)。经仔细审核无误，王芳赶紧到福田市场上四区40000号摊位采购由成都健华鞋业生产的拖鞋。王芳按照信用证的要求下单，并与摊位老板约定12月15日交货。然后王芳开始办理货物托运事宜，她找到一家信誉好、实力强的货代——中国外运代理公司，委托其代为办理订舱业务。

在这个过程中，王芳要完成缮制商业发票、装箱单、订舱委托书、海运提单等工作。这些工作需要哪些知识呢？

项目目标

学习目标

▶ 了解外贸业务中用到的发票类型，掌握商业发票的内容及缮制要点；
▶ 了解包装单据的类型，掌握装箱单的内容及缮制要点；
▶ 了解国际货物运输的出口订舱流程(海运)，掌握订舱委托书的内容及缮制要点；
▶ 了解"场站收据"联单的内容、作用及流转程序，掌握海运提单的内容及缮制要点。

技能目标

▶ 能够独立缮制商业发票；
▶ 能够独立缮制装箱单；
▶ 能够独立缮制订舱委托书；
▶ 能够独立缮制海运提单。

任务一 缮制商业发票

任务导入

2023年11月20日，王芳联系了中国外运代理公司，委托其代为办理订舱业务。中国外运代理公司的工作人员要求王芳提供货物出口托运所需的商业发票、装箱单、订舱委托书等单据。这些单据王芳都需要自己缮制，而她首先应该缮制的是该笔业务的商业发票。那么外贸业务中常用的发票有哪些？商业发票有何用途？应该如何缮制商业发票？

商业发票

任务资讯

一、外贸业务常用发票种类

外贸业务中用到的发票种类繁多，用途各异，常用的有以下几种。

(一)商业发票

商业发票(commercial invoice)在对外贸易中简称发票，是出口公司对国外买方开立的载有货物名称、规格、数量、单价、总金额等方面内容的清单，是出口商对装运货物的总说明。商业发票是全套货运单据的中心，其他单据均参照发票内容缮制，是出口贸易结算单据中最主要的单据之一。

在国际贸易中，商业发票的主要作用有以下几个方面：①出口商向进口商发送货物的凭证；②进口商收货、支付货款的凭证；③进出口商记账、报关纳税的凭证；④出口商缮制其他单据的依据。

(二)形式发票

形式发票(proforma invoice)也称预开发票或估计发票，通常是出口商应进口商的要求，发出一份列有出售货物的名称、规格、单价等非正式参考性发票，供进口商向其本国贸易管理当局或外汇管理当局等申请进口许可证或批准给予外汇等之用；或者用于报盘，作为交易前的发盘。形式发票不是一种正式发票，不能用于托收和议付，它所列的单价等也仅仅是出口商根据当时情况所做出的估计，对双方都无最终的约束力，所以说形式发票只是一种估计单，正式成交后还要另外缮制商业发票。

形式发票与商业发票的关系密切，信用证在货物描述后面常有"按照某月某日之形式发票"等条款，对此援引，只要在商业发票上打明"as per proforma invoice No. ... dated..."即可。假如来证附有形式发票，则形式发票构成信用证的组成部分，制单时要按形式发票内容全部打上。

形式发票(样本)如下。

Shanghai ABC Company Ltd

Proforma Invoice

Document No.: DAT001

Date: Nov. 4, 2023

The Buyer: Dubai AAA Trading LLC

Add.: Unit 607, Great Ave, Dubai, UEA

The Seller: Shanghai ABC Company Ltd

Add.: Room 208, No. 7, Lane 1818, Renming Road, Shanghai, China

Tel.: 021-12345678

Fax.: 021-12345678

No.	Goods Descriptions & Specification	Qty.	Unit Price	Amount
1	Textile Hanger (100% Nylon)	2,000 Set	USD5.00/Set	USD10,000.00

No.	Goods Descriptions & Specification	Qty.	Unit Price	Amount
Total:	(In Words) SAY US DOLLARS TEN THOUSAND ONLY.			

Term of Payment: T/T, 30% deposit to start the production and the balance paid before shipment.

Term of Delivery: From Shanghai to Dubai by ship.

Date of Delivery: Before Dec.15, 2023.

Our bank detail for the cash in advance payment:

Beneficiary's Name: ×××××××× Ltd

Beneficiary's Address: ××××××××××××× P.R. China

Bank Name: The Agricultural Bank of China, ×××× Branch

Account No.: ×××××××404001×××

Swift Code: ××××××

The Buyer: The Seller:

Dubai AAA Trading LLC   Shanghai ABC Company Ltd

Jami Jim   陈亮

(三)领事发票

领事发票(consular invoice)又称签证发票，是按某些国家法令规定，出口商对其国家输入货物时必须取得进口国在出口国或其邻近地区的领事签证的、作为装运单据一部分或货物进口报关的前提条件之一的特殊发票。有些国家法令规定，进口货物必须要领取进口国在出口国领事签证的发票，作为有关货物征收进口关税的前提条件之一。

领事发票和商业发票是平行的单据，领事发票是一份官方的单证，有些国家规定了领事发票的固定格式，这种格式可以从领事馆获得。在实际工作中，比较多的情况是有些国家来证规定由其领事在商业发票上认证，认证的目的是证实商品的确实产地，收取认证费。对此，在计算出口价格时，应将这笔费用考虑进去。

目前，已很少用领事发票。

(四)海关发票

海关发票(customs invoice)，是某些国家(如非洲、美洲、大洋洲的一些国家)的海关制定的一种固定格式的发票，由出口商填制以供进口商作为进口货物报关使用。

海关发票的作用，一是进口国家的海关凭以估价完税或征收差别待遇关税，核定货物原产地，二是作为编制统计资料用。

总体来说，海关发票中的内容应与商业发票或其他单据相一致。它的内容主要有商品的价值(value)和商品的产地(origin of goods)。

(五)厂商发票

厂商发票(manufacturer invoice)是厂方出具给出口商的销售货物的凭证。来证要求提供厂商发票，其目的是检查是否有削价倾销行为，以便确定应否征收"反倾销税"。

厂商发票的基本制作要求有以下几个方面：①在单据上部要印有醒目粗体字"厂商发票"(manufacturer invoice)字样；②抬头人写出口商；③出票日期应早于商业发票日期；

④货物名称、规格、数量、件数必须与商业发票一致；⑤货币应写出口国币制，价格的填制可按发票货价适当打个折扣，例如按FOB价打九折或八五折；⑥货物出厂时，一般无出口装运标记，厂商发票不必缮制唛头，如来证有明确规定，则厂商发票也应打上唛头；⑦厂方作为出单人，由厂方负责人签字盖章。

(六)增值税专用发票

现行税制发票分为普通发票和增值税专用发票两大类。普通发票是指增值税专用发票以外的纳税人使用的其他发票。增值税专用发票是由国家税务总局监制设计印制的，只限于增值税一般纳税人领购使用的，既作为纳税人反映经济活动中的重要会计凭证又是兼记销货方纳税义务和购货方进项税额的合法证明，是增值税计算和管理中重要的决定性的合法的专用发票。

增值税专用发票的作用有：①增值税专用发票是商事凭证，由于实行凭发票购进税款扣税，购货方要向销货方支付增值税，起到销货方纳税义务和购货方进项税额的合法证明的作用。②一种货物从最初生产到最终消费之间的各个环节可以用增值税专用发票连接起来，依据专用发票上注明的税额，哪个环节征税，哪个环节扣税，让税款从上一个经营环节传递到下一个经营环节，一直到把商品或劳务供应给最终消费者，这样，各环节开具的增值税专用发票上注明的应纳税额之和，就是该商品或劳务的整体税负。因此，体现了增值税普遍征收和公平税负的特征。

增值税专用发票由基本联次或者基本联次附加其他联次构成，基本联次为三联：发票联、抵扣联和记账联。其中，发票联作为购买方核算采购成本和增值税进项税额的记账凭证，抵扣联作为购买方报送主管税务机关认证和留存备查的凭证，记账联作为销售方核算销售收入和增值税销项税额的记账凭证。其他联次用途，由一般纳税人自行确定。

二、商业发票的缮制要点

商业发票分首文、本文和结文三部分。首文部分包括发票名称、出票人的名称和地址、发票抬头人、发票号码、发票日期、合同号码和信用证号码、原产地/国、贸易方式、运输事项、交货和付款条款等；本文部分包括唛头、货物描述、商品的包装情况、商品的数量、价格条款、单价和总值等；结文部分包括出单人名称及负责人签章，以及其他要求等。

商业发票由出口企业自行拟制，没有统一的格式，但栏目大致相同，一般都包含以下内容。

(一)首文部分

1.发票名称

发票上应注明commercial invoice或invoice字样，表明这是一张"发票"，以便与其他单据区分。在信用证方式下，应同时注意与信用证的规定一致。

2.出票人的名称和地址

在信用证方式下，一般应与受益人的名称和地址一致。在托收方式下，应填合同中卖方的名称和地址。

3. 发票抬头人

发票的"to"、"buyer"或"importer"后面填付款人(抬头人)。在信用证支付方式下，通常为开证申请人。在托收方式下，通常为合同的买方。

知识链接

UCP 600的相关条款

第十八条a款规定：商业发票，i.必须看似由受益人出具(第三十八条规定的情形除外)；ii.必须出具成以申请人为抬头(第三十八条g款规定的情形除外)。

4. 发票号码

发票的"invoice no."后面填发票号码，由各公司自行编制。

5. 发票日期

发票的"invoice date"后面填发票日期，通常指发票签发时的日期。商业发票的日期是所有议付单据中最早的，一般不迟于装运日。

6. 合同号码和信用证号码

商业发票中一般需显示与此笔交易相关的基础信息：合同号码和信用证号码。如果信用证中没有要求显示合同号码，也可以不显示。在信用证方式下，必须标注该笔交易的信用证号码。

7. 原产地/国

原产地/国按实际产地/国填写。

8. 贸易方式

根据国际贸易惯例，在合同上指明贸易方式。

9. 运输事项

商业目的的运输信息，一般填写装运地、目的地和运输工具，应按实际情况填写。装运地、目的地应与信用证所列一致，目的地应明确具体，若有重名，应写明国别。

10. 交货和付款条款

买卖双方商定的卖方根据该条款交货给买方的条款以及买卖双方商定的付款条款。

(二)本文部分

1. 唛头

"shipping marks"一栏填唛头。如果信用证有关于唛头的规定，就应严格按照信用证规定的内容缮制，比如信用证规定唛头是："ABC Co./NY5689/Hamburg/No. 1-up"

则应在发票上打：ABC Co.

　　　　　　　NY5689

　　　　　　　Hamburg

　　　　　　　No. 1-up

而且，唛头最后的"up"通常用货物的总包装件数来代替。如货物一共有280个纸箱，则可填成"1-280"。

如果信用证未规定唛头，那么受益人制单时可以参照合同中的唛头或自己设计合适的唛头。自己设计唛头时，可以参考《国际贸易用标准化运输标志》(GB/T 18131–2010)进行设计。

若没有唛头，则此栏可打 "N/M" (no mark)。

2. 货物描述

"description of goods" 一栏通常填商品的名称、品质、规格等内容。在信用证付款方式下，关于货物的描述应符合信用证的要求；在其他方式下，关于货物的描述应符合合同要求。

知识链接

UCP 600 的相关条款

第十八条 c 款规定：商业发票上的货物、服务或履约行为的描述应该与信用证中的描述一致。

3. 商品的包装情况

包装情况指包装性质(如箱、袋等)和包装件数等。发票上的重量和包装情况应与其他单据上的一致。

4. 商品的数量

"Qty." (quantity) 一栏填商品的数量和重量。应以销售单位计量。

5. 价格条款

"price term" 一栏填写价格条款，或者在单价、总值中显示。发票中的价格条件十分重要，因为它涉及买卖双方责任的承担、费用的承担和风险的划分问题，另外，也是进口地海关核定关税的依据。

6. 单价和总值

"unit price" 后填单价，"amount" 后填总值。单价应包含计量单位、单位货币金额、计价货币、价格术语四部分的内容。单价和总值必须准确计算，与数量之间不可有矛盾。

知识链接

UCP 600 的相关条款

第十八条 a 款 iii 项规定：必须与信用证的货币相同。

第十八条 b 款规定：按指定行事的指定银行、保兑行(如有的话)或开证行可以接受金额大于信用证允许金额的商业发票，其决定对有关各方均有约束力，只要该银行对超过信用证允许金额的部分未作承付或者议付。

如果信用证中有佣金或折扣的规定，应按信用证规定填制。"commission" 和 "discount" 两个单词不能互用，因为进口国海关对 "commission" 要征税，而对 "discount" 则可以免税。

如果信用证的总金额是按含佣价计算的，则商业发票上的总金额也应按含佣价计算，不要减佣；如果信用证的单价为含佣价，而总金额已经扣除佣金，则商业发票上的总金额也应扣除佣金。例如信用证条款规定，"5% commission to be deducted from invoice value"，则发票扣佣表示方法为：

Qty.	Unit Price	Amount
		CIFC5 New York
100 PCS	USD100/PC	USD10,000.00
Less 5% Commission: USD500.00		
		CIF Net Value: USD9,500.00

(三)结文部分

1. 出单人名称及负责人签章

出单人名称打在商业发票的右下角，一般为出口商的名称。

如果信用证没有规定，用于对外收汇的商业发票不需要签署(但用于报关、退税等国内管理环节的发票，必须签署)。

知识链接

UCP 600的相关条款

第十八条a款iv项规定：商业发票无须签名。

当信用证要求"signed invoice"，这时发票就需要签署；而要求"manually signed invoice"时，该发票必须由发票授权签字人手签。如果商业发票上有证明的字句(we certify that...)，则此类发票必须签署。

2. 其他要求

有些信用证对商业发票提出了一些其他要求，则出单人应该照办。大致有以下几种：①加注费用清单，包括运费、保险费和FOB价。②注明特定号码，如进口许可证号、关税号等。③机构认证。有的信用证要求商业发票要由某些权威机构(如：中国贸促会)进行认证，则受益人在制单后必须及时向有关部门进行认证以免延误交单期。④加列证明文句。信用证条款中有时要求受益人在其提交的商业发票上打上特定的证明文句，则应将该文句打在发票上。

【例3-1】证明原产地。

来证规定：The commercial invoice must certify that the goods are of Chinese origin.

【例3-2】证实发票的内容真实可靠。

来证规定：The commercial invoices should bear the following clause: "We hereby certify that the contents of invoice herein are true and correct."

任务小结

商业发票是全套货运单据的中心，在信用证业务中应当根据合同及信用证对商业发票的要求进行准确填制。

填制商业发票的步骤为：①认真阅读信用证单据条款对于商业发票的要求；②完整、准确地制作商业发票。

任务解决

王芳认真阅读合同及信用证后，填制出商业发票如下。

补充资料

商业发票号码：DBIINV015

发票日期：2023 年 11 月 20 日

商业发票
Commercial Invoice

1. 出口商 Exporter International Land Port Group 588 Airport Road, Yiwu City, Zhejiang Province, China	4. 发票日期和发票号 Invoice Date and No. Nov. 20, 2023　　DBIINV015	
	5. 合同号 Contract No. QJDB1018	6. 信用证号 L/C No. A30-0305-001033
2. 进口商 Importer Do-Best, Inc. 3-85-16 Chuo, Warabi-Shi Saitama, Japan	7. 原产地 / 国 Country/Region of Origin China	
	8. 贸易方式 Trade Mode Ordinary Trade	
3. 运输事项 Transport Details From Shanghai to Tokyo By Sea	9. 交货和付款条款 Terms of Delivery and Payment Shipment Before Dec. 31, 2023 Payment by Irrevocable L/C at Sight	

10. 运输标志和集装箱号 Shipping Marks; Container No.	11. 包装类型及件数；商品编码；商品描述 Number and Kind of Packages; Commodity No.; Commodity Description	12. 数量 Quantity	13. 单价 Unit Price	14. 金额 Amount
Do-Best QJDB1018 Tokyo C/No.1-200	Jian Hua Brand Plastic Slippers 8130G 8133F	2,400 Pairs 2,400 Pairs 4,800 Pairs	CIF Tokyo USD3.75 USD3.95	USD9,000.00 USD9,480.00 USD18,480.00

15. 总值 (川数字和文字表示) Total Amount (In Figure and Words) SAY US DOLLARS EIGHTEEN THOUSAND FOUR HUNDRED AND EIGHTY ONLY.	
自由处置区	16. 出口商签章 Exporter Stamp and Signature International Land Port Group 王某某

任务实训

请根据项目二任务一任务实训的信用证 (编号 9022BTY110397) 修改后的内容，缮制一份商业发票。

补充资料

商业发票号码：YWYD38934；日期：2023 年 6 月 25 日

唛头：HEM/9022BTY070397/Barcelona/No.1-1000

商业发票
Commercial Invoice

1. 出口商 Exporter	4. 发票日期和发票号 Invoice Date and No.	
	5. 合同号 Contract No.	6. 信用证号 L/C No.
2. 进口商 Importer	7. 原产地 / 国 Country/Region of Origin	
	8. 贸易方式 Trade Mode	
3. 运输事项 Transport Details	9. 交货和付款条款 Terms of Delivery and Payment	

10. 运输标志和集装箱号 Shipping Marks; Container No.	11. 包装类型及件数；商品编码；商品描述 Number and Kind of Packages; Commodity No.; Commodity Description	12. 数量 Quantity	13. 单价 Unit Price	14. 金额 Amount

15. 总值 (用数字和文字表示) Total Amount (In Figure and Words)

自由处置区	16. 出口商签章 Exporter Stamp and Signature

任务二　缮制装箱单

任务导入

　　义乌市国际陆港集团有限公司单证员王芳在缮制好商业发票以后，为托运和结汇需要，开始缮制装箱单。那么包装单据有哪些？

▶装箱单

装箱单应如何填制?

任务资讯

一、包装单据概述

包装单据主要包括装箱单(packing list 或 packing slip)、重量单(weight list 或 weight note)、包装说明(packing specification)等，是商业发票内容的补充，通过对商品的包装件数、规格、唛头、重量等项目的填制，明确阐明商品的包装情况，便于买方对进口商品包装及数量、重量等的了解和掌握，也便于国外买方在货物到达目的港时，供海关检查和核对货物。也有的商品不需要包装，如谷物、矿砂、煤炭等，即"散装货物"(packed in bulk)。大多数商品必须加以适当的包装后才能装运出口，以保护该商品的安全。

(一)包装单据的作用

包装单据的作用主要包括以下几个方面:①出口商缮制商业发票及其他单据时计量、计价的基础资料;②进口商清点数量或重量以及销售货物的依据;③海关查验货物的凭证;④公证或商检机构查验货物的参考资料。

(二)包装单据的种类

包装单据包括装箱单、重量单、尺码单(measurement list)、详细装箱单(detailed packing list)、包装明细单(packing specification)、包装提要(packing summary)、磅码单(weight memo)、规格单(specification list)和花色搭配(assortment list)，最常用的是装箱单。

装箱单用以表明包装货物的名称、规格、数量、唛头、箱号、件数、重量及包装情况。当来证条款要求提供详细包装单时，应提供尽可能详细的包装内容，描述每件包装的细节，包括商品的货号、色号、尺寸搭配、毛净重及包装的尺码等。

除包装单上的内容外，应尽量清楚地表明商品每箱毛、净重及总重量的情况，这时就用到重量单，供买方安排运输、存仓时参考。

尺码单偏重于说明货物每件的尺码和总尺码，即在包装单内容的基础上再重点说明每件不同规格项目的尺码和总尺码。如果不是统一尺码应逐件列明。

二、装箱单的缮制要点

装箱单的缮制要点包括单据名称、出口公司名称和地址、进口公司名称和地址、日期、合同号、信用证号码、发票号码和日期、运输标志、商品描述、数量及包装、毛重、净重、尺码、出口公司盖章和签字及特殊条款等。

单据名称必须完全符合信用证的规定，因为包装单据的内容，既包括包装的商品内容，也包括包装的种类和件数、每件毛净重的毛净总重量、总尺码(体积)，所以无论信用证要求的包装单据是什么名称，都必须按其规定照打。

出口公司和进口公司的名称和地址与发票上相同。

装箱单日期与发票日期相同或略迟于发票日期。

合同号一栏，填写合同的号码。

信用证号码一栏，如在信用证支付方式下，填制相应信用证号码，反之则此栏空白。

发票号码和日期一栏，填写商业发票的号码和日期。

运输标志与发票或提单上同一栏目相同。

商品描述一栏，填写商品名称，与发票上相同。

数量及包装一栏，在填制运输包装单位的数量后再补充计价单位的数量，如500CTNS/5,000PCS。

毛重一栏，填写商品的总毛重。

净重一栏，填写商品的总净量。

尺码一栏，填写商品的总尺码。(注：净重、毛重、尺码三项内容，有时客户要求同时显示单价净重、单价毛重和单位体积也应满足。)

出口公司盖章和签字一栏，除出口公司名称外还须加上公司负责人的签字或手签印章。

特殊条款，即信用证的特殊规定，必须在单据中充分体现出来。如信用证规定：每件装一袋，每打装一盒，每20打装一箱，则必须注明 "packing: each piece in a bag, each dozen in a carton box, then 20 dozens in a carton"。如信用证要求在装箱单冠以 certificate of weight (重量证明) 则需加注 "We certify that the weight is true and correct." 的证明文句。

如来证要求提供装箱单的正本，则须在单据名称下面或单据的右上角空白处打上或盖上 original 字样。

任务小结

装箱单着重表现货物的包装情况，是商业发票的一种补充单据。在信用证业务中应当根据合同及信用证条款对装箱单的要求准确填制。

填制装箱单的步骤为：①认真阅读信用证单据条款对于装箱单的要求；②完整、准确地填制装箱单。

任务解决

王芳认真阅读合同及信用证后，填制出装箱单如下。

补充资料

| 8130G | 每箱毛重 55 kg | 每箱净重 50kg | 每箱尺码 0.100 m³ |
| 8133F | 每箱毛重 60 kg | 每箱净重 55kg | 每箱尺码 0.120 m³ |

装箱单

Packing List

1. 出口商 Exporter International Land Port Group 588 Airport Road, Yiwu City, Zhejiang Province, China	3. 装箱单日期 Packing List Date Nov. 20, 2023			
2. 进口商 Importer Do-Best, Inc. 3-85-16 Chuo, Warabi-Shi Saitama, Japan	4. 合同号 Contract No. QJDB1018	5. 信用证号 L/C No. A30-0305-001033		
	6. 发票日期和发票号 Invoice Date and No. Nov. 20, 2023　　DBIINV015			
7. 运输标志和集装箱号 Shipping Marks; Container No.	8. 包装类型及件数；商品编码；商品描述 Number and Kind of Packages; Commodity No.; Commodity Description	9. 毛重 kg Gross Weight	10. 净重 kg Net Weight	11. 体积 m^3 Cube
Do-Best QJDB1018 Tokyo C/No.1-200	Jian Hua Brand Plastic Slippers 8130G　100 CTNS (2,400 Pairs) 8133F　100 CTNS (2,400 Pairs) 　　　　200 CTNS (4,800 Pairs)	 5,500 6,000 11,500	 5,000 5,500 10,500	 10 12 22
自由处置区	12. 出口商签章 Exporter Stamp and Signature International Land Port Group 王某某			

任务实训

　　请根据项目二任务一任务实训的信用证(编号9022BTY110397)修改后的内容，缮制一份装箱单。

　　补充资料

　　每箱毛重20 kg　　　每箱净重18 kg　　　　每箱尺码0.065 m^3

装箱单
Packing List

1. 出口商 Exporter	3. 装箱单日期 Packing List Date		
2. 进口商 Importer	4. 合同号 Contract No.	5. 信用证号 L/C No.	
	6. 发票日期和发票号 Invoice Date and No.		

7. 运输标志和集装箱号 Shipping Marks; Container No.	8. 包装类型及件数；商品编码；商品描述 Number and Kind of Packages; Commodity No.; Commodity Description	9. 毛重 kg Gross Weight	10. 净重 kg Net Weight	11. 体积 m³ Cube
自由处置区	12. 出口商签章 Exporter Stamp and Signature			

任务三　缮制订舱委托书

任务导入

　　义乌市国际陆港集团有限公司单证员王芳在填制商业发票和装箱单后，一边研究出口订舱流程，一边根据公司安排填制订舱委托书交给中国外运代理公司，委托其代为订舱。那么货物托运订舱程序如何？订舱委托书应如何填制？

■ 订舱委托书

任务资讯

一、出口订舱流程（海运）

　　国际货物运输方式的种类很多，包括海洋运输、铁路运输、航空运输和邮包运输以及国际多式联运等，各种运输方式都有其自身的特点和独特的经营方式，出口企业应合理选择和正确利用各种运输方式。在诸多的运输方式中，海洋运输方式具有运量大、运费低等优点，占我国全部出口货物运输的90%以上，其中相当大的部分，采用的就是集装箱班轮运输。

在我国，凡由我方安排运输的出口合同，对外装运货物、租订运输工具和办理具体有关运输的事项，我国外贸企业通常都委托中国对外贸易运输公司或其他经营外贸运输代理业务的企业办理。其大致过程如图3-1所示。

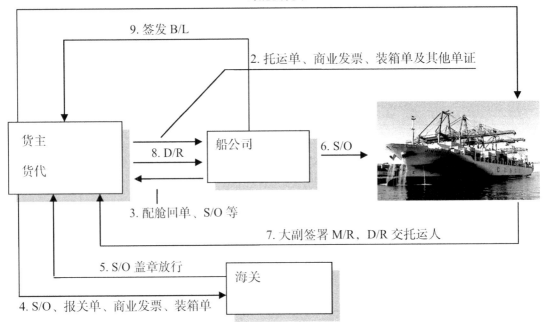

图3-1　出口订舱流程(海运)

出口企业，即货主在货、证齐备后，填制订舱委托书，委托货代代为订舱。有时还委托其代理报关及货物储运等事项。

货代接受订舱委托后，缮制集装箱货物托运单，随同商业发票、装箱单及其他必要的单证一同向船公司办理订舱。

船公司根据具体情况，如接受订舱则在托运单的几联单证上编上与提单号码一致的编号，填上船名、航次，并签署，即表示已确认托运人的订舱，同时把配舱回单、S/O等与托运人有关的单据退给托运人。

托运人持船公司签署的S/O，填制出口货物报关单、商业发票、装箱单等连同其他有关的出口单证向海关办理货物出口报关手续。同时办理投保。

海关根据有关规定对出口货物进行查验，如同意出口，则在S/O上盖放行章，并将S/O退回给托运人。

托运人持海关盖章的由船公司签署的S/O要求船长装货。

装货后，由船上的大副签署M/R(大副收据，场站收据副本2)，将D/R(场站收据正本)交给托运人。

托运人持D/R，向船公司换取正本已装船提单。

船公司凭D/R，签发正本提单并交给托运人凭以结汇。

二、订舱委托书的缮制要点

出口企业委托对外贸易运输公司或其他有权受理对外货运业务的货运代理公司向承运人或其代理办理出口货物运输业务时需向其提供订舱委托书，委托其代为订舱。订舱委托书是出口企业和货代之间委托代理关系的证明文件，内容包括信用证对提单的要求，即托运人名称、收货人名称、货物明细、启运港、目的港、信用证规定的装运期限、信用证的有效期、关于分批装运和转运的规定、对运输的要求等。

发货人一栏，填写出口公司，即信用证的受益人。

收货人一栏，填写信用证规定的提单收货人。大致分为三种情况：①记名式，填入信用证指定收货人名称。②不记名(空白)抬头，本栏留空或仅填入"to bearer"。③指示抬头，填入"to order of shipper"或者"to order of（开证行）"等。

通知人一栏，填写信用证规定的提单通知人。

信用证号码一栏，填写本次业务信用证的号码。

开证银行一栏，填写本次业务信用证中的开证银行的名称。

合同号码一栏，填写本次业务的合同号码。

成交金额一栏，填写本次交易的总金额。

装运口岸一栏，填写信用证规定的起运地。如无具体规定，则填写实际装运港的名称。

目的港一栏，填写信用证规定的目的地。如无具体规定，则填写实际卸货港的名称。

转船运输一栏，根据信用证条款，如允许转运，则填"allowed"，否则，填"not allowed"。

分批装运一栏，根据信用证条款，如允许分批，则填"allowed"，否则，填"not allowed"。

信用证有效期一栏，填写信用证的有效期。

装运期限一栏，按信用证规定的装运期限填写。

运费一栏，根据信用证提单条款的规定填写"freight prepaid"(运费预付)或"freight to collect"(运费到付)。

成交条件一栏，按实际成交的贸易术语填写。

公司联系人、电话/传真、公司开户行及银行账号一栏，按公司实际情况填写。

特别要求一栏，填写托运人对所订舱位的特殊要求。

标记唛码一栏，即通常所说的"唛头"，填写货物的装运标志。

货号规格一栏，填写货物描述。

包装件数一栏，填写货物的外包装的数量，比如"370 carton"。

毛重、净重、数量、单价、总价一栏，按货物的实际情况填写。

总件数、总毛重、总净重、总尺码、总金额一栏，按货物的实际情况填写。

备注一栏，可填其他事项。

任务小结

出口企业委托货运代理公司订舱时需要填写订舱委托书。订舱委托书是出口企业和货代之间委托代理关系的证明文件。在信用证业务中应当根据合同及信用证对货物运输的具体要求准确填制。

填制订舱委托书的步骤为：①认真阅读信用证条款、合同条款对货物运输的要求；②完整、准确地制作订舱委托书。

任务解决

王芳认真阅读合同及信用证后，填制出口货物订舱委托书如下。

补充资料

公司编号：DBI7977

电话/传真：0579-85544331

公司开户行：中国农业银行

银行账号：587869879098854545

订舱委托日期：2023年11月21日

出口货物订舱委托书

公司编号：DBI7977   日期：Nov. 21, 2023

1. 发货人 International Land Port Group 588 Airport Road, Yiwu City, Zhejiang Province, China	4. 信用证号码　A30-0305-001033	
	5. 开证银行　　MHBKJPJT	
	6. 合同号码 QJDB1018	7. 成交金额 USD18,480
	8. 装运口岸 Shanghai	9. 目的港 Tokyo
2. 收货人 To order	10. 转船运输 Not allowed	11. 分批装运 Not allowed
	12. 信用证有效期 Jan. 15, 2024	13. 装船期限 Dec. 31, 2023
	14. 运费 Prepaid	15. 成交条件 CIF Tokyo
	16. 公司联系人 ×××	17. 电话/传真 0579-85544331
3. 通知人 Do-Best, Inc. 3-85-16 Chuo, Warabi-Shi Saitama, Japan	18. 公司开户行 Agricultural Bank of China	19. 银行账号 587869879098854545
	20. 特别要求	

续　表

21. 标记唛码	22. 货号规格	23. 包装件数	24. 毛重	25. 净重	26. 数量	27. 单价	28. 总价
Do-Best	Jian Hua Brand Plastic Slippers				CIF Tokyo		
QJDB1018 Tokyo C/No.1-200	8130G 8133F	100 CTNS 100 CTNS	5,500 KGS 6,000 KGS	5,000 KGS 5,500 KGS	2,400 Pairs 2,400 Pairs	USD3.75 USD3.95	USD9,000.00 USD9,480.00

	29. 总件数	30. 总毛重	31. 总净重	32. 总尺码	33. 总金额
	200 CTNS	11,500 KGS	10,500 KGS	22 CBM	USD18,480.00

34. 备注:

任务实训

请根据项目二任务一任务实训的信用证(编号9022BTY110397)修改后的内容，缮制一份订舱委托书。

补充资料

公司编号: YWYDFT499　　　　　　　　电话/传真: 0579-83634933

公司开户行: 中国农业银行　　　　　　　银行账号: 380328940233093809

订舱委托日期: 2023年6月27日

出口货物订舱委托书

公司编号:　　　　　　　　　　　　　　　　　　　　　　　日期:

1. 发货人	4. 信用证号码	
	5. 开证银行	
	6. 合同号码	7. 成交金额
	8. 装运口岸	9. 目的港
2. 收货人	10. 转船运输	11. 分批装运
	12. 信用证有效期	13. 装船期限
	14. 运费	15. 成交条件
	16. 公司联系人	17. 电话/传真
3. 通知人	18. 公司开户行	19. 银行账号
	20. 特别要求	

续 表

21. 标记唛码	22. 货号规格	23. 包装件数	24. 毛重	25. 净重	26. 数量	27. 单价	28. 总价

29. 总件数	30. 总毛重	31. 总净重	32. 总尺码	33. 总金额

34. 备注：

任务四　缮制海运提单

■ 海运提单

任务导入

　　义乌市国际陆港集团有限公司单证员王芳在填制好订舱委托书交给中国外运代理公司代为订舱后，对企业需要用到后续货运单据不是非常清楚，于是向中国外运代理公司业务员学习，了解货代接受订舱以后相关的重要货运单据，特别是对提单进行了手把手的填制学习。那么什么是所谓的"十联单"？提单应如何填制？

任务资讯

一、"场站收据"联单

　　国际货代出口操作流程通常为揽货、订舱、货物装运、报检报关、提单签发和交接。

　　货代在接受了货主的订舱委托以后，须向船公司进行订舱，采用集装箱运输时货主或货代需填写"场站收据"联单。

　　（一）"场站收据"联单的内容

　　"场站收据"联单是集装箱货运出口中的核心单据，它相当于传统的托运单、装货单、收货单等一整套单据。不同的港口、货运站使用的场站收据略有差异，其联数有七联、十联、十二联不等。这里以十联格式为例，说明场站收据的组成情况。

　　第一联：集装箱货物托运单(货主留底)(B/N)。

　　第二联：集装箱货物托运单(船代留底)。

　　第三联：运费通知1(与第四联的其中一联向出口单位收取运费，另一联货代自己留底)。

　　第四联：运费通知2。

　　第五联：装货单(S/O) (也叫关单或下货纸、场站收据副本1。经船代盖章有效，海关完成验关手续后，在装货单上加盖海关放行章，船方收货装船，并在收货后留底)。

第五联副本：缴纳出口货物港务费申请书。

第六联：收货单(又叫大副收据、场站收据副本2。装货完毕后大副据理货公司的清单在此单上签字确认，货主凭其换取正本提单。如果理货结果不清洁，大副也会做不清洁批注，正本提单也会做不清洁批注)。

第七联：正本场站收据(D/R)。

第八联：货代留底。

第九联：配舱回单1。

第十联：配舱回单2(货代订好舱，将船名、关单号填入后把配舱回单返给出口公司)。

(二)"场站收据"联单的作用

"场站收据"联单的主要作用有以下几个方面：①船公司或船代确认订舱，并在场站收据上加盖有报关资格的单证章后，将场站收据交给托运人或其代理人，意味着运输合同开始执行；②出口货物报关的凭证之一；③承运人已收到托运货物并开始对其负责的证明；④换取海运提单或联运提单的凭证；⑤船公司、港口组织装卸、理货和配载的凭证；⑥运费结算的依据；⑦如信用证中有规定，可作为向银行结汇的单证。

(三)"场站收据"联单的流转程序

"场站收据"十联单的一般流转程序如下：①托运人填制十联单，委托货代办理托运手续。很多时候在货代接受托运人的订舱委托以后，由货代直接填制十联单。②货代审核后接受托运，返还第一联。③货代持剩余九联向船公司托运。④船公司审核后在第五联(装货单)上盖章并留存第二、三、四联。其余六联返还货代。⑤货代留存第八联。⑥货代持第五、六、七联及其他报关单证向海关进行出口申报。⑦海关放行后在第五联(装货单)上加盖海关放行章，第五、六、七联一并退回。⑧货代将放行后的五、六、七、十联送场站或集装箱货运站。⑨场站或货运站验收单货，在第七联(正本场站收据)和第十联(配舱回单2)上签章返还货代。⑩场站留存第五联(装货单)，集装箱装船后第六联(大副联)通过外理交大副收。⑪托运人或其代理人货代方持正本场站收据至船公司或其代理处要求签发提单。船方收回场站收据，签发提单。

"场站收据"联单——装货单样本

发货人 Shipper : International Land Port Group 588 Airport Road, Yiwu City, Zhejiang Province, China	编号 D/R No. COS3302847 装货单 Shipping Order 场站收据副本
收货人 Consignee : To order	Received by the Carrier the total number of containers or other packages or units stated below to be transported subject to the terms and conditions of the Carrier's regular form of Bill of Lading (for combined transport or port to port shipment) which shall be deemed to be incorporated herein...
通知人 Notify Party : Do-Best, Inc. 3-85-16 Chuo, Warabi-Shi Saitama, Japan	
前程运输 Pre-Carriage By : 收货地点 Place of Receipt :	Date(日期):
船名 Ocean Vessel : Chengfeng 航次 Voy. No. : V. 458 装货港 Port of Loading : Shanghai	场站章
卸货港 Port of Discharge : Tokyo 目的地 Final Destination for Merchant's Reference :	Place of Delivery (交货地点):

集装箱号 Container No.	封志号 Seal No. 标记与号码 Marks & Nos.	箱数或件数 No. of Packages	货名 Description of Goods	毛重 kg Gross Weight	尺码 m³ Measurement
COSU1258672	Do-Best QJDB1018 Tokyo C/No.1-200	200 CTNS	Jian Hua Brand Plastic Slippers	11,500	22

集装箱数或件数合计 (大写) Total Number of Containers of Packages (In Words):
SAY TWO HUNDRED CARTONS ONLY.

运费加附加费 Freight & Charges: Total USD3,500	预付地点 Prepaid at: Shanghai	到付地点 Payable at:	签发地点 Place of Issue:
	预付总额 Total Prepaid: USD1,500	正本提单份数 No. of Original B(s)/L: 3	订舱确认 Booking Approved By:

收货服务类别 Service Type on Receiving: ☒-CY, □-CFS, □-DOOR	发货服务类别 Service Type on Delivery: ☒-CY, □-CFS, □-DOOR	冷藏温度 Reefer Temperature Required: °F °C
种类 Type of Goods:	☒普通 Ordinary, □冷藏 Reefer, □危险品 Dangerous, □裸装车辆 Auto. □液体 Liquid, □活动物 Live Animal, □散货 Bulk, □ _____	危险品 Dangerous Goods: 玻璃 Glass: 财物 Property: 国际海运危险货物 代码页 IMDG Code Page: 编号 UN No.
可否转船 Transshipment: Yes	可否分批 Partial Shipments: Yes	中华人民共和国海关 验讫放行
装期 Date of Shipment: Dec. 31, 2023	有效期 Date of Expiry: Jan. 15, 2024	

二、海运提单

(一)海运提单的定义和作用

1.海运提单的定义

海运提单(bill of lading，或B/L)简称提单，是指由船长、船公司或其代理人签发的，证明已收到特定货物，允诺将货物运至特定的目的地，并交付给收货人的凭证。海运提单也是收货人在目的港据以向船公司或其代理提取货物的凭证。

2.海运提单的性质和作用

海运提单的性质和作用可以概括为以下三个方面。

第一，提单是承运人或其代理人签发的货物收据(receipt for the goods)。它证明已按提单所列内容收到货物。

第二，提单是一种货物所有权的凭证(document of title)。提单代表着提单上所记载的货物，提单持有人可以凭提单请求承运人交付货物，而船长、船公司或其代理人也必须按照提单所载内容，将货物交付给收货人，因此提单具有物权凭证性质。它可以通过合法手续进行转让，转让提单也就意味着转让物权；它也可以作为抵押品向银行融资。

第三，提单是承运人与托运人之间订立的运输契约的证明(evidence of the contract carriage)。双方的权利、义务都列明在提单之内，因此是处理承运人与托运人在运输中的权利、义务的依据。但在采用程租船运输货物的情况下，有关当事人还须受租船合同的约束。

(二)海运提单的种类

常见的提单分类方法、提单种类和英文名称见表3-1。

表3-1　常见的提单分类方法、提单种类和英文名称

分类方法	提单种类	英文名称
按表现形式分	纸质提单	Bill of Lading, B/L
	电子报文提单	Electronics B/L
按货物是否已装船分	已装船提单	On Board B/L
	收货待运提单	Received for Shipment B/L
按货物外包装状况分	清洁提单	Clean B/L
	不清洁提单	Unclean B/L
按提单收货人分	记名提单	Straight B/L
	不记名提单	Open B/L
	指示提单	Order B/L
按不同运输方式分	直达提单	Direct B/L
	转船提单	Transshipment B/L
	多式联运提单	Combined Transport B/L
按提单签发人分	承运人提单	Master B/L
	无船承运人提单	Non-Vessel Operating Common Carrier B/L, NVOCC B/L
	货代提单	House B/L

续　表

分类方法	提单种类	英文名称
按提单签发时间分	预借提单	Advanced B/L
	倒签提单	Anti-Date B/L
	顺签提单	Post-Date B/L

(三)海运提单的内容

提单一般包括正反两面内容。

正面所载的主要内容包括：船名、航次、提单号、承运人名称、托运人名称、收货人名称、通知人名称、装货港、卸货港、转运港、货物名称、标志、包装、件数、重量、体积、运费、提单签发日。提单签发地点、提单签发份数、承运人或船长或其授权人的签字或盖章等。提单的这些内容，在缮制提单中将做详细介绍。

在提单的正面和背面还分别印有承运人条款。通常这些条款是根据国际公约、各国法律和承运人规则而印制的，对于托运人和承运人双方都有约束。不同的提单印制不同的条款，但基本条款相似。

1. 提单正面的确认条款

"Received in apparent good order and condition except as otherwise noted the total number of containers or other packages or units enumerated below for transportation from the place of receipt to the place delivery subject to the terms and conditions hereof."

上述英文措辞条款的大意是：承运人在货物或集装箱外表状况明显良好的条件下接受货物或集装箱(除另有说明外)，并同意承担按照提单所列条款，将货物或集装箱从起运地运往交货地，把货物悉数交付给收货人。

2. 提单正面的不知条款

"Weight, measurement, marks, numbers, quality, contents and value of mentioned in this Bill of Lading are considered unknown unless the contrary has expressly acknowledged and agreed to. The signing of this Bill of Lading is not to be considered as such an agreement."

上述英文措辞条款的大意是：承运人没有适当的方法对接受的货物或集装箱进行检查，所有货物的重量、尺码、标志、数量、品质、内容和货物价值等都由托运人提供，对此，承运人并不知晓，除非承运人已被明确告知并同意。本提单的签署不视为承运人知晓上述内容。

3. 提单正面的承诺条款

"On presentation of this Bill of Lading duly endorsed to the Carrier by or on behalf of the Holder of Bill of Lading, the rights and liabilities arising in accordance with the terms and conditions hereof shall be without prejudice to any rule of common law or stature rendering them of the Bill of Lading as though the contract evidenced hereby had been made between them."

上述英文措辞条款的大意是：在提单持有人或其代表人向承运人提交经正式背书的本提单时，承运人承诺按照提单条款的规定，承担义务和享受权利，不违背任何法律规定，不损害任何法律地位。本提单视作双方订立的合同。

4. 提单正面的签署条款

"One original Bill of Lading must be surrendered duly endorsed in exchange for the goods or delivery order. In witness whereof the number of original Bill of Lading stated under have been signed, all of this tenor and date, one of which being accomplished, the other to stand void."

上述英文措辞条款的大意是：兹证明，下述内容均属同一内容和日期的正本提单业经签字，换取货物或交货单时必须提交经背书的一份正本提单，其中一份完成提货手续后，其余各份自行失效。

5. 提单背面的承运人赔偿责任条款

承运人责任限制是用以明确承运人对货物的灭失和损坏负有赔偿责任，应支付赔偿金时，承运人对每一件货物或每单位货物支付最高赔偿金额的条款。

此外，提单背面还有许多其他条款，如承运人的运价成本条款、通知与支付条款、承运人的集装箱条款、托运人的集装箱条款、索赔通知与时效条款、运费与附加费条款、共同海损与救助条款、管辖权条款和新杰森条款等。

(四)海运提单的缮制要点

1. 托运人(shipper)

托运人即委托承运人装货的货主。在信用证支付方式下，一般信用证规定以受益人名称及地址填写托运人，但如果信用证没有特别规定可以是任何人。

托收支付方式项下的提单发货人，应按合同规定填写合同中的卖方。

2. 收货人(consignee)

该栏为提单的抬头，在信用证支付方式下应严格按信用证规定制作，目前，我国习惯采用"空白抬头，空白背书"(B/L made out to order and blank endorsed)的方式。

如为托收支付方式下的提单，则一般只做成空白指示或托运人指示提单，即在该栏打上"to order"或"to order of Shipper"等字样，切不可做成以买方为抬头人的提单，也不可做成以买方为指示人的提单，以免货款尚未收到时，物权业已转移。

根据收货人不同，提单分为记名提单、不记名提单(空白提单)和指示提单三类。

记名提单的收货人一栏填写"pay to ×××"，此类提单不能背书转让。

不记名提单的收货人一栏留空或填"来人"(bearer)，此类提单无须背书即可流通转让。

指示提单／"可转让提单"的收货人一栏填写"凭指示"(to order)或"凭×××指示"(to the order of ×××)，此类提单可以通过背书转让给第三者。

3. 被通知人(notify party)

这是货物到达目的港时发送到货通知的对象。几乎所有的提单上都有被通知人这一项，但在记名提单上就没有必要再填写被通知人，这时可以填写"same as consignee"。

通知人有时还作为预定收货人、第二收货人或代理人。

通知人必须与信用证规定的完全一致。如信用证没有规定，则此栏可不填，即使已经填写了内容，银行可以接受但不必进行审核。

4. 装运港 (port of loading)

填写实际装船港口的具体名称。如信用证规定为"Chinese Port"，提单上的装运港栏则填中国范围内实际的具体港口名称，如"Xingang"(新港)或"Guangzhou"(广州)，而不能按信用证规定照填"Chinese Port"。如果信用证规定的装货港与实际装货港不符，应及时修改信用证，以免影响出口结汇。

知识链接

UCP 600的相关条款

第二十条a款iii项规定：表明货物从信用证规定的装货港发运至卸货港。如果提单没有表明信用证规定的装货港为装货港，或者其载有"预期的"或类似的关于装货港的限定语，则需以已装船批注表明信用证规定的装货港、发运日期以及实际船名。即使提单以事先印就的文字表明了货物已装载或装运于具名船只，本规定仍适用。

5. 卸货港 (port of discharge)

此栏填写货物卸船的港口名称。如信用证规定两个以上的港口，或笼统规定"×××主要港口"(如European main ports，欧洲主要港口)时，只能选择其中之一或填明具体卸货港名称。

6. 联运提单需填写内容

前段运输 (pre-carriage by) 栏应填写第一段运输方式的运输工具的名称。

收货地点 (place of receipt) 栏填前段运输承运人接受货物的地点，可以具体到工厂、仓库等。

交货地点 (place of delivery) 栏应填写最终目的地。

如货物从合肥经火车运往上海，由上海装船运至美国旧金山，则前段运输栏填"by train"或"by wagon No.×××"，收货地点栏填"合肥"，交货地点栏填"美国旧金山"。

7. 转船提单需填写转运港 (port of transshipment)

就提单而言，转运指在信用证规定的装货港到卸货港之间的运输过程中，将货物从一船卸下并再装上另一船的行为。发生转运时，填写转运港名称，必要时加注所在国家名称。

知识链接

UCP 600的相关条款

第二十条b款规定：就本条而言，转运系指在信用证规定的装货港到卸货港之间的运输过程中，将货物从一船卸下并再装上另一船的行为。

第二十条c款规定：i.提单可以表明货物将要或可能被转运，只要全程运输由同一提单涵盖。ii.即使信用证禁止转运，注明将要或可能发生转运的提单仍可接受，只要其表明货物由集装箱、拖车或子船运输。

第二十条d款规定：提单中声明承运人保留转运权利的条款将被不予理会。

8. 船名及航次 (name of vessel and voy. no.)

若是已装船提单，此栏注明船名和航次。若是收货待运提单，在货物实际装船完毕后再填写船名和航次。若无航次号可不填。

知识链接

UCP 600 的相关条款

第二十条a款规定：如果提单载有"预期船只"或类似的关于船名的限定语，则需以已装船批注明确发运日期以及实际船名。

9. 提单号码 (B/L no.)

提单号一般按装货单上的有关单号填写在提单规定的此栏内。

不同船公司有不同的提单号组成规则。通常，提单号由代表船公司名称的英文代码，加上装运港英文代码或目的港英文代码，或加上代表该航次数字和订舱顺序号数字等组成。提单号是查询、报检、报关、跟踪货物、收运杂费、归档等环节中不可缺少的一项重要内容。

10. 标记与号码，箱号和封号 (marks & no. container/seal no.)

此栏与海运托运单相应栏目填法相同。

提单上的标记、号码应与信用证和其他单据中的唛头一致。若没有唛头时，用"N/M"表示，不得空白。

托运时，一般箱封号可以不填，但在提单上必须填报每一个集装箱的箱号、封号。

11. 包装的件数和种类 (no. and kind of packages)

此栏填写实际货物的件数和包装的单位，应与唛头中件号的累计数相一致。如散装货无包装件数，可用"in bulk"表示。

如果在同一张提单上有两种以上包装单位，如100件中有40件是木箱装，60件是纸箱装，应分别填写不同包装单位的数量，然后再表示件数。如：

    40 wooden cases

    60 cartons

    100 packages

12. 货名 (description of goods)

提单上有关货物的名称，可以用概括性的商品的统称，不必列出详细规格。但应注意不能与来证所规定的货物的特征相抵触。例如，出口货物有餐刀、水果刀、餐叉、餐匙等，信用证上分别列明了各种商品的名称、规格和数量，提单上可用"餐具"这一统称来表示。又如，来证规定货物的名称为"复写纸"(carbon paper)。它是一种独特的商品，我们不能用"纸"(paper)来代替复写纸，否则银行可以拒付。

13. 毛重 (gross weight)

毛重即货物的总重量。除非信用证另有规定，一般以千克作为计重单位。

当货物没有毛重只有净重时，可以在毛重栏目内显示净重"NW ×××KGS"，不允许空白。

14. 尺码(measurement)

尺码即货物的体积。除非信用证另有规定，一般以m^3作为计算单位，保留小数点后三位小数并注意与其他单据保持一致。

15. 合计总件数(大写)(total packages in words)

合计总件数用大写英文字母打出，须与小写件数一致。

16. 运费支付情况的说明

除非信用证另有规定，此栏一般不填写运费的具体数额，只填写运费的支付情况。此栏应参照商业发票中的价格条件填写，十分重要，不可遗漏。如成交价格为CFR、CIF则应注明"运费已付"(freight prepaid)，如成交价格为FOB，则应注明"运费到付"(freight to collect)，以明确运费由谁支付。当有些来证要求注明所支付的运费的金额时，只需按实际支付数额填写即可。

17. 正本提单的份数(no. of original B[s]/L)

托收支付方式下的正本提单的份数一般1～3份都可以。信用证支付方式项下的提单正本份数必须依据信用证规定，例如信用证规定："3/3 original on board Ocean Bills of Lading..."，则须出具3份正本。如果信用证规定为全套，则做成1份、2份或3份都可以，并用大写"ONE"、"TWO"或"THREE"表示。为了简化提单工作与减少重复提单在社会上造成的麻烦，《跟单信用证统一惯例》(UCP 600)规定，提单可以是一套单独一份的正本单据。正本提单不论有多少份，其法律效力是一样的，其中任何一份正本提单完成提货手续后，其他各份正本提单即告失效。

正本提单须有"original"字样。

知识链接

UCP 600的相关条款

第二十条a款iv项规定：提单，无论名称如何，必须看似为唯一的正本提单，或如果以多份正本出具，为提单中表明的全套正本。

18. 装船批注的日期和签署(loading on board the vessel date... by...)

根据《跟单信用证统一惯例》的解释，如果提单上没有预先印就的"已装船"(shipped on board...)字样，则必须在提单上加注装船批注(on board notation)，装船批注中所显示的日期即视为货物的装船日期。

知识链接

UCP 600的相关条款

第二十条a款ii项规定：

通过以下方式表明货物已在信用证规定的装货港装上具名船只：预先印就的文字，或已装船批注注明货物的装运日期。提单的出具日期将被视为发运日期，除非提单载有表明发运日期的已装船批注，此时已装船批注中显示的日期将被视为发运日期。如果提单载有"预期船只"或类似的关于船名的限定语，则需以已装船批注明确发运日期以及实际船名。

19. 提单的签发地点和日期(place and date of issue)

签发地点一般是装货港所在地，如与该地不一致，银行也可以接受。

每张提单必须有签发日期。提单的签发日期通常是装船完毕的那一天，该日期不得迟于信用证或合约所规定的最迟装运日期。

20. 承运人签署(signed for the carrier)

每份正本提单都必须有承运人或其具名代理人、船长或其具名代理人的签章才能生效。

知识链接

UCP 600的相关条款

第二十条a款i项规定：

表明承运人名称，并由下列人员签署：承运人或其具名代理人，或者船长或其具名代理人。承运人、船长或代理人的任何签字必须标明其承运人、船长或代理人的身份。代理人的任何签字必须标明其系代表承运人还是船长签字。

关于提单签字的式样，有以下几种参考格式。

(1)由承运人签发的提单

　　ABC Shipping Co.

　　as carrier

　　(签署)

(2)由承运人的具名代理人签发的提单

　　XYZ Shipping Co.

　　as agent for (or "on behalf of")

　　ABC Shipping Co. (carrier)

　　(签署)

(3)由船长签发的提单

　　Smith (船长名)

　　master of

　　ABC Shipping Co. (承运人公司名)

　　(签署)

(4)由船长的具名代理人签发的提单

　　MXN Co. (代理人公司名称)

　　(签署)

　　As agent for (or "on behalf of") Smith (船长名)

　　master of

　　ABC Shipping Co. (承运人公司名)

　　(签署)

21. 清洁提单(clean B/L)

清洁提单是指未载有明确宣称货物或包装有缺陷的条款或批注的提单。银行只接受清洁提单。

知识链接

UCP 600的相关条款

第二十七条规定：银行只接受清洁运输单据，清洁运输单据指未载有明确宣称货物或包装有缺陷的条款或批注的运输单据。"清洁"一词并不需要在运输单据上出现，即使信用证要求运输单据为"清洁已装船"的。

外贸公司在收到提单后应逐份检查签章有无遗漏，同时注意信用证是否有提单必须手签的条款，如有此规定则必须手签。

在提单的缮制过程中还应注意，不属于上述范围，但信用证上要求在提单上加注的内容，如要求在提单上列明信用证的号码等，必须按信用证要求办理。

任务小结

海运提单是用以证明海上货物运输合同和货物已经由承运人接受或装船，以及承运人保证据以交付货物的单证。在国际货物运输中，提单是最具特色、最完整的运输单据。在国际贸易中，提单是一种有价证券，同时代表物权和债权。在各国有关运输法律中，提单都被认为是一份非常重要的法律文件，提单上权利的实现必须以交还提单为要件。

海运提单获取的步骤为：①托运人或其代理人货代方持正本场站收据至船公司或其代理处要求签发提单；②船方收回场站收据，签发提单。

任务解决

虽然海运提单是由船公司签发的，但是王芳为了能够更好地学习和掌握海运提单，向中国外运代理公司业务员学习了海运提单的填制，具体填制的单据如下。

海运提单
Bill of Lading

1. Shipper International Land Port Group 588 Airport Road, Yiwu City, Zhejiang Province, China		10. B/L No. COS3302848
		ORIGINAL
2. Consignee To order		
3. Notify Party Do-Best, Inc. 3-85-16 Chuo, Warabi-Shi Saitama, Japan		COSCO 中国远洋运输（集团）有限公司 CHINA OCEAN SHIPPING (GROUP) CO. COMBINED TRANSPORT BILL OF LADING
4. Place of Receipt Shanghai	5. Ocean Vessel Chengfeng	
6. Voyage No. V. 458	7. Port of Loading Shanghai	
8. Port of Discharge Tokyo	9. Place of Delivery Tokyo	

11. Marks	12. Nos. & Kinds of Pkgs.	13. Description of Goods	14. G.W.	15. Meas.
Do-Best QJDB1018 Tokyo C/No.1-200	200 CTNS	Jian Hua Brand Plastic Slippers	11,500 KGS	22 CBM
			Freight Prepaid Credit No.: A30-0305-001033	

16. Total Number of Containers or Packages (In Words)
SAY TWO HUNDRED CARTONS ONLY.

Freight & Charges	Revenue Tons	Rate	Per	Prepaid	Collect
Prepaid At	Payable At		17. Place and Date of Issue Shanghai, Dec. 22, 2023		
Total Prepaid	18. Number of Original B(s)/L Three		21. 中国外运代理公司 China Ocean Shipping Agency		
Loading on Board the Vessel					
19. Date Dec. 22, 2023	20. By 中国外运代理公司 China Ocean Shipping Agency 章建国 For the Carrier Named Above		章建国 For the Carrier Named Above		

任务实训

请根据项目二任务一任务实训的信用证(编号9022BTY110397)修改后的内容,缮制一份海运提单。

补充资料

海运提单号码: COS7965588　　　装运日期: 2023年7月18日

船名: 凯旋　　　　　　　　　　航次: V.23

Bill of Lading

1. Shipper	10. B/L No.
	ORIGINAL
2. Consignee	COSCO 中国远洋运输 (集团) 有限公司 CHINA OCEAN SHIPPING (GROUP)CO. COMBINED TRANSPORT BILL OF LADING
3. Notify Party	

4. Place of Receipt	5. Ocean Vessel
6. Voyage No.	7. Port of Loading
8. Port of Discharge	9. Place of Delivery

11. Marks	12. Nos. & Kinds of Pkgs.	13. Description of Goods	14. G.W.	15. Meas.

16. Total Number of Containers or Packages (In Words)

Freight & Charges	Revenue Tons	Rate	Per	Prepaid	Collect
Prepaid At	Payable At		17. Place and Date of Issue		
Total Prepaid	18. Number of Original B(s)/L		21.		

Loading on Board the Vessel

19. Date	20. By	
	For the Carrier Named Above	For the Carrier Named Above

任务小结

海运货物出口托运程序较为复杂，涉及如场站收据十联单等单据亦较为复杂，一般外贸企业都是委托货代专门处理托运业务。但是作为外贸出口企业，仍要填制与托运相关的一些基础单据，如商业发票、装箱单和订舱委托书等。

商业发票是出口方向进口方开出的发货价目清单，是买卖双方记账的依据，也是进出口报关纳税的总说明，它是收汇单证中最重要的单据，能让有关当事人了解一笔交易的全貌，其他单据都是以商业发票为依据的。装箱单是商业发票的补充单据，重点对该笔交易的装箱情况进行详细描述，以便买卖双方了解商品的装箱情况。订舱委托书是出口企业委托货运代理公司订舱时填写的单据，订舱委托书是出口企业和货代之间委托代理关系的证明文件。提单虽然是由船公司签发的，但是作为出口企业仍需要与船公司密切联系，必须严格按照信用证的要求制作，以保证可以顺利结汇。

任务测试

请根据项目二任务二项目测试的信用证(编号041-0269070-184)修改后的内容，缮制商业发票、装箱单、出口货物订舱委托书和海运提单。

补充资料

发票号码：FUJ07006　　　　　　发票日期：2023年2月15日

装运船舶：ShaYu V. 29

唛头：Fujimin / 041-0269070-184 / Mizushima / No.1-1200

| 07032 | 每箱毛重：14 kg | 每箱净重：13 kg | 每箱尺码：0.02 m³ |
| 07033 | 每箱毛重：15 kg | 每箱净重：14 kg | 每箱尺码：0.02 m³ |

公司编号：YFHI667　　　　　　　电话/传真：0579-85522990

公司开户行：中国工商银行　　　　银行账号：9558854628132557965

订舱委托日期：2023年2月19日　　海运提单号码：COS4565521

装运日期：2023年3月22日

商业发票
Commercial Invoice

1. 出口商 Exporter	4. 发票日期和发票号 Invoice Date and No.	
	5. 合同号 Contract No.	6. 信用证号 L/C No.
2. 进口商 Importer	7. 原产地 / 国 Country/Region of Origin	
	8. 贸易方式 Trade Mode	
3. 运输事项 Transport Details	9. 交货和付款条款 Terms of Delivery and Payment	

10. 运输标志和集装箱号 Shipping Marks; Container No.	11. 包装类型及件数；商品编码；商品描述 Number and Kind of Packages; Commodity No.; Commodity Description	12. 数量 Quantity	13. 单价 Unit Price	14. 金额 Amount

15. 总值 (用数字和文字表示) Total Amount (In Figure and Words)

自由处置区	16. 出口商签章 Exporter Stamp and Signature

装箱单
Packing List

1. 出口商 Exporter	3. 装箱单日期 Packing List Date	
2. 进口商 Importer	4. 合同号 Contract No.	5. 信用证号 L/C No.
	6. 发票日期和发票号 Invoice Date and No.	

7. 运输标志和集装箱号 Shipping Marks; Container No.	8. 包装类型及件数；商品编码；商品描述 Number and Kind of Packages; Commodity No.; Commodity Description	9. 毛重 kg Gross Weight	10. 净重 kg Net Weight	11. 体积 m³ Cube

自由处置区	12. 出口商签章 Exporter Stamp and Signature

出口货物订舱委托书

公司编号：   日期：

1. 发货人	4. 信用证号码	
	5. 开证银行	
	6. 合同号码	7. 成交金额
	8. 装运口岸	9. 目的港
2. 收货人	10. 转船运输	11. 分批装运
	12. 信用证有效期	13. 装船期限
	14. 运费	15. 成交条件
	16. 公司联系人	17. 电话 / 传真
3. 通知人	18. 公司开户行	19. 银行账号
	20. 特别要求	

21. 标记唛码 22. 货号规格 23. 包装件数 24. 毛重 25. 净重 26. 数量 27. 单价 28. 总价

29. 总件数　30. 总毛重　31. 总净重　32. 总尺码　33. 总金额

34. 备注：

海运提单
Bill of Lading

1. Shipper	10. B/L No.
	ORIGINAL
2. Consignee	COSCO 中国远洋运输（集团）有限公司 CHINA OCEAN SHIPPING (GROUP) CO. COMBINED TRANSPORT BILL OF LADING
3. Notify Party	

4. Place of Receipt	5. Ocean Vessel
6. Voyage No.	7. Port of Loading
8. Port of Discharge	9. Place of Delivery

11. Marks	12. Nos. & Kinds of Pkgs.	13. Description of Goods	14. G.W.	15. Meas.

16. Total Number of Containers or Packages (In Words)

Freight & Charges	Revenue Tons	Rate	Per	Prepaid	Collect
Prepaid At	Payable At		17. Place and Date of Issue		
Total Prepaid	18. Number of Original B(s)/L		21.		
Loading on Board the Vessel					

19. Date	20. By	21.
	For the Carrier Named Above	For the Carrier Named Above

项目四　出口贸易信用证业务——货物通关操作

项目导入

　　师傅告诉王芳在委托货代租船订舱的同时，可以办理货物通关操作。王芳查看了信用证条款，要提供一般产地证书，而且这批出口的拖鞋属于法检商品。因此，王芳需要向海关申请产地证和货物商检，再向海关申请报关。在这个过程中王芳要申请原产地证，缮制出口货物报关单。那么这些过程又会用到哪些知识呢？

项目目标

学习目标

▶ 熟悉原产地证书的种类及其作用；

▶ 掌握一般原产地证的申请流程及缮制要点；

▶ 掌握普惠制原产地证书的申请流程及缮制要点；

▶ 掌握报关单据的主要内容、通关作用及报关单据的缮制要点。

技能目标

▶ 能够熟练填制一般产地证和普惠制产地证；

▶ 能够熟练填制报关单。

任务一　缮制原产地证

任务导入

　　义乌市国际陆港集团有限公司单证员王芳查看了信用证条款，需要提供一般产地证书，于是王芳根据要求向有关机构申请相应的产地证书。那么外贸出口所需的原产地证书有哪些类型？原产地证书的主要作用是什么？不同类型的产地证，作用如何不同？申请原产地证的流程是怎样的？

■ 一般原产地证书

任务资讯

一、外贸业务中原产地证书概述

　　不同的原产地规则，其所要求的具体的原产地证书是不一样的。我们先介绍原产地规则的概念，再简要介绍具体的原产地证书。

(一)原产地规则

简而言之,确定货物的原产地也就是确定货物的国籍,根据世界贸易组织(World Trade Organization, WTO)的《原产地规则协议》,原产地规则被定义为一国或地区为确定货物的原产地而实施的普适法律、规则和行政决定。目前各国均以本国立法的形式制定出其鉴定货物国籍的标准,即原产地规则。

原产地规则分为两大类:一类为优惠原产地规则,另一类为非优惠原产地规则。

1. 优惠原产地规则

优惠原产地规则也称为协定原产地规则,是一国为了实施国别优惠政策而制定的法律、法规,优惠范围以原产地为受惠国(地区)的进口产品为限。以优惠贸易协定通过双边、多边协定形式或者是由本国自主形式制定的一些特殊原产地认定标准,目的是促进协议方之间的贸易发展。优惠原产地规则所认定的货物一般会享受比最惠国更优惠的待遇,故其认定标准通常会与非优惠原产地规则不同,其宽严程度取决于成员方。

我国从2001年加入世界贸易组织至2018年8月,先后签订的贸易协定,如表4-1所示。

表4-1 我国签订的贸易协定

协定类型	备 注
《亚太贸易协定》(《曼谷协定》)	《亚洲及太平洋经济和社会理事会发展中国家成员国关于贸易谈判的第一协定》
《中国—东盟合作框架协议》	《中华人民共和国与东南亚国家联盟全面经济合作框架协议》
香港 CEPA (Closer Partnership Arrangement)	《内地与香港关于建立更紧密经贸关系的安排》
澳门 CEPA (Closer Partnership Arrangement)	《内地与澳门关于建立更紧密经贸关系的安排》
特别优惠关税待遇	41 个最不发达国家(包括 31 个非洲国家,孟加拉国、柬埔寨、老挝、缅甸四国,也门、马尔代夫、阿富汗、萨摩亚、瓦努阿图、东帝汶六国)
《中国—巴基斯坦自由贸易协定》	自由贸易协定
《中国—智利自由贸易协定》	
《中国—新西兰自由贸易协定》	
《中国—新加坡自由贸易协定》	
《中国—秘鲁自由贸易协定》	
《中国—格鲁吉亚自由贸易协定》	
《中国—马尔代夫自由贸易协定》	

2. 非优惠原产地规则

非优惠原产地规则也称为自主原产地规则,由本国根据实施其海关税则和其他贸易措施的需要立法自主制定。

按WTO的规定,适用于非优惠性贸易政策措施的原产地规则,其实施必须遵守最惠国待遇原则,包括实施最惠国待遇、反倾销和反补贴税、保障措施、数量限制或关税配额、原产地标记或贸易统计、政府采购时所采用的原产地规则等。

(二)原产地认定标准

一般在认定货物原产地时，会出现两种情况：①货物完全原产，即货物完全是在一个国家(地区)获得或生产制造；②部分原产，即货物由两个或两个以上国家(地区)生产或制造。实施原产地规则必须要有相应的认定标准，不管是对优惠原产地还是非优惠原产地规则。具体规则分类如表4-2所示。

表4-2　原产地认定标准

生产类型	认定实质	认定准则	具体标准
完全原产	完全获得标准	完全原产	产品的种植、开采或生产国为原产国
部分原产	实质性改变标准	税则归类改变标准	原产材料进行加工、制造后，所得货物在《协调制度》中的某位数级税目归类发生了变化
		从价百分比标准	原产材料进行加工、制造后的增值部分超过了所得货物价值的一定比例
		加工工序标准	赋予制造、加工后所得货物基本特征的主要工序
		混合标准	—

(三)原产地证书类型

原产地证书是证明货物国籍的书面文件，是受惠国的产品出口到给惠国时享受关税优惠的凭证，同时也是进口货物是否适用反倾销、反补贴税率及保障措施等贸易政策的参考凭证。根据优惠、普惠与非优惠贸易协定，原产地证书包括表4-3所示的几种形式。

表4-3　常用原产地证书类型

证书出处		产地证类型
非优惠贸易协定		一般原产地证书 (Certificate of Origin, C/O)
普惠制协定		普惠制原产地证书 (Form A)
区域性优惠贸易协定	《中国—东盟自由贸易区优惠关税协议》	优惠原产地证书 (Form E)
	《亚太贸易协定》	优惠原产地证书 (Form B)
	《中国—巴基斯坦自由贸易协议》	优惠原产地证书 (Form P)
	《中国—智利自由贸易协议》	优惠原产地证书 (Form F)
	《中国—新西兰自由贸易协定》	优惠原产地证书 (Form N)
	《中国—瑞士自由贸易协定》	优惠原产地证书 (Form S)
	《中国—韩国自由贸易协定》	优惠原产地证书 (Form K)

续　表

证书出处		产地证类型
区域性优惠贸易协定	《中国—格鲁吉亚自由贸易协定》	优惠原产地证书
	《中国—马尔代夫自由贸易协定》	优惠原产地证书

1. 一般原产地证书(C/O)

一般原产地证书是证明货物原产于某一特定国家或地区，享受进口国正常关税(最惠国)待遇的证明文件。它的适用范围是：征收关税、贸易统计、保障措施、歧视性数量限制、反倾销和反补贴、原产地标记、政府采购等方面。

2. 普惠制原产地证明书(Form A)

普惠制全称为普遍优惠制(Generalized System of Preferences，GSP)，是发达国家给予发展中国家出口制成品和半制成品(包括某些初级产品)一种普遍的、非歧视的和非互惠的关税优惠制度。按照该优惠制度的要求签发的原产地证书即为普惠制原产地证书，采用的是格式A，证书颜色为绿色。在对外贸易中，可简称为Form A或GSP Form A。

普惠制原产地证明书是具有法律效力的我国出口产品在给惠国享受在最惠国税率基础上进一步减免进口关税的官方凭证。

目前给予我国普惠制待遇的国家共40个：欧盟28国(比利时、丹麦、、英国、德国、法国、爱尔兰、意大利、卢森堡、荷兰、希腊、葡萄牙、西班牙、奥地利、芬兰、瑞典、波兰、捷克、斯洛伐克、拉脱维亚、爱沙尼亚、立陶宛、匈牙利、马耳他、塞浦路斯、斯洛文尼亚、保加利亚、罗马尼亚)、挪威、瑞士、土耳其、俄罗斯、白俄罗斯、乌克兰、哈萨克斯坦、日本、加拿大、澳大利亚、新西兰和列支敦士登公国。

3. 优惠原产地证书

(1)《中国—东盟自由贸易区原产地证书》(Form E)

可以签发《中国—东盟自由贸易区原产地证书》的国家有：文莱、柬埔寨、印度尼西亚、老挝、马来西亚、缅甸、菲律宾、新加坡、泰国、越南等10个国家。

(2)《亚太贸易协定原产地证书》(Form B)

2006年9月1日起签发《亚太贸易协定原产地证书》。可以签发《亚太贸易协定原产地证书》的国家有：韩国、斯里兰卡、印度、孟加拉国4个国家。降税幅度从5%到100%不等。

(3)《中国—巴基斯坦自由贸易区原产地证书》(Form P)

对巴基斯坦可以签发《中国—巴基斯坦自由贸易区原产地证书》，2006年1月1日起双方先期实施降税的3000多个税目产品，分别实施零关税和优惠关税。原产于中国的486个8位零关税税目产品的关税将在2年内分3次逐步下降，2008年1月1日全部降为零，原产于中国的486个8位零关税税目产品实施优惠关税，平均优惠幅度为22%。给予关税优惠的商品其关税优惠幅度从1%到10%不等。

(4)《中国—智利自由贸易协定原产地证书》(Form F)

自2006年10月1日起，各地出入境检验检疫机构开始签发《中国—智利自由贸易协定原产地证书》(Form F)，对原产于我国的5891个6位税目产品关税降为零。自2023年3

月1日起，将中智双方总体零关税产品比例提高至98%。

(5)《中国—新西兰自由贸易协定原产地证书》(Form N)

2008年10月1日正式生效。作为第一个与发达国家签署的自由贸易协定，新西兰承诺，在货物贸易方面，将在2016年1月1日前取消全部自华进口产品关税，其中63.8%的产品从《协定》生效时起即实现"零关税"；我国承诺将在2023年1月1日前取消97.2%自新西兰进口产品关税，其中24.3%的产品从《协定》生效时起即实现"零关税"。对于没有立即实现"零关税"的产品，将在承诺的时间内逐步降低关税，直至调整为"零关税"。因此，目前新西兰已取消全部自华进口产品关税。

(6)《中国—瑞士自由贸易协定优惠原产地证书》(Form S)

自2014年7月1日中瑞自贸协定生效以来，中瑞双方给予对方绝大多数产品零关税或低关税待遇。瑞士对原产于中国的纺织品、服装、鞋帽、汽车零部件和金属制品立即实施零关税，而首批实施零关税的工业产品绝大部分是我国的主要产品。与瑞士早前对中国实施的普惠制税率相比，这些货物降税的优惠幅度达6.5%或6.2%。

(7)《中国—韩国自由贸易协定原产地证书》(Form K)

《中国—韩国自由贸易协定》于2015年12月20日起正式实施，是中国迄今为止对外签署的覆盖议题最广、涉及国别贸易额最大的自贸协定。在开放水平方面，双方货物贸易自由化比例均超过税目90%、贸易额85%。过渡期结束后，中国出口韩国92%的产品将实现零关税。

(8)《中国—格鲁吉亚自由贸易协定原产地证书》

2018年1月1日正式生效，在货物贸易方面，格鲁吉亚对我国96.5%的产品立即实施零关税，我国对格鲁吉亚93.9%的产品实施零关税。

(9)《中国—马尔代夫自由贸易协定原产地证书》

2017年12月7日，中国政府和马尔代夫政府签署《中国—马尔代夫自由贸易协定》，并于2018年8月1日起正式生效。中国出口企业凭借中马自贸协定原产地证书可享更多优惠关税待遇；自马尔代夫进口的多种产品，尤其是其丰富的海产品也将获得中国进口关税减免。

除格鲁吉亚、马尔代夫外，我国与智利签署了自贸区升级议定书，还签署了优惠贸易安排性质的《亚太贸易协定第二修正案》。

(四)可签发原产地证书的机构
我国可以签发各类原产地证书的机构包括以下几类。

1. 各地海关
各地海关可签发的原产地证书最多，基本涵盖所有种类。

2. 中国国际贸易促进委员会和中国国际商会
中国国际贸易促进委员会和中国国际商会主要签发一般原产地证书(C/O)。

3. 各地商务局
各地商务局可办理输欧盟、土耳其纺织品专用原产地证书，办理输欧盟、美国纺织品临时出口许可证的纺织品的原产地证书。

二、一般原产地证书的申请流程

一般原产地证书(C/O)的签发部门为各地海关或中国国际贸易促进委员会(China Council for the Promotion of International Trade，缩写为CCPIT，以下简称"贸促会")在各地的分会。海关出具的一般原产地证书，属于官方证书，具有一定的声誉。贸促会是一个全国性的组织，在各地由分会所签发的产地证使用自己的格式并统一编号，其签发的产地证在国际上也具有一定的可信度。

若通过贸促会申请一般原产地证书，可以按照以下步骤进行。

(一)企业注册

企业登录贸促会地方分会的网站进行新企业注册申请，下载并填写相关表格，提交以下网站提示的相关材料：①企业注册登记申请表，表格各项内容需如实填写，并盖好公章、中英文条形章和法人条形章；②手签员授权书，表格上需留有手签员的签名笔迹，盖有公章以及法人盖章或签字；③经工商行政管理局年审的企业法人营业执照副本复印件；④自营进出口批准证书(外商投资企业批准证、对外贸易经营备案登记表或进出口资格证书)的复印件；⑤《中华人民共和国海关报关企业报关注册登记证书》或者《中华人民共和国海关报关进出口货物收发货人报关注册登记书》复印件；⑥《中华人民共和国组织机构代码证》复印件。上述证件提供盖有公章的复印件的同时，须提供原件现场核验。

(二)窗口现场办理注册审批

企业提交注册所需的上述材料，经审核通过后，当地贸促会办证窗口会告知贸促会编号及企业注册号码。

企业需登录网站(http://www.co.ccpit.org/)，在左侧"用户注册"录入企业信息，三个工作日内，贸促会将办理网上签证所必需的账号和密码并发送至企业的注册邮箱。

(三)申领一般原产地证书

1.下载IFORM无纸单证系统组件

企业登录中国国际贸易促进委员会网站http://www.co.ccpit.org，点击左上角IFORM无纸单证系统，按提示下载IFORM组件。

2.安装下载的组件

安装完成后，电脑桌面上会生成IFORM图标，并下载网站右下角"业务介绍"栏下的"企业网上申办产地证操作指南"。

3.登录IFORM系统、领单

双击桌面上的IFORM图标，出现登录界面，按照《企业网上申办产地证操作指南》新建一般原产地证书，确认无误后发送给贸促会，通过审核后，再进行实地领取证书。

三、一般原产地证书的缮制

(一)一般原产地证书的缮制要点

1.证书编号(certificate no.)

应在证书右上角填上证书编号。此栏不得留空，否则证书无效。

2. 出口方 (exporter)

此栏不得留空，填写出口方的名称、详细地址及国家 (地区)，一般可按外贸合同的卖方或发票抬头人填写。若经其他国家或地区需填写转口商名称时，可在出口商后面加填英文 via，然后再填写转口商名称、地址和国家。例如：

×××International Trading Corp.

No. ×××, ×××Road, ×××City, ×××Province, China

Via Hong Kong ×××Co. Ltd

No. ×××, ×××Road, Hong Kong, China

3. 收货方 (consignee)

此栏应填写最终收货方的名称、详细地址及国家 (地区)，通常是外贸合同中的买方或信用证上规定的提单通知人。但有时由于贸易的需要，信用证规定所有的单证收货人一栏留空，在这种情况下，此栏应加注 "to whom it may concern" 或 "to order"，但不得留空。若需填写转口商名称时，可在收货人后面加填英文 via，然后再填写转口商名称、地址、国家。

4. 运输方式和路线 (means of transport and route)

海运、陆运或空运应填写装货港 (地)、到货港 (地) 及运输线路。如需转运，还应注明转运地。例如，"通过海运，于2023年1月5日由广州经香港转运至鹿特丹港"，英文为 "from Guangzhou to Rotterdam by vessel via Hong Kong on Jan. 5, 2023"。

5. 目的地国家 (地区)(country/region of destination)

目的地国家 (地区) 是指货物最终运抵港所在的国家 (地区)，此栏一般应与最终收货人或最终目的港的国别一致，不能填写中间商国家名称。

6. 检验机构用栏 (for certifying authority use only)

此栏为签证机构在签发后发证书、补发证书或加注其他声明时使用。证书申领单位应将此栏留空。

7. 运输标志 (marks and numbers of packages)

此栏应按照出口发票上所列唛头填写完整图案、文字标记及包装号码，不可简单地填写 "按照发票" (as per Invoice No. ×××) 或者 "按照提单" (as per B/L)。货物无唛头，应填写 N/M (no mark)。此栏不得留空。如唛头多本栏填写不下，可填写在第七、八、九栏的空白处，如还不够，可用附页填写。

8. 商品名称、包装数量及种类 (description of goods; number and kind of packages)

此栏中的商品名称要填写具体名称，如睡袋 (sleeping bags)、杯子 (cups)，不得用概括性表述，如服装 (garment)。包装数量及种类要按具体单位填写，如100箱彩电，填写为 "100 cartons (one hundred cartons only) of color TV sets"。包装数量应在阿拉伯数字后加注英文表述。如货物系散装，在商品名称后加注 "散装" (in bulk)，如1000公吨生铁，填写为 "1,000 M/T (one thousand M/T only) pig iron in bulk"。有时信用证要求在所有单证上加注合同号、信用证号码等，可加在此栏。本栏的末行要打上表示结束的符号 "*******"，以防再添加内容。

9. 商品编码 (H.S. Code)

此栏要求填写8位数的H.S.编码，与报关单一致。若同一证书包含几种商品，则应将相应的税目号全部填写。此栏不得留空。

H.S.全称《商品名称及编码协调制度》，是目前国际上最新的国际贸易商品分类目录，具有严密的科学性和逻辑性，已在国际上得到广泛采用。我国海关对进出境货物监管和商检签发普惠制产地证、一般产地证都已采用H.S.商品编码，可到发证机构或网上查询。

10. 数量 (quantity or weight)

此栏填写出口货物的数量并与商品的计量单位连用。如上述的100箱彩电，此栏填"100 sets"；如为1,000公吨生铁，此栏填"N.W. 1,000 M/T"（净重1,000公吨）或"1,000 M/T (N.W.)"；如果只有毛重时，则需注明"G.W."。

11. 发票号码及日期 (number and date of invoices)

此栏必须按照所申请出口货物的商业发票填写。该栏日期应早于或同于实际出口日期，为避免对月份、日期的误解，月份一律用英文表述，如2023年12月10日，用英文表述为Dec. 10, 2023，此栏不得留空。

12. 出口方声明 (declaration by the exporter)

该栏由申领单位已在签证机构注册的人员签字并加盖有中英文的印章，填写申领地点和日期，该栏日期不得早于发票日期(第11栏)。手签人签字与公章在证面上的位置不得重合。

13. 签证机构证明 (certification)

此栏由签证机构签字、盖章。签字和盖章不得重合，并填写签证日期、地点。签发日期不得早于发票日期(第11栏)和申请日期(第12栏)。

(二)需要注意的问题

1. 货物类别问题

准许享受优惠待遇的主要条件是：出口至中华人民共和国的货物，应在享受特别优惠关税待遇的产品范围之内，以及应符合原产地规则中规定的原产地标准。

2. 操作规范问题

出口商负责对原产地证书上的内容进行申报，并将证书一式两份提交给出口国签证机构。如符合要求，签证机构将在原产地证书的正本上予以签注并将其返还给出口商，以便将正本交给中国的进口商。签证机构应保留由出口商正确填制和签字的副本。

3. 其他细节问题

所有未填内容的空白之处应予划去，以防事后填写。任何更正必须由签证机构认可。货品名称必须足够详细，以便在进口口岸验货的海关官员可以借此识别货物。

表4-4为一般原产地证书样本。

表4-4　一般原产地证书样本

ORIGINAL

1. Exporter (Full Name and Address) AMMANI TRADING COMPANY NO. 158, PUJIANG ROAD SHANGHAI, CHINA		Certificate No.　37923392 **CERTIFICATE OF ORIGIN** **OF** **THE PEOPLE'S REPUBLIC OF CHINA**		
2. Consignee (Full Name, Address, Country) JACK & JOSIN SHOES COMPANY NO. 8977, SUNA STREETS BARCELONA, AMERICA				
3. Means of Transport and Route FROM SHANGHAI TO BARCELONA BY VESSEL		5. For Certifying Authority Use Only		
4. Country / Region of Destination BARCELONA, AMERICA				
6. Marks and Numbers of Packages JA-JO BARCELONA, AMERICA NO. 1-12000	7. Description of Goods: Number and Kind of Packages NINGNE BRAND JOGGING SHOES 120 CARTONS (ONE HUNDRED AND TWENTY CARTONS ONLY) ******************	8. H.S. Code 64041100	9. Quantity or Weight N.W. 1689 METRIC TONS	10. Number and Date of Invoices JAJOIN—019 MAR. 13, 2023
11. Declaration by the Exporter The undersigned hereby declares that the above details and statements are correct; that all the goods were produced in China and that they comply with the Rules of Origin of the People's Republic of China. SHANGHAI, APR. 10, 2023 Place and date, signature and stamp of certifying authority		**12. Certification** 　It is hereby certified that the declaration by the exporter is correct. SHANGHAI 李远达 APR. 12, 2023 Place and date, signature and stamp of certifying authority		

普惠制产地证书

四、普惠制产地证书的申请流程及缮制要点

(一)普惠制产地证书申请流程

普惠制产地证一般由海关出具。企业要申请普惠制产地证首先应提交申请资料，具体包括以下几种：①《普惠制原产地证明书申请书》一份；②《普惠制原产地证明书(Form A)》一套；③正式出口商业发票正本一份，如发票内容不全，另附装箱单；④含有进口成分的产品，必须提交《含有进口成分产品成本明细单》；⑤复出口日本的来料加工产品或进料加工产品需提交《从日本进口原料证明书》；⑥签证机构需要的其他单据。

(二)普惠制产地证的缮制要点

1. 出口商的名称、地址、国家(goods consigned from [exporter's business name, address, country])

此栏是带有强制性的，应填明详细地址。此栏的出口商须为我国的合约签署方，不得填中间商。

2. 收货人的名称、地址、国家(goods consigned to [consignee's name, address, country])

此栏一般填写给惠国最终收货人名称，即信用证上规定的提单通知人或特别声明的收货人，如最终收货人不明确，可填发票抬头人，但不要填中间商的名称。欧共体国家、挪威、瑞典的进口商要求将此栏留空，或显示"To whom it may concern"。

3. 已知运输方式及路线(means of transport and route [as far as known])

此栏一般应填装货、到货地点(装运港、目的港等)及运输方式，如海运、陆运、空运、陆海联运等。如果转运应加上转运港。

4. 供官方使用(for official use)

此栏出口商留空。

5. 商品顺序号(item number)

如同批出口货物有不同品种，列上1、2、3、4等。单项商品填"1"或留空均可。

6. 唛头及包装号(marks and numbers of packages)

此栏按发票上唛头填写。如货物无唛头，填写"N/M"。如唛头内容过多，此栏不够，可填写在第7、8、9、10栏结束线以下的空白处。如还不够，可另加附页，打上原证书号，并由中国出入境检验检疫局授权签证人手签，加盖公章。

7. 包装数量及种类；货物描述(number and kind of packages；description of goods)

小写包装数量后用括号加上大写件数；商品名称应填具体，或与信用证、合同一致。然后加上表示结束的符号(*)，以防添加伪造内容。

8. 原产地标准(origin criterion)

参照证书背面规定缮制。

本项商品系中国制造，完全符合该给惠国给惠方案规定，其原产地情况符合以下第_____条。

①"P"(完全国产，未使用任何进口原料)；

②"W"其H.S.税目号为_____ _____(含进口材料)；

③"F"(对加拿大出口产品，其进口成分不超过产品出厂价值的40%)。

9. 毛重或其他数量(gross weight or other quantity)

此栏应以商品的正常计量单位填写。以毛重计算的填毛重，只有净重的，填净重也可以，但要标上N.W.。此栏的数量为出口货物数量，不要写货物包装的数量。

10. 发票号码及日期(number and date of invoices)

此栏须按发票填写。为避免月份、日期的误解，月份一律用英文缩写Jan.、Feb.、Mar.等表示。

11. (签证当局的)证明(certification)

此栏填写签署地点、日期及授权签证人手签、商检机构印章。签证当局只签1份正本，不签署副本。此栏签发日期不得早于发票日期(第10栏)和出口商申报日期(第12栏)，且不能迟于提单日期。

12. 出口商的声明(declaration by the exporter)

此栏填写申报地点、日期、申报人员签字，加盖中英文对照的印章。此栏日期不得早于发票日期(第10栏)。此栏进口国一般与最终收货人和目的港的国别一致。在证书正本和所有副本上盖章时避免覆盖进口国名称和手签人姓名。

表4-5为普惠制原产地证书样本。

表4-5 普惠制原产地证书样本

ORIGINAL

1. Goods Consigned from (Exporter's Business Name, Address, Country) JIANGSU TEXTILE EXPORTING CO. LTD NO. 58, HEYANG ROAD NANJING, CHINA	Reference No. 69877080 **GENERALIZED SYSTEM OF PREFERENCES CERTIFICATE OF ORIGIN** (Combined Declaration and Certificate) **FORM A**
2. Goods Consigned to (Consignee's Name, Address, Country) T.O.T. CORP. ROOM 1509 SAHNGBU BUILDING BANGKOK, THAILAND	**Issued in** THE PEOPLE'S REPUBLIC OF CHINA (Country) See Notes Overleaf
3. Means of Transport and Route (As Far as Known) FROM QINGDAO TO BANGKOK BY VESSEL	4. For Official Use

5. Item Number	6. Marks and Number of Packages	7. Number and Kind of Packages; Description of Goods	8. Origin Criterion (See Notes Overleaf)	9. Gross Weight or Other Quantity	10. Number and Date of Invoices
		MEN SHIRTS WG411 8,700 PCS IN 87 CARTONS (SAY EIGHTY-SEVEN CARTONS ONLY) AS PER S/C NO. JTE-T. O.T.16052 AS PER L/C NO. HFDI45671435 **************	"P"	GROSS WEIGHT 548 KGS	JTE-T.O.T.052 JAN. 25, 2023

11. Certification It is hereby certified, on the basis of control carried out, that the declaration by the exporter is correct.	12. Declaration by the Exporter The undersigned hereby declares that the above details and statements are correct; that all the goods were produced in **CHINA** (country) and that they comply with the origin requirements specified for those goods in the Generalized System of Preferences for goods exported to **THAILAND** (importing country).
 SHANGHAI 刘影萍 FEB. 21, 2023 Place and date, signature and stamp of certifying authority	 QINGDAO, FEB. 20, 2023 Place and date, signature and stamp of certifying authority

任务小结

一般原产地证书和普惠制产地证书都是货物生产国别或地区，即原产地的证明文件，进口国可依据相应的原产地规则确定进口税率情况。

申领一般产地证步骤为：①完成网上注册及其审核程序；②根据具体订单的要求，网上申领。

任务解决

虽然原产地证书是由海关签发的，但是王芳为了能够更好地掌握产地证，也进行了认真的学习，具体填制的单据如下。

Certificate of Origin

<table>
<tr>
<td colspan="2">1. Exporter
International Land Port Group
588 Airport Road, Yiwu City, Zhejiang Province, China</td>
<td colspan="4">Certificate No. 09235855

 CERTIFICATE OF ORIGIN OF
THE PEOPLE'S REPUBLIC OF CHINA </td>
</tr>
<tr>
<td colspan="2">2. Consignee
Do-Best, Inc.
3-85-16 Chuo, Warabi-Shi
Saitama, Japan</td>
<td colspan="4"></td>
</tr>
<tr>
<td colspan="2">3. Means of Transport and Route
From Shanghai to Tokyo by Sea Not Later Than Dec. 31, 2023</td>
<td colspan="4" rowspan="2">5. For Certifying Authority Use Only</td>
</tr>
<tr>
<td colspan="2">4. Country/Region of Destination
Japan</td>
</tr>
<tr>
<td>6. Marks and Numbers of Packages
Do-Best
QJDB1018
Tokyo
C/No.1-200</td>
<td>7. Number and Kind of Packages; Description of Goods
Jian Hua Brand Plastic Slippers
200 Cartons (Two Hundred Cartons Only)</td>
<td>8. H.S. Code

6405200090</td>
<td>9. Quantity or Weight

4,800 Pairs</td>
<td colspan="2">10. Number and Date of Invoices

DBIINV015
Nov. 15, 2023</td>
</tr>
<tr>
<td colspan="3">11. Declaration by the Exporter
The undersigned hereby declares that the above details and statements are correct; that all the goods were produced in China and that they comply with the Rules of Origin of the People's Republic of China.

WANG FANG

Place and date, signature and stamp of certifying authority</td>
<td colspan="3">12. Certification
It is hereby certified that the declaration by the exporter is correct.

Place and date, signature and stamp of certifying authority</td>
</tr>
</table>

任务实训

请根据项目二任务一任务实训的信用证(编号9022BTY110397)修改后的内容，缮制普惠制产地证。

1. Goods Consigned from (Exporter's Business Name, Address, Country)		Reference No.		
		GENERALIZED SYSTEM OF PREFERENCES CERTIFICATE OF ORIGIN (Combined Declaration and Certificate) **FORM A** **Issued in** THE PEOPLE'S REPUBLIC OF CHINA **(Country)**			
2. Goods Consigned to (Consignee's Name, Address, Country)				
		See Notes Overleaf			
3. Means of Transport and Route (As Far as Known)		4. For Official Use			
5. Item Number	6. Marks and Number of Packages	7. Number and Kind of Packages; Description of Goods	8. Origin Criterion (See Notes Overleaf)	9. Gross Weight or Other Quantity	10. Number and Date of Invoices
11. Certification It is hereby certified, on the basis of control carried out, that the declaration by the exporter is correct.		12. Declaration by the Exporter The undersigned hereby declares that the above details and statements are correct; that the goods were produced in _____ (country)and that they comply with the original requirements specified for those goods in the Generalized System of Preferences for goods exported to _____ (importing country).			
Place and date, signature and stamp of certifying authority		_____ Place and date, signature and stamp of certifying authority			

任务二　缮制货物报关单

任务导入

　　义乌市国际陆港集团有限公司单证员王芳在完成普惠制产地证申请以及报检工作后，需要申报货物出口报关，填写出口货物报关单。那么，报关单缮制的原则是什么？报关单各联的主要作用是什么？报关单的缮制应注意哪些要点？

任务资讯

一、报关单概述

　　进出口货物报关单是指进出口货物的收发货人或其代理人，按照海关规定的格式对进出口货物的实际情况做出的书面声明，以此要求海关对其货物按适用的海关制度办理报关手续的法律文书。进出口货物报关单见表4-8、4-9。

(一)报关单的用途

　　进出口货物报关单包括海关作业联、海关核销联、进口付汇证明联、出口收汇证明联以及出口退税证明联等。各联的用途分别介绍如下。

　　1.海关作业联及其作用

　　进出口货物报关单海关作业联是报关员配合海关查验、缴纳税费、提取或装运货物的重要单据，也是海关查验货物、征收税费、编制海关统计以及处理其他海关事务的重要凭证。

　　2.海关核销联及其作用

　　进出口货物报关单海关核销联是指接受申报的海关对已实际申报进口或出口的货物所签发的证明文件，是海关办理加工贸易合同核销、结案手续的重要凭证。加工贸易的货物进出口后，申报人应向海关领取进出口货物报关单海关核销联，并凭此联向主管海关办理加工贸易合同核销手续。

　　3.进口付汇证明联、出口收汇证明联及其作用

　　进口货物报关单付汇证明联和出口货物报关单收汇证明联，是海关对已实际进出境的货物所签发的证明文件，是银行和国家外汇管理部门办理售汇、付汇和收汇及核销手续的重要依据之一。

　　对需办理进口付汇核销或出口收汇核销的货物，进出口货物的收发货人或其代理人应当在海关放行货物或结关以后，向海关申领进口货物报关单进口付汇证明联或出口货物报关单出口收汇证明联，凭此联向银行或国家外汇管理部门办理付汇、收汇核销手续。

　　4.出口退税证明联及其作用

　　出口货物报关单出口退税证明联是海关对已实际申报出口并已装运离境的货物所签发的证明文件，是国家税务部门办理出口货物退税手续的重要凭证之一。

　　对可办理出口退税的货物，出口货物发货人或其代理人应当在载运货物的运输工具

实际离境，海关办理结关手续后，向海关申领出口货物报关单出口退税证明联，有关出口货物发货人凭此联向国家税务管理部门申请办理出口货物退税手续。对不属于退税范围的货物，海关均不予签发该联。

(二)报关单缮制的基本原则

1. 如实申报

如实申报主要做到"两个相符"：①单证相符，即所填报关单各栏目的内容必须与合同、发票、装箱单、提单以及批文等随附单据相符；②单货相符，即所填报关单各栏目的内容必须与实际进出口货物的情况相符，不得伪报、瞒报、虚报。

2. 规范申报

海关进出口货物整合申报自2018年8月1日起实施，原报关单、报检单合并为一张新报关单。原报关报检申报系统整合为一个申报系统，通过录入一张报关单、上传一套随附单证、采用一组参数代码，实现一次申报、一单通关。

二、报关单的缮制要点

1. 预录入编号

预录入编号指预录入报关单的编号，一份报关单对应一个预录入编号，由系统自动生成。

报关单预录入编号为18位，其中第1～4位为接受申报海关的代码(海关规定的关区代码表中相应海关代码)，第5～8位为录入时的公历年份，第9位为进出口标志("1"为进口，"0"为出口；集中申报清单"I"为进口，"E"为出口)，后9位为顺序编号。

2. 海关编号

海关编号指海关接受申报时给予报关单的编号，一份报关单对应一个海关编号，由系统自动生成。

报关单海关编号为18位，其中第1～4位为接受申报海关的代码(海关规定的关区代码表中相应海关代码)，第5～8位为海关接受申报的公历年份，第9位为进出口标志("1"为进口，"0"为出口；集中申报清单"I"为进口，"E"为出口)，后9位为顺序编号。

3. 境内收发货人

填报在海关备案的对外签订并执行进出口贸易合同的中国境内法人、其他组织名称及编码。编码填报18位法人和其他组织统一社会信用代码，没有统一社会信用代码的，填报其在海关的备案编号。

4. 进出境关别

根据货物实际进出境的口岸海关，填报海关规定的关区代码表中相应口岸海关的名称及代码。特殊情况填报要求如下：

进口转关运输货物填报货物进境地海关名称及代码，出口转关运输货物填报货物出境地海关名称及代码。按转关运输方式监管的跨关区深加工结转货物，出口报关单填报转出地海关名称及代码，进口报关单填报转入地海关名称及代码。

在不同海关特殊监管区域或保税监管场所之间调拨、转让的货物，填报对方海关特殊监管区域或保税监管场所所在的海关名称及代码。

其他无实际进出境的货物，填报接受申报的海关名称及代码。

5. 进出口日期

进口日期填报运载进口货物的运输工具申报进境的日期。出口日期指运载出口货物的运输工具办结出境手续的日期，在申报时免予填报。无实际进出境的货物，填报海关接受申报的日期。进出口日期为8位数字，顺序为年(4位)、月(2位)、日(2位)。

6. 申报日期

申报日期指海关接受进出口货物收发货人、受委托的报关企业申报数据的日期。以电子数据报关单方式申报的，申报日期为海关计算机系统接受申报数据时记录的日期。以纸质报关单方式申报的，申报日期为海关接受纸质报关单并对报关单进行登记处理的日期。本栏目在申报时免予填报。申报日期为8位数字，顺序为年(4位)、月(2位)、日(2位)。

7. 备案号

填报进出口货物收发货人、消费使用单位、生产销售单位在海关办理加工贸易合同备案或征、减、免税审核确认等手续时，海关核发的加工贸易手册、海关特殊监管区域和保税监管场所保税账册、征免税证明或其他备案审批文件的编号。一份报关单只允许填报一个备案号。

■ 报关单(1)

8. 境外收发货人

境外收货人通常指签订并执行出口贸易合同中的买方或合同指定的收货人，境外发货人通常指签订并执行进口贸易合同中的卖方。

填报境外收发货人的名称及编码。名称一般填报英文名称，检验检疫要求填报其他外文名称的，在英文名称后填报，以半角括号分隔；对于AEO互认国家(地区)企业的，编码填报AEO编码，填报样式按照海关总署发布的相关公告要求填报(如新加坡AEO企业填报样式为SG123456789012，韩国AEO企业填报样式为KR1234567，具体见相关公告要求)；非互认国家(地区)AEO企业等其他情形，编码免于填报。

特殊情况下无境外收发货人的，名称及编码填报"No"。

9. 运输方式

运输方式包括实际运输方式和海关规定的特殊运输方式。前者指货物实际进出境的运输方式，按进出境所使用的运输工具分类；后者指货物无实际进出境的运输方式，按货物在境内的流向分类。

根据货物实际进出境的运输方式或货物在境内流向的类别，按照海关规定的运输方式代码表选择填报相应的运输方式，具体如表4-6所示。

表4-6　运输方式代码及名称

运输方式代码	运输方式名称
1	海上运输
2	铁路运输

续 表

运输方式代码	运输方式名称
3	公路运输
4	航空运输
5	邮件运输
6	多式联运
7	固定设施运输
8	内河运输
9	未知的运输方式

10. 运输工具名称及航次号

填报载运货物进出境的运输工具名称或编号及航次号。填报内容应与运输部门向海关申报的舱单(载货清单)所列相应内容一致。

11. 提运单号

填报进出口货物提单或运单的编号。一份报关单只允许填报一个提单或运单号，一票货物对应多个提单或运单时，应分单填报。

12. 货物存放地点

填报货物进境后存放的场所或地点，包括海关监管作业场所、分拨仓库、定点加工厂、隔离检疫场、企业自有仓库等。

13. 消费使用单位/生产销售单位

消费使用单位填报已知的进口货物在境内的最终消费、使用单位的名称。生产销售单位填报出口货物在境内的生产或销售单位的名称。

减免税货物报关单的消费使用单位/生产销售单位应与"中华人民共和国海关进出口货物征免税证明"(以下简称征免税证明)的"减免税申请人"一致；保税监管场所与境外之间的进出境货物，消费使用单位/生产销售单位填报保税监管场所的名称(保税物流中心［B型］填报中心内企业名称)。

海关特殊监管区域的消费使用单位/生产销售单位填报区域内经营企业("加工单位"或"仓库")。

编码填报要求：填报18位法人和其他组织统一社会信用代码；无18位统一社会信用代码的，填报"No"。

进口货物在境内的最终消费或使用以及出口货物在境内的生产或销售的对象为自然人的，填报身份证号、护照号、台胞证号等有效证件号码及姓名。

14. 监管方式

监管方式是以国际贸易中进出口货物的交易方式为基础，结合海关对进出口货物的征税、统计及监管条件综合设定的海关对进出口货物的管理方式。其代码由4位数字构成，前两位是按照海关监管要求和计算机管理需要划分的分类代码，后两位是参照国际标准编制的贸易方式代码。

根据实际对外贸易情况按海关规定的监管方式代码表选择填报相应的监管方式简称及代码。一份报关单只允许填报一种监管方式。

15. 征免性质

根据实际情况按海关规定的征免性质代码表选择填报相应的征免性质简称及代码，持有海关核发的征免税证明的，按照征免税证明中批注的征免性质填报。一份报关单只允许填报一种征免性质。

加工贸易货物报关单按照海关核发的加工贸易手册中批注的征免性质简称及代码填报。

16. 许可证号

填报进(出)口许可证、两用物项和技术进(出)口许可证、两用物项和技术出口许可证(定向)、纺织品临时出口许可证、出口许可证(加工贸易)、出口许可证(边境小额贸易)的编号。

一份报关单只允许填报一个许可证号。

17. 启运港

填报进口货物在运抵我国关境前的第一个境外装运港。

根据实际情况，按海关规定的港口代码表填报相应的港口名称及代码，未在港口代码表列明的，填报相应的国家名称及代码。货物从海关特殊监管区域或保税监管场所运至境内区外的，填报港口代码表中相应海关特殊监管区域或保税监管场所的名称及代码，未在港口代码表中列明的，填报"未列出的特殊监管区"及代码。

其他无实际进境的货物，填报"中国境内"及代码。

18. 合同协议号

填报进出口货物合同(包括协议或订单)编号。未发生商业性交易的免予填报。

19. 贸易国(地区)

发生商业性交易的进口填报购自国(地区)，出口填报售予国(地区)。未发生商业性交易的填报货物所有权拥有者所属的国家(地区)。

按海关规定的国别(地区)代码表选择填报相应的贸易国(地区)中文名称及代码。

■ 报关单（2）

20. 启运国(地区)/运抵国(地区)

启运国(地区)填报进口货物启始发出直接运抵我国或者在运输中转国(地)未发生任何商业性交易的情况下运抵我国的国家(地区)。运抵国(地区)填报出口货物离开我国关境直接运抵或者在运输中转国(地区)未发生任何商业性交易的情况下最后运抵的国家(地区)。

不经过第三国(地区)转运的直接运输进出口货物，以进口货物的装货港所在国(地区)为启运国(地区)，以出口货物的指运港所在国(地区)为运抵国(地区)。经过第三国(地区)转运的进出口货物，如在中转国(地区)发生商业性交易，则以中转国(地区)作为启运/运抵国(地区)。

按海关规定的国别(地区)代码表选择填报相应的启运国(地区)或运抵国(地区)中文

名称及代码。

无实际进出境的货物，填报"中国"及代码。

21. 经停港/指运港

经停港填报进口货物在运抵我国关境前的最后一个境外装运港。指运港填报出口货物运往境外的最终目的港；最终目的港不可预知的，按尽可能预知的目的港填报。

根据实际情况，按海关规定的港口代码表选择填报相应的港口名称及代码。经停港/指运港在港口代码表中无港口名称及代码的，可选择填报相应的国家名称及代码。

无实际进出境的货物，填报"中国境内"及代码。

22. 入境口岸/离境口岸

入境口岸填报进境货物从跨境运输工具卸离的第一个境内口岸的中文名称及代码；采取多式联运跨境运输的，填报多式联运货物最终卸离的境内口岸中文名称及代码；过境货物填报货物进入境内的第一个口岸的中文名称及代码；从海关特殊监管区域或保税监管场所进境的，填报海关特殊监管区域或保税监管场所的中文名称及代码。其他无实际进境的货物，填报货物所在地的城市名称及代码。

出境口岸填报装运出境货物的跨境运输工具离境的第一个境内口岸的中文名称及代码；采取多式联运跨境运输的，填报多式联运货物最初离境的境内口岸中文名称及代码；过境货物填报货物离境的第一个境内口岸的中文名称及代码；从海关特殊监管区域或保税监管场所出境的，填报海关特殊监管区域或保税监管场所的中文名称及代码。其他无实际出境的货物，填报货物所在地的城市名称及代码。

入境口岸/离境口岸类型包括港口、码头、机场、机场货运通道、边境口岸、火车站、车辆装卸点、车检场、陆路港、坐落在口岸的海关特殊监管区域等。按海关规定的国内口岸编码表选择填报相应的境内口岸名称及代码。

23. 包装种类

填报进出口货物的所有包装材料，包括运输包装和其他包装，按海关规定的包装种类代码表选择填报相应的包装种类名称及代码。运输包装指提运单所列货物件数单位对应的包装，其他包装包括货物的各类包装，以及植物性铺垫材料等。

24. 件数

填报进出口货物运输包装的件数(按运输包装计)。

25. 毛重(千克)

填报进出口货物及其包装材料的重量之和，计量单位为千克，不足1千克的填报为"1"。

26. 净重(千克)

填报进出口货物的毛重减去外包装材料后的重量，即货物本身的实际重量，计量单位为千克，不足1千克的填报为"1"。

27. 成交方式

根据进出口货物实际成交价格条款，按海关规定的成交方式代码表选择填报相应的成交方式代码，具体转化方式如表4-7所示。无实际进出境的货物，进口填报CIF，出口填报FOB。

表4-7 成交方式转化

组别	E组	F组			C组				D组		
术语	EXW	FCA	FOB	FAS	CFR	CPT	CIF	CIP	DAT	DAP	DDP
成交方式	FOB				CFR		CIF				

28. 运费

填报进口货物运抵我国境内输入地点起卸前的运输费用，出口货物运至我国境内输出地点装载后的运输费用。

运费可按运费单价、总价或运费率三种方式之一填报，注明运费标记(运费标记"1"表示运费率，"2"表示每吨货物的运费单价，"3"表示运费总价)，并按海关规定的货币代码表选择填报相应的币种代码。

29. 保费

填报进口货物运抵我国境内输入地点起卸前的保险费用，出口货物运至我国境内输出地点装载后的保险费用。

保费可按保险费总价或保险费率两种方式之一填报，注明保险费标记(保险费标记"1"表示保险费率，"3"表示保险费总价)，并按海关规定的货币代码表选择填报相应的币种代码。

30. 杂费

填报成交价格以外的，按照《中华人民共和国进出口关税条例》相关规定应计入完税价格或应从完税价格中扣除的费用。可按杂费总价或杂费率两种方式之一填报，注明杂费标记(杂费标记"1"表示杂费率，"3"表示杂费总价)，并按海关规定的货币代码表选择填报相应的币种代码。

应计入完税价格的杂费填报为正值或正率，应从完税价格中扣除的杂费填报为负值或负率。

31. 随附单证及编号

根据海关规定的监管证件代码表和随附单据代码表选择填报除本规范第十六条规定的许可证件以外的其他进出口许可证件或监管证件、随附单据代码及编号。

本栏目分为随附单证代码和随附单证编号两栏，其中代码栏按海关规定的监管证件代码表和随附单据代码表选择填报相应证件代码；随附单证编号栏填报证件编号。

32. 标记唛码及备注

填报要求如下：

①标记唛码中除图形以外的文字、数字，无标记唛码的填报"N/M"。

②受外商投资企业委托代理其进口投资设备、物品的进出口企业名称。

③与本报关单有关联关系的，同时在业务管理规范方面又要求填报的备案号，填报在电子数据报关单中"关联备案"栏。保税间流转货物、加工贸易结转货物及凭征免税证明转内销货物，其对应的备案号填报在"关联备案"栏。减免税货物结转进口(转入)，"关联备案"栏填报本次减免税货物结转所申请的《中华人民共和国海关进口减免税货物

结转联系函》的编号。减免税货物结转出口(转出),"关联备案"栏填报与其相对应的进口(转入)报关单"备案号"栏中征免税证明的编号。

④与本报关单有关联关系的,同时在业务管理规范方面又要求填报的报关单号,填报在电子数据报关单中"关联报关单"栏。保税间流转、加工贸易结转类的报关单,应先办理进口报关,并将进口报关单号填入出口报关单的"关联报关单"栏。办理进口货物直接退运手续的,除另有规定外,应先填制出口报关单,再填制进口报关单,并将出口报关单号填报在进口报关单的"关联报关单"栏。减免税货物结转出口(转出),应先办理进口报关,并将进口(转入)报关单号填入出口(转出)报关单的"关联报关单"栏。

⑤办理进口货物直接退运手续的,填报"<ZT>"+"海关审核联系单号或者《海关责令进口货物直接退运通知书》编号"+">"。

⑥保税监管场所进出货物,在"保税/监管场所"栏填报本保税监管场所编码(保税物流中心〔B型〕填报本中心的国内地区代码),其中涉及货物在保税监管场所间流转的,在本栏填报对方保税监管场所代码。

⑦涉及加工贸易货物销毁处置的,填报海关加工贸易货物销毁处置申报表编号。

⑧跨境电子商务进出口货物,填报"跨境电子商务"。

⑨加工贸易副产品内销,填报"加工贸易副产品内销"。

⑩服务外包货物进口,填报"国际服务外包进口货物"。

⑪公式定价进口货物填报公式定价备案号,格式为:"公式定价"+备案编号+"@"。对于同一报关单下有多项商品的,如某项或某几项商品为公式定价备案的,则备注栏内填报为:"公式定价"+备案编号+"#"+商品序号+"@"。

⑫进出口与《预裁定决定书》列明情形相同的货物时,按照《预裁定决定书》填报,格式为:"预裁定+《预裁定决定书》编号"(例如:某份预裁定决定书编号为R-2-0100-2018-0001,则填报为"预裁定R-2-0100-2018-0001")。

⑬含归类行政裁定报关单,填报归类行政裁定编号,格式为:"c"+四位数字编号,例如c0001。

⑭已经在进入特殊监管区时完成检验的货物,在出区入境申报时,填报"预检验"字样,同时在"关联报检单"栏填报实施预检验的报关单号。

⑮进口直接退运的货物,填报"直接退运"字样。

⑯企业提供ATA单证册的货物,填报"ATA单证册"字样。

⑰不含动物源性低风险生物制品,填报"不含动物源性"字样。

⑱货物自境外进入境内特殊监管区或者保税仓库的,填报"保税入库"或者"境外入区"字样。

⑲海关特殊监管区域与境内区外之间采用分送集报方式进出的货物,填报"分送集报"字样。

⑳军事装备出入境的,填报"军品"或"军事装备"字样。

㉑申报H.S.为3821000000、3002300000的,属于培养基的,填报"培养基"字样;属于化学试剂的,填报"化学试剂"字样;不含动物源性成分的,填报"不含动物源性"字样。

㉒属于修理物品的，填报"修理物品"字样。

㉓属于下列情况的，填报"压力容器""成套设备""食品添加剂""成品退换""旧机电产品"等字样。

㉔H.S.为2903890020(入境六溴环十二烷)，用途为"其他"(99)的，填报具体用途。

■ 报关单（3）

㉕集装箱体信息填报集装箱号(在集装箱箱体上标示的全球唯一编号)、集装箱规格、集装箱商品项号关系(单个集装箱对应的商品项号，半角逗号分隔)、集装箱货重(集装箱箱体自重+装载货物重量，千克)。

㉖申报时其他必须说明的事项。

33. 项号

分两行填报。第一行填报报关单中的商品顺序编号；第二行填报"备案序号"，专用于加工贸易及保税、减免税等已备案、审批的货物，填报该项货物在加工贸易手册或征免税证明等备案、审批单证中的顺序编号。有关优惠贸易协定项下报关单填制要求按照海关总署相关规定执行。

34. 商品编号

填报由13位数字组成的商品编号。前8位为《中华人民共和国进出口税则》和《中华人民共和国海关统计商品目录》确定的编码；9、10位为监管附加编号，11～13位为检验检疫附加编号。

35. 商品名称及规格型号

分两行填报。第一行填报进出口货物规范的中文商品名称，第二行填报规格型号。具体填报要求如下：①商品名称及规格型号应据实填报，并与进出口货物收发货人或受委托的报关企业所提交的合同、发票等相关单证相符。②商品名称应当规范，规格型号应当足够详细，以能满足海关归类、审价及许可证件管理要求为准，可参照《中华人民共和国海关进出口商品规范申报目录》中对商品名称、规格型号的要求进行填报。

36. 数量及单位

分三行填报。第一行按进出口货物的法定第一计量单位填报数量及单位，法定计量单位以《中华人民共和国海关统计商品目录》中的计量单位为准。凡列明有法定第二计量单位的，在第二行按照法定第二计量单位填报数量及单位。无法定第二计量单位的，第二行为空。成交计量单位及数量填报在第三行。

37. 单价

填报同一项号下进出口货物实际成交的商品单位价格。无实际成交价格的，填报单位货值。

38. 总价

填报同一项号下进出口货物实际成交的商品总价格。无实际成交价格的，填报货值。

39. 币制

按海关规定的货币代码表选择相应的货币名称及代码填报，如货币代码表中无实际成交币种，需将实际成交货币按申报日外汇折算率折算成货币代码表列明的货币填报。

40. 原产国(地区)

原产国(地区)依据《中华人民共和国进出口货物原产地条例》、《中华人民共和国海关关于执行〈非优惠原产地规则中实质性改变标准〉的规定》以及海关总署关于各项优惠贸易协定原产地管理规章规定的原产地确定标准填报。同一批进出口货物的原产地不同的,分别填报原产国(地区)。进出口货物原产国(地区)无法确定的,填报"国别不详"。

按海关规定的国别(地区)代码表选择填报相应的国家(地区)名称及代码。

41. 最终目的国(地区)

最终目的国(地区)填报已知的进出口货物的最终实际消费、使用或进一步加工制造国家(地区)。不经过第三国(地区)转运的直接运输货物,以运抵国(地区)为最终目的国(地区);经过第三国(地区)转运的货物,以最后运往国(地区)为最终目的国(地区)。同一批进出口货物的最终目的国(地区)不同的,分别填报最终目的国(地区)。进出口货物不能确定最终目的国(地区)时,以尽可能预知的最后运往国(地区)为最终目的国(地区)。

按海关规定的国别(地区)代码表选择填报相应的国家(地区)名称及代码。

42. 境内目的地//境内货源地

境内目的地填报已知的进口货物在国内的消费、使用地或最终运抵地,其中最终运抵地为最终使用单位所在的地区。最终使用单位难以确定的,填报货物进口时预知的最终收货单位所在地。

境内货源地填报出口货物在国内的产地或原始发货地。出口货物产地难以确定的,填报最早发运该出口货物的单位所在地。

海关特殊监管区域、保税物流中心(B型)与境外之间的进出境货物,境内目的地/境内货源地填报本海关特殊监管区域、保税物流中心(B型)所对应的国内地区名称及代码。

按海关规定的国内(地区)代码表选择填报相应的国内地区名称及代码,并根据《中华人民共和国行政区划代码》选择填报境内目的地对应的县级行政区名称及代码。无下属区县级行政区的,可选择填报地市级行政区。

■ 报关单(4)

43. 征免

按照海关核发的征免税证明或有关政策规定,对报关单所列每项商品选择海关规定的征减免税方式代码表中相应的征减免税方式填报。

加工贸易货物报关单根据加工贸易手册中备案的征免规定填报;加工贸易手册中备案的征免规定为"保金"或"保函"的,填报"全免"。

44. 特殊关系确认

根据《中华人民共和国海关审定进出口货物完税价格办法》(以下简称《审价办法》)第十六条,填报确认进出口行为中买卖双方是否存在特殊关系。

45. 价格影响确认

根据《审价办法》第十七条,填报确认纳税义务人是否可以证明特殊关系未对进口货物的成交价格产生影响，纳税义务人能证明其成交价格与同时或者大约同时发生的下列任何一款价格相近的，应视为特殊关系未对成交价格产生影响，填报"否"，反之则填报"是"：①向境内无特殊关系的买方出售的相同或者类似进口货物的成交价格；②按照《审价办法》第二十三条的规定所确定的相同或者类似进口货物的完税价格；③按照《审价办法》第二十五条的规定所确定的相同或者类似进口货物的完税价格。

出口货物免予填报，加工贸易及保税监管货物(内销保税货物除外)免予填报。

46.支付特许权使用费确认

根据《审价办法》第十一条和第十三条，填报确认买方是否存在向卖方或者有关方直接或者间接支付与进口货物有关的特许权使用费，且未包括在进口货物的实付、应付价格中。

买方存在需向卖方或者有关方直接或者间接支付特许权使用费，且未包含在进口货物实付、应付价格中，并且符合《审价办法》第十三条的，在"支付特许权使用费确认"栏目填报"是"。买方存在需向卖方或者有关方直接或者间接支付特许权使用费，且未包含在进口货物实付、应付价格中，但纳税义务人无法确认是否符合《审价办法》第十三条的，填报"是"。买方存在需向卖方或者有关方直接或者间接支付特许权使用费且未包含在实付、应付价格中，纳税义务人根据《审价办法》第十三条，可以确认需支付的特许权使用费与进口货物无关的，填报"否"。

买方不存在向卖方或者有关方直接或者间接支付特许权使用费的，或者特许权使用费已经包含在进口货物实付、应付价格中的，填报"否"。

出口货物免予填报，加工贸易及保税监管货物(内销保税货物除外)免予填报。

47.自报自缴

进出口企业、单位采用"自主申报、自行缴税"(自报自缴)模式向海关申报时，填报"是"；反之则填报"否"。

48.申报单位

自理报关的，填报进出口企业的名称及编码；委托代理报关的，填报报关企业名称及编码。编码填报18位法人和其他组织统一社会信用代码。

报关人员填报在海关备案的姓名、编码、电话，并加盖申报单位印章。

49.海关批注及签章

供海关作业时签注。

表4-8和表4-9分别为海关出口货物报关单与海关进口货物报关单样本。

表4-8 中华人民共和国海关出口货物报关单

预录入编号：　　　　　海关编号：　　　　　页码／页数：

境内发货人	出境关别		出口日期		申报日期	备案号
境外收货人	运输方式		运输工具名称及航次号		提运单号	
生产销售单位	监管方式		征免性质		许可证号	
合同协议号	贸易国（地区）		运抵国（地区）		指运港	
包装种类	件数	毛重（千克）	净重（千克）	成交方式	运费	保费	杂费

随附单证及编号

标记唛码及备注

项号 商品编号 商品名称及规格型号 数量及单位 单价／总价／币制 原产国 最终目的国 境内货源地 征免
（地区）（地区）

特殊关系确认：　　价格影响确认：　　支付特许权使用费确认：　　自报自缴：

报关人员　　　报关人员证号　　　电话 兹申明对以上内容承担如实申报、依法纳税之法律责任 申报单位 申报单位（签章）	海关批注及签章

表4-9　中华人民共和国海关进口货物报关单

预录入编号：　　　　　　海关编号：　　　　　页码/页数：

境内收货人	进境关别		进口日期		申报日期	备案号	
境外发货人	运输方式		运输工具名称及航次号		提运单号	货物存放地点	
消费使用单位	监管方式		征免性质		许可证号	启运港	
合同协议号	贸易国（地区）		启运国（地区）		经停港	入境口岸	
包装种类	件数	毛重(千克)	净重（千克）	成交方式	运费	保费	杂费

随附单证及编号

标记唛码及备注

项号	商品编号	商品名称及规格型号	数量及单位	单价/总价/币制	原产国（地区）	最终目的国（地区）	境内货源地	征免

特殊关系确认：　　价格影响确认：　　支付特许权使用费确认：　　　自报自缴：

报关人员　　　　报关人员证号　　　　电话 兹申明对以上内容承担如实申报、依法纳税之法律责任 申报单位 申报单位(签章)	海关批注及签章

三、出境货物检验检疫程序

依据国务院机构改革要求，进一步深化全国通关一体化，优化出口货物检验检疫监管，促进贸易便利化，出境货物检验检疫程序如下：① 实施出口检验检疫的货物，企业应在报关前向产地/组货地海关提出申请。申请表见表4-10。② 海关实施检验检疫监管后建立电子底账，向企业反馈电子底账数据号，符合要求的按规定签发检验检疫证书。③ 企业报关时应填写电子底账数据号，办理出口通关手续。

四、检验检疫单证电子化规定

自然人、法人或者其他组织(以下简称"申请人")向海关办理检验检疫手续，可按照以下要求提供单证电子化信息，无须在申报时提交纸质单证：①国内外相关主管部门或机构出具的单证、实现联网核查或可互联网查询的，只需录入单证编号。尚未实现联网核查且不能互联网查询的，需上传单证扫描件。②海关出具的资质证明及其他单证，只需录入相关资质证明或单证编号。③法律、法规、规章规定应当向海关提交的其他证明、声明类材料，只需依法申明持有相关材料。

申请人应保证电子化单证信息的真实性和有效性，上传单证扫描件格式应符合海关要求，并按规定保存相关纸质单证。

海关监管过程中按照风险布控、签注作业等要求需要验核纸质单证的，申请人应当补充提交相关纸质单证。

表4-10 中华人民共和国海关出境货物检验检疫申请

电子底账数据号：

申请单位（加盖公章）：   ＊编号 _____

申请单位登记号：   联系人：   电话：   申请日期： ___ 年 __ 月 __ 日

发货人	（中文）				
	（外文）				
收货人					

货物名称（中/外文）	H.S.编码	产地	数/重量	货物总值	包装种类及数量

运输工具名称号码		贸易方式		货物存放地点	
合同号		信用证号		用途	
发货日期		输往国家地区		许可证/申请号	
启运地		到达口岸		生产单位注册号	

集装箱规格、数量及号码

合同、信用证订立的检验检疫条款或特殊要求	标记及号码	随附单据（画"√"或补填）
		合同 包装性能结果单 信用证 许可/审批文件 发票 报检委托书 换证凭单 合格保证 装箱单 厂检单

需要证单名称（画"√"或补填）		检验检疫费	
品质证书 ___ 正 ___ 副	动物卫生证书 ___ 正 ___ 副	总金额 （人民币）	
重量证书 ___ 正 ___ 副	植物检疫证书 ___ 正 ___ 副		
质量证书 ___ 正 ___ 副	熏蒸消毒证书 ___ 正 ___ 副	计费人	
兽医卫生证书 ___ 正 ___ 副	出境货物换证		
健康证书 ___ 正 ___ 副	凭单 ___ 正 ___ 副	收费人	
卫生证书 ___ 正 ___ 副			

申请人郑重声明： 1. 本人被授权申请检验报检。 2. 上列填写内容正确属实，货物无伪造或冒用他人的厂名、标志、认证标志，并承担货物质量责任。 签名：_____	领取单证	
	日期	
	签名	

注：有＊号栏由海关填写

任务小结

进出口报关单是货物通关必备法律文书，是海关监管货物进出口的载体；缮制进出口报关单应该遵循如实申报原则，做到单证相符和单货相符。

缮制报关单的步骤：① 准备好基本单据，包括商业发票、装箱单、提单等，有必要时应准备好相关特殊单据，如进出口许可证等。② 根据已有信息，填制好进出口报关单。

任务解决

王芳准备了相关报关资料后，填制出口报关单如下。

补充资料

货物于2023年12月20日，由上海黄浦海关(2202)报关出口，义乌市国际陆港集团有限公司海关注册代码3306945470。

货物由中国远洋运输有限公司承运，具体是20英尺集装箱，集装箱号COSU1258672，自重2250千克，运费1500美元，保费150美元，法定单位同成交单位。

中华人民共和国海关出口货物报关单

| 预录入编号： | | 海关编号： | | 页码 / 页数： | |

境内发货人 义乌市国际 陆港集团 有限公司 33069455470	出境关别 黄埔海关 2202	出口日期 20231220	申报日期 20231220	备案号
境外收货人	运输方式 水上运输	运输工具名称及航次号 CHENGFENG/458	提运单号 COS3302848	
生产销售单位	监管方式 一般贸易 0110	征免性质 一般征税 101	许可证号	
合同协议号 QJDB1018	贸易国（地区） 中国	运抵国（地区） 日本	指运港 大阪	

| 包装种类
纸箱 | 件数
200 | 毛重（千克）
1150 | 净重（千克）
1050 | 成交方式
CIF | 运费
502/1500/3 | 保费
520/150/3 | 杂费 |

随附单证及编号

标记唛码及备注
DO-BEST
QJDB1018
TOKYO
C/NO.1-200

项号	商品编号	商品名称及规格型号	数量及单位	单价 / 总价 / 币制	原产国 （地区）	最终目的国 （地区）	境内货源地	征免
1	6405200090	塑料拖鞋	4800 双	3.75/9000/502	中国	日本		照章征税

特殊关系确认：否　价格影响确认：否　支付特许权使用费确认：否　自报自缴：否

| 报关人员　　　　报关人员证号　　　　电话
兹申明对以上内容承担如实申报、依法纳税之法律责任
申报单位
申报单位（签章） | 海关批注及签章 |

任务实训

请根据项目二任务一任务实训的信用证(编号9022BTY110397)修改后的内容，以及商业发票、装箱单和提单，根据已知内容，缮制一份出口报关单。

中华人民共和国海关出口货物报关单

预录入编号：　　　　　海关编号：　　　　　页码 / 页数：

境内发货人	出境关别	出口日期	申报日期	备案号
境外收货人	运输方式	运输工具名称及航次号	提运单号	
生产销售单位	监管方式	征免性质	许可证号	
合同协议号	贸易国（地区）	运抵国（地区）	指运港	

包装种类	件数	毛重(千克)	净重(千克)	成交方式	运费	保费	杂费

随附单证及编号

标记咹码及备注

项号 商品编号 商品名称及规格型号 数量及单位 单价 / 总价 / 币制 原产国 最终目的国 境内货源地 征免
（地区）　　（地区）

特殊关系确认：　　价格影响确认：　　支付特许权使用费确认：　　自报自缴：

报关人员　　　报关人员证号　　　电话 兹申明对以上内容承担如实申报、依法纳税之法律责任 申报单位 申报单位（签章）	海关批注及签章

任务小结

向海关申请原产地证书要由原产地证书申领员申请，货物的报关由报关员向海关申请。

任务测试

请根据以下资料填制出境货物出口报关单。

1. 销售合同书

Shanghai Tianye Tools Manufactures Co. Ltd

Ganxiang Town, Jinshan District, Shanghai, China

Tel.: 0086-21-65756111

Fax.: 0086-21-65756112

P/I No.: 20230228

S/C No.: 20231166

Date: Mar. 15, 2023

Sales Contract

To: PT. HYCO Langgeng

310 VTRA Semarang Indonesia

Dear Sirs,

We hereby confirm having sold to you the following goods on terms and conditions specified as below.

Shipping Marks	Description of Goods	Quantity (PCS)	Unit Price (USD)	Amount (USD)
N/M	Tools: Double Open End Spanner	CPT Semarang		
	8 × 10 mm (mtm)	6,000	5	30,000.00
	10 × 12 mm (mtm)	8,000	4	32,000.00
Total:		14,000		62,000.00

(1) Produced Finished Time: Mar. 20, 2023

(2) Terms of Payment: 30% T/T in advance, the other 70% T/T before shipment

(3) Airport of Departure: Shanghai, China

(4) Airport of Destination: Semarang Indonesia

(5) Latest Date of Shipment: May 10, 2023

Our Bank: Information is as follows.

Beneficiary: Shanghai Tianye Tools Manufacture Co. Ltd

Beneficiary Address: No. 3188, Jingzhang Road, Ganxiang Town,

Jinshan District, Shanghai, China

Bank Name: Bank of China Shanghai Branch

Jin Shan Sub-Branch

Account No.: RMB80456861

Bank Address: No. 98, Weiling Road, Shihua, Jinshan District, Shanghai, China

The Buyer   The Seller

PT. HYCO Langgeng   Shanghai Tianye Tools Manufactures Co. Ltd

Pifer   Hua Zhang

2. 补充资料

Invoice No.: TY068

Packing	G.W.	N.W.	MEAS.
Double Open End Spanner			
8 × 10 mm (mtm) 2 KGS/CTN		1.8 KGS/CTN	0.02 CBM/CTN
Packed in 1 Carton of 100 PCS Each			
10 × 12 mm (mtm) 2.5 KGS/CTN		2.2 KGS/CTN	0.01 CBM/CTN
Packed in 1 Carton of 100 PCS Each			
Packed in One 20' Container			

H.S. Code: 8204.11   Certificate No.: 500511266

Freight: USD2,400.00   Air Waybill No.: B050588661

Air Waybill Date: May 1, 2023   报检单位登记号：1367768841

报检单编号：T006688451   生产单位注册号：SH1866742

申请单位注册号：YT68114622   发货人账号：045686

外币账号：MT5684321321   海关编号：8328866457

境内货源地：上海

生产厂家：上海田野工具制造有限公司 (3105226441)

代理报关公司：上海田野报关公司 (3122668874)

地址：上海金山路100号   电话：65756786

报关员：章明

随附单据：出口货物通关单 (5461786256)

中华人民共和国海关出口货物报关单

预录入编号： 　　　海关编号： 　　　页码 / 页数：

境内发货人	出境关别		出口日期		申报日期	备案号
境外收货人	运输方式		运输工具名称及航次号		提运单号	
生产销售单位	监管方式		征免性质		许可证号	
合同协议号	贸易国（地区）		运抵国（地区）		指运港	

包装种类	件数	毛重（千克）	净重（千克）	成交方式	运费	保费	杂费

随附单证及编号

标记唛码及备注

项号 商品编号 商品名称及规格型号 数量及单位 单价 / 总价 / 币制 原产国 最终目的国 境内货源地 征免
（地区）　　（地区）

特殊关系确认： 　　价格影响确认： 　　支付特许权使用费确认： 　　自报自缴：

报关人员　　　　　报关人员证号　　　　　电话 兹申明对以上内容承担如实申报、依法纳税之法律责任 申报单位 申报单位（签章）	海关批注及签章

项目五

出口贸易信用证业务——办理保险操作

项目导入

　　根据合同规定，义乌市国际陆港集团有限公司有义务对货物办理保险，该公司派单证员王芳到中国人民财产公司义乌分公司办理货物运输保险，王芳需要事前准备一些商业发票、装箱单等单据，根据信用证填制投保单，保险公司依据保险费率计算保险费，王芳在缴纳保险费后取得了保险公司签发的保险单。那么如何缮制投保单和保险单呢？

项目目标

学习目标

▶ 了解中国海洋货物运输保险的险别、伦敦保险协会海运货物保险条款；

▶ 了解出口货物投保程序；

▶ 掌握投保单的内容及缮制要点；

▶ 掌握保险单的内容及缮制要点。

技能目标

▶ 根据给定资讯，能独立准确地缮制投保单；

▶ 根据给定资讯，能独立准确地缮制保险单。

任务一　缮制投保单

任务导入

　　义乌市国际陆港集团有限公司单证员王芳到中国人民财产公司义乌分公司办理国际货物运输保险，王芳需要知道携带哪些单据、出口货物投保程序及如何填制投保单，中国海洋货物运输保险的险别有哪些，伦敦保险协会海运货物保险条款是如何规定的，办理出口货物保险的程序是什么，如何填制投保单，等等。

任务资讯

投保单

一、中国海洋货物运输保险的险别

　　中国国家保险机构是中国人民保险公司(The People's Insurance Company of China，PICC)，其制定的保险条款为中国保险条款(China Insurance Clause，CIC)，是中国人民保险公司根据我国保险业务的实际需要，并参照国际保险市场的惯例制定的。

根据运输方式的不同，中国保险条款又可分为海洋货物运输保险条款、陆运货物保险条款、航空货物运输保险条款、邮包货物运输保险条款等。

按照能否单独投保，海洋货物运输保险险种可分为基本险和附加险两类。基本险是可以单独投保的险种，在海运货物中，基本险承保海上风险(自然灾害和意外事故)和一般外来风险所造成的损失，包括平安险(free from particular average，FPA)、水渍险(with particular average，WPA 或 WA)和一切险(all risks，AR)。附加险是不能单独投保的险种，承保的是由于外来风险所造成的损失，它只能在投保了基本险的基础上加保，包括一般附加险和特殊附加险。

(一)基本险

1. 平安险

平安险是我国保险业的习惯叫法，英文原意是"单独海损不赔"。平安险的承保责任范围包括以下八个方面：①在运输过程中，货物由于自然灾害造成被保险货物的实际全损或推定全损。②由于运输工具遭遇搁浅、触礁、沉没、互撞与流冰或其他物体碰撞，以及失火、爆炸等意外事故造成被保险货物的全部或部分损失。③只要运输工具曾经发生搁浅、触礁、沉没、焚毁等意外事故，不论意外事故发生之前或者以后曾在海上遭遇恶劣气候、雷电、海啸等自然灾害造成的被保险货物的部分损失。④在装卸转船过程中，被保险货物一件或数件、整件落海所造成的全部损失或部分损失。⑤被保险人对遭受承保责任内危险的货物采取抢救、防止或减少货损措施支付的合理费用，但以不超过该批被救货物的保险金额为限。⑥运输工具遭遇自然灾害或者意外事故，需要在中途的港口或者在避难港口停靠，因而引起的卸货、装货、存仓，以及运送货物所产生的特别费用。⑦共同海损的牺牲、分摊和救助费用。⑧运输契约订有"船舶互撞责任"条款，按该条款规定应由货方偿还船方的损失。

2. 水渍险

水渍险是我国保险业的习惯叫法，英文原意是"负责单独海损"。保险公司对水渍险的承保责任范围如下：①平安险承保的所有范围；②被保险货物由于恶劣气候、雷电、海啸、地震、洪水等自然灾害所造成的部分损失。

3. 一切险

一切险的承保责任范围如下：①平安险和水渍险承保的范围；②被保险货物在运输途中由于一般外来风险所致的全部或部分损失。

一切险一般适用于价值较高、可能遭受损失因素较多的货物投保。

4. 除外责任

除外责任指保险不予负责的损失或费用，一般都有属非意外的、非偶然性的或须特约承保的风险。

为了明确保险人承保的责任范围，中国人民保险公司《海洋运输货物保险条款》中对海运基本险别的除外责任有下列五项：①被保险人的故意行为或过失所造成的损失；②属于发货人责任所引起的损失；③在保险责任开始前，被保险货物已存在的品质不良或数量短差所造成的损失；④被保险货物的自然损耗、本质缺陷、特性，以及市场跌落、运输延迟所引起的损失和费用；⑤战争险和罢工险条款规定的责任及其险外责任。空运、陆运、邮运保险的除外责任与海运基本险别的险外责任基本相同。

5.基本险的保险责任起讫及期限

根据中国人民保险公司海洋货物运输保险条款规定，保险公司对"平安险""水渍险"和"一切险"三种基本险别的责任起讫，均采用国际保险业惯用的"仓至仓条款"(Warehouse to Warehouse Clause，W/W Clause)，即规定保险公司所承担的保险责任，是从被保险货物运离保险单所载明的装运港(地)发货人仓库开始，直到货物到达保险单所载明的目的港(地)收货人仓库时为止。当货物一进入收货人仓库，保险责任即行终止。但是，当货物从目的港卸离海轮时起算满60天，不论被保险货物有没有进入收货人的仓库，保险责任均告终止。如被保险货物需转运到非保险单所载明的目的地时，则保险责任以该项货物开始转运时终止。如被保险货物在运至保险单所载明的目的港或目的地以前的某一仓库而发生分配、分派的情况，则该仓库就被作为保险人的最后仓库，保险责任也从货物运抵该仓库时终止。

(二)附加险

1.一般附加险(general additional risks)

一般附加险承保一般外来风险所造成的损失，共有十一种。

偷窃、提货不着险(risk of theft, pilferage and non-delivery, TPND)，指被保险货物在保险有效期内，被偷走或窃走，以致在目的地货物的全部或整件货提不着的损失，保险公司负责赔偿责任。

淡水雨淋险(fresh water and/or rain damage risk)，指对被保险货物因直接遭受淡水或雨淋，以及由于冰雪融化所造成的损失负责赔偿。

渗漏险(leakage risk)，承保被保险货物在运输过程中因容器损坏而引起的渗漏损失，或用液体储藏的货物因液体的渗漏而引起的货物腐败等损失负责赔偿。

短量险(shortage risk)，指被保险货物在运输途中因外包装破裂或散装货物发生数量散失和实际重量短缺的损失保险公司负责赔偿，但不包括正常运输途中的自然消耗。

混杂、玷污险(intermixture and contamination risk)，指保险人对被保险货物在运输途中因混进杂质或被玷污所造成的破碎和碰撞损失负责赔偿。

碰损、破碎险(clash and breakage risk)，指对被保险货物在运输过程中因震动、碰撞、受压所造成的破碎和碰撞损失由保险人赔偿。

钩损险(hook damage risk)，指保险人对被保险货物在装卸过程中因被钩损而引起的损失，以及对包装进行修补或调换所支付的费用负责赔偿。

锈损险(rust risk)，指保险人对被保险的金属或金属制品一类货物在运输过程中发生的锈损负责赔偿。

串味险(taint of odor risk)，指保险人对被保险的食用物品、中药材、化妆品原料等货物在运输过程中，因受其他物品的影响而引起的串味损失负责赔偿，如茶叶、香料与皮张、樟脑等堆放在一起产生异味而不能使用。

包装破裂险(breakage of packing risk)，指对被保险货物在运输过程中因装运或装卸不慎，致使包装破裂所造成的损失，以及在运输过程中，为继续运输安全需要修补包装或调换包装所支付的费用均由保险公司负责赔偿。

受潮受热险(sweat and heating risk)，指保险人对被保险货物在运输过程中因气温突变或由于船上通风设备失灵致使船舱内水汽凝结、发潮或发热所造成的损失负责赔偿。

2. 特殊附加险(special additional risks)

特殊附加险是承保由于特殊外来风险所造成的全部或部分损失，中国人民保险公司承保的特殊附加险有下列八种。

进口关税险(import duty risk)，承保的是被保险货物受损后，仍须在目的港按完好货物交纳进口关税而造成相应货损部分的关税损失。但是，保险人对此承担赔偿责任的条件是货物遭受的损失必须是保险单承保责任范围内的原因造成的。

舱面险(on deck risk)，承保装载于舱面(船舶甲板上)的货物被抛弃或海浪冲击落水所致的损失。加保该附加险后，保险人除了按基本险责任范围承担保险责任外，还要依舱面货物险对舱面货物被抛弃或风浪冲击落水的损失予以赔偿。

黄曲霉素险(aflatoxin risk)，承保被保险货物(主要是花生、谷物等易产生黄曲霉素的货物)在进口港或进口地经卫生当局检验证明，其所含黄曲霉素超过进口国限制标准，而被拒绝进口、没收或强制改变用途所造成的损失。

拒收险(rejection risk)，指当被保险货物出于各种原因，在进口港被进口国政府或有关当局拒绝进口或没收而产生损失时，保险人依拒收险对此承担赔偿责任。

交货不到险(failure to deliver risk)，承保自被保险货物装上船舶时开始，在6个月内不能运到原定目的地交货。不论何种原因造成交货不到，保险人都按全部损失予以赔偿。

出口货物到香港(包括九龙在内)或澳门存仓火险责任扩展条款(fire risk extension clause for storage of cargo at destination Hong Kong, including Kowloon, or Macao, FREC)。这是一种扩展存仓火险责任的特别附加险，指保险公司对被保险货物自内地出口运抵香港(包括九龙)或澳门，卸离运输工具，直接存放于保险单载明的过户银行所指定的仓库期间发生火灾所受的损失，承担赔偿责任。该附加险的保险期限，自被保险货物运入过户银行指定的仓库之时起，至过户银行解除货物权益之时，或者运输责任终止时起满30天时止。若被保险人在保险期限届满前向保险人书面申请延期的，在加缴所需保险费后可以继续延长。

战争险(war risk)，特殊附加险的主要险别之一，它虽然不能独立投保，但对其他附加险而言又有很强的独立性。战争险的责任起讫与"平安险""水渍险""一切险"的责任起讫不同，不采用"仓至仓条款"。战争险的责任起讫期限仅限于水上危险，海运战争险规定保险公司所承担的责任自被保险货物在保险单所载明的装运港装上海轮或驳船时开始，直到保险单所载明的目的港卸离海轮或驳船时为止。如果货物不卸离海轮或驳船，则保险责任最长延至货物抵达目的港之当日午夜起算满15天为止。如在中途港转船，则不论货物在当地卸载与否，保险责任以海轮抵达该港或卸货地点的当日午夜起算满15天为止，待货物再装上续运的海轮时，保险公司仍继续负责。

罢工险(strikes risk)，承保因罢工、被迫停工所造成的直接损失，恐怖主义者或出于政治目的而采取行动的个人所造成的损失，以及任何人的恶意行为造成的损失。按国际保险业惯例，在投保战争险的前提下，加保罢工险，不另增收保险费。如单独要求加保罢工险，则按战争险费率收费。

二、伦敦保险协会海运货物保险条款

在世界海上保险业中，英国是一个具有悠久历史和比较发达的国家，它所制定的保险条款对世界各国影响很大。目前，世界上大多数国家在海上保险业务中直接采用英国伦敦保险协会所制定的"协会货物条款"。

"协会货物条款"(Institute Cargo Clause，ICC)最早制定于1912年，1982年1月1日修订过，最新条款于2009年1月1日公布。

新条款共有六种险别：①协会货物条款(A)(Institute Cargo Clauses [A]，ICC [A])；②协会货物条款(B)(Institute Cargo Clauses [B]，ICC [B])；③协会货物条款(C)(Institute Cargo Clauses [C]，ICC [C])；④协会战争险条款(货物)(Institute War Clauses [Cargo])；⑤协会罢工险条款(货物)(Institute Strikes Clauses [Cargo])。⑥恶意损害险条款(Malicious Damage Clauses)。

在六种险别中，ICC (A)、ICC (B)、ICC (C)都可以独立投保。

ICC (A)的承保责任范围较广，采取"一切风险减除外责任"的方式，它大体上相当于旧条款的一切险(all risk)，其除外责任有以下四条：①一般除外责任，如因包装原因造成的损失、由船方原因造成的损失、使用原子或热核武器造成的损失；②不适航、不适货除外责任，如被保险人在装船时已知船舶不适航、不适货；③战争除外责任；④罢工除外责任。

ICC (B)与原水渍险比较，增加了船舶搁浅和倾覆、陆上运输工具倾覆或出轨、地震或火山爆发、浪击落海等条款，对不属于共同海损行为中的抛货责任和因湖水、河水进入船舶、驳船、运输工具的风险也可负责。

ICC (C)比原平安险的责任范围小，它仅对"重大意外事故"(major casualties)风险负责，对非重大事故风险和ICC (B)中的自然灾害风险均不负责。与ICC (B)比较，免除了由于地震、火山爆发、雷电、浪击落海、海水(潮水)或河水进入船舶、驳船、运输工具等造成的损失，以及货物在装卸时落海或跌落造成的整件全损等。

协会战争险和罢工险条款与旧条款相比差别不是很大，但在需要投保时也可作为独立的险别进行投保。

恶意损害险是新增加的附加险别，承保除被保险人以外的其他人(如船长、船员)的故意破坏行为所造成的被保险货物的灭失或损坏，但出于政治动机的人的行为则除外。恶意损害的风险在ICC (A)中列为承保责任，但在ICC (B)和ICC (C)中均列为除外责任。因此，在投保ICC (B)或ICC (C)时，如欲取得这种风险的保障，应另行加保恶意损害险。

三、出口货物投保程序

办理出口货物运输保险程序如图5-1所示。

图5-1　出口货物运输保险程序

四、投保单的缮制要点

投保单由各保险公司事先印制好，下面以中国人民保险公司的投保单为例，其内容与缮制方法如下。

1. 被保险人(insured's name)

由于保险单是可转让的单证，被保险人只要在保险单背面签章，保险单的权益就转让给了任何保单持有人，所以除非信用证上有明确规定，否则投保人便被作为被保险人。

根据信用证规定和被保险人的不同情况，常见的缮制方法有以下几种。

①一般情况下，投保人与被保险人系同一个人，不指定受益人。来证若无明确规定，由卖方投保时，被保险人一栏应填具信用证上受益人的名称，并由该受益人在保单背面作空白背书。

②信用证规定须转让给开证行或第三方时，则被保险人一栏内在信用证上受益人名称之后再打上"Held to the order of ×××"，并由该受益人在保单背面作空白背书。

③信用证指定以"个人名义"或"来人"(To order)为抬头人，则在被保险人一栏内直接打上"×××"或直接打上"To order"，信用证上的受益人不要背书。

④信用证指定"Endorse to the order of ×××"则在被保险人一栏内仍打上信用证中受益人名称，同时保单背面由信用证上的受益人空白背书的上方打上"Held/Pay to the order of ×××"。

2. 保险货物项目(description of goods)

保险单内必须有对货物的描述，如果货物名称单一，可按发票上的名称填写；如果货物的项目很多，该描述可以用统称，但不得与信用证和其他单据中对货物的描述有矛盾。

3. 标记(marks & no.)

标记一般应按发票或提单上所标的唛头填写，且内容需要与其他相关单证相符；但如信用证无特殊规定，为简化起见一般可打"As per invoice no. ×××"(参照商业发票上的货物标记)。因为如向保险公司索赔时，被保险人须递交相关商业发票，所以这两种单据可相互参照。

4. 包装及数量(quantity)

除散装货物和信用证有规定外，一般不打重量。应显示"袋(bag)""木箱(wooden case)""纸板箱(carton)""包(bale)"等。

保单上如果未表明"货物的数量"，银行便无法确定信用证所规定的货物数量是否已全部投保，所以开证行可据此拒付。

5. 保险险别(condition)

按合同或信用证规定的保险险别填写，并注明依据的保险条款名称及其颁布时间，如"Covering all risks and war risks as per PICC 1/1/1981"。

6. 装载运输工具(per conveyance)

海运直达轮，则在该栏显示船名。如需中途转船，填写一程轮船名或已知的第二程轮船名。除非信用证另有规定，保单只有船名没有注明航次，银行应予接受。

陆运填写"by train"，空运填写"by air"，邮包则填写"by parcel"。

7. 船龄 (age of vessel)

海运须填写轮船的年份，其他运输方式不填。

8. 集装箱运输 (container load)、整船运输 (full vessel charter)

按照实际运输情况选择 Yes/No。

9. 发票或提单号 (invoice no. or B/L no.)

填写本套单据发票或提单号码。

10. 开航日期 (SLG. Date)

填写本批货物运输单据的签发日期，如为海运，可填 "As per B/L"。

11. 起讫地点 (from... to...)

如选用海运直达船，则 "From ×××" 即提单中的 "Port of Loading"，"To ×××" 即提单中的 "Port of Discharge"。如果信用证上的目的地 (一般为内陆) 非提单卸货港，则保单上的起讫地点应按信用证规定原样显示 (例如，信用证上要求 "Port of Loading: Shanghai" "Port of Discharge: Hamburg" "Final Destination: Austria"，则保单上应显示 From Shanghai to Hamburg in transit to Austria)。

如选用海运非直达船，则保单上的转运地点应注明。例如从上海经香港转纽约 (From Shanghai to New York W/T at Hong Kong)

如选用陆、空、邮运，则在 "To ×××" 栏中直接填上目的地即可。

12. 发票金额 (invoice value)

按照发票填写。

13. 保险金额 (amount insured)

一般按 CIF 发票总值的 110% 填写。保险金额小数点后的尾数应进位取整数，例如 USD2,446.3 应进位取整为 USD2,447。

如果买方要求加保超过 10%，卖方也可以接受，但须经保险公司同意，由此增加的保险费也应由买方承担。

14. 费率 (rate) 和保费 (premium)

因费率不公开，故在保费和费率一栏内通常打 "as arranged" (按照约定)。

如果信用证要求注明 "保费已付" (premium paid)，可将原印制的 "as arranged" 删掉，改打上 "paid" 或 "prepaid"。

15. 投保人签章 (name/seal of proposer)

填写出口商全称、地址和电话，由经办人签名并注明日期。

任务小结

在 CIF 或 CIP 条件下，由出口商在本国保险公司办理出口货物运输保险。出口商根据信用证规定缮制投保单，确定保险金额，并随附发票、装箱单向当地保险公司办理保险手续。

缮制投保单的步骤为：① 认真阅读信用证单据条款对于投保单的要求；② 依据信用证完整、准确地制作投保单。

任务解决

王芳认真阅读合同及信用证后，缮制出投保单如下。

中国人民保险公司
The People's Insurance Company of China
进出口货物运输险投保单
Application for Imp. & Exp. Transportation Insurance

被保险人：义乌市国际陆港集团有限公司 Insured: International Land Port Group	

本投保单由投保人如实填写并签章后作为向本公司投保货物运输保险的依据，本投保单为该货物运输保险单的组成部分。
The Applicant is required to fill in the following items in good faith as detailed as possible, and affix signature to this application, which shall be treated as proof of application to the Company for cargo transportation insurance and constitute an integral part of the insurance policy.

兹拟向中国人民保险公司投保下列货物运输保险： Here in apply to the Company for Transportation Insurance of the following cargo: Jian Hua Brand Plastic Slippers 8130G 2,400 Pairs 8133F 2,400 Pairs Each 24 pairs packed in one carton; Total 200 cartons to one 20' container. Shipping Marks: Do-Best/QJDB1018/Tokyo/C/No.1-up 请将保险货物项目、标记、数量及包装注明此上。 Please state items, marks, quantity and packing of cargo insured here above.	请将投保的险别及条件注明如下： Please state risks insured against and conditions: Covering All Risks as per PICC 1/1/1981

装载运输工具(船名/车号)：CHENGFENG/V. 458 船龄(年)： Per Conveyance: Age of Vessel:	集装箱运输：是☐否☐ Container Load: Yes ☐ No ☐	整船运输：是☐否☐ Full Vessel Charter: Yes ☐ No ☐

发票或提单号： DBIINV015 Invoice No. or B/L No.:	开航日期：As per B/L SLG on or about:		
自： China 国 Shanghai 港/地 经： From: Country Port Via:	港/地至：Japan Port To:	国 Tokyo Country	港/地 Port
发票金额：USD18,480.00 Invoice Value:	保险金额：USD20,328.00 Amount Insured:		
费率：As Arranged Rate:	保险费： As Arranged Premium:		
备注： Remarks:			

投保人兹声明上述所填内容属实，同意以本投保单作为订立保险合同的依据；对贵公司就货物运输保险条款及附加险条款(包括责任免除和投保人及被保险义务部分)的内容及说明已经了解。
I declare that above is true to the best of my knowledge and belief, and hereby agree that the application be incorporated into the policy. I have read and understand the Company's cargo transportation insurance clauses and extensions (including the Exclusions and the applicant or insured's Obligations).

投保人签章：International Land Port Group 联系地址：588 Airport Road, Yiwu City, Zhejiang Name/Seal of Proposer: 王某某 Address of Proposer: Province, China	
送单地址：同上☐ 或 Delivery Address: Ditto ☐ or	电话：0579-83634933 Tel.:	日期：2023 年 12 月 19 日 Date: Year Month Day

任务实训

请根据项目二任务一任务实训的信用证(编号9022BTY110397)修改后的内容，缮制一份投保单。

中国人民保险公司
The People's Insurance Company of China
进出口货物运输险投保单
Application for Imp. & Exp. Transportation Insurance

被保险人： Insured:	

本投保单由投保人如实填写并签章后作为向本公司投保货物运输保险的依据，本投保单为该货物运输保险单的组成部分。
The Applicant is required to fill in the following items in good faith as detailed as possible, and affix signature to this application, which shall be treated as proof of application to the Company for cargo transportation insurance and constitute an integral part of the insurance policy.

兹拟向中国人民保险公司投保下列货物运输保险： Here in apply to the Company for Transportation Insurance of the following cargo:	请将投保的险别及条件注明如下： Please state risks insured against and conditions:
请将保险货物项目、标记、数量及包装注明此上。 Please state items, marks, quantity and packing of cargo insured here above.	

装载运输工具(船名/车号)： Per Conveyance:	船龄(年)： Age of Vessel:	集装箱运输：是□ 否□ Container Load: Yes □ No □	整船运输：是□ 否□ Full Vessel Charter: Yes □ No □

发票或提单号： Invoice No. or B/L No.:		开航日期： SLG. on or about:	
自：　　国　　港/地 From:　Country　Port	经：　　港/地 至： Via:　Port　To:	国 Country	港/地 Port

发票金额： Invoice Value:	保险金额： Amount Insured:
费率： Rate:	保险费： Premium:

备注：
Remarks:

投保人兹声明上述所填内容属实，同意以本投保单作为订立保险合同的依据；对贵公司就货物运输保险条款及附加险条款(包括责任免除和投保人及被保险义务部分)的内容及说明已经了解。
I declare that above is true to the best of my knowledge and belief, and hereby agree that the application be incorporated into the policy. I have read and understand the Company's cargo transportation insurance clauses and extensions (including the Exclusions and the applicant or insured's Obligations).

投保人签章： Name/Seal of Proposer:	联系地址： Address of Proposer:			
送单地址：同上□ 或 Delivery Address: Ditto □ or	电话： Tel.:	日期： Date:	年 Year　月 Month　日 Day	

任务二　缮制保险单

任务导入

中国人民财产公司义乌分公司根据义乌市国际陆港集团有限公司单证员王芳缮制的投保单等材料缮制保险单的相关栏目。那么保险单证的种类有多少？保险单应如何缮制？

任务资讯

一、常用的保险单证概述

保险单证既是保险公司对被保险人的承保证明，也是保险公司和被保险人之间的保险契约，它具体规定了保险公司和被保险人的权利和义务。在被保险货物遭受损失时，保险单证是被保险人索赔的依据，也是保险公司理赔的主要依据。在国际贸易中，保险单证是可以转让的。常用的保险单证有保险单、保险凭证和预约保险单三种。

■ 保险单

保险单(insurance policy)，又称"大保单"，是投保人与保险公司之间订立的正式的保险合同。它除了在正面载明证明双方当事人建立保险关系的文字、被保险货物的情况、承保险别、理赔地点，以及保险公司关于所保货物如遇险可凭本保险单及有关证件给付赔款的声明等内容外，在背面还对保险人和被保险人的权利和义务做了规定。

保险凭证(insurance certificate)，俗称"小保单"，是一种简化了的保险合同，它与正式的保险单具有同样的效力。保险凭证只有正面的内容，无背面条款，但其一般标明按照正式保险单上所载保险条款办理。

预约保险单(open policy)，又称"开口保险单"，它是被保险人和保险人之间订立的总合同。订立这种合同的目的是简化保险手续，又可使货物一经装运即可取得保障。合同中规定了承保货物的范围、险别、费率、责任、赔款处理等条款，凡属合同约定的运输货物，在合同有效期内自动承保。在我国，预约保险单适用于进口的货物。

二、保险单的缮制要点

保险单是由各保险公司事先印制的，其内容大致相同。保险单与投保单有许多共同栏目，以下介绍不同项目的缮制方法。

保险单号次(policy no.)，按保险公司指定的编号填写。

被保险人(insured's name)，按投保单中被保险人填写。

标记(marks & no.)，填写发票的唛头，也可填"as per invoice no."。

包装及数量(quantity)，按投保单中包装及数量填写。

保险货物项目(description of goods)，货物描述可以用统称，但不得与信用证和其他单据中对货物的描述有矛盾。

总保险金额(total amount insured)，用英文大写表示，大小写金额须保持一致。

保险费(premium)、费率(rate)，因保险公司一般在印制保险单时已在本栏印妥"as arranged"(按约定)，无须填制。如信用证要求详细列明，则应按来证要求办理，删除"as arranged"字样，填写具体保险费额。

装载运输工具(per conveyance)，按投保单中装载运输工具填写。

开航日期(SLG. on or ABT.)，填写本批货物运输单据的签发日期，如为海运，可填"As per B/L"。

起讫地点 (from... to...)

按投保单中起讫地点填写。

保险险别(condition)，按合同或信用证规定的保险险别填写，并注明依据的保险条款名称及其颁布年份，如"covering all risks and war risks as per PICC 1/1/1981"。

知识链接

UCP 600 的相关条款

第二十八条　保险单据及保险范围

a. 保险单据，例如保险单或预约保险项下的保险证明书或者声明书，必须看似由保险公司或承保人或其代理人或代表出具并签署。

b. 如果保险单据表明其以多份正本出具，所有正本均须提交。

c. 暂保单将不被接受。

d. 可以接受保险单代预约保险项下的保险证明书或声明书。

e. 保险单据日期不得晚于发运日期，除非保险单据表明保险责任不迟于发运日生效。

f. i. 保险单据必须表明投保金额并以与信用证相同的货币表示。

　ii. 信用证对于投保金额为货物价值、发票金额或类似金额的某一比例的要求，将被视为对最低保额的要求。

　　如果信用证对投保金额未作规定，投保金额须至少为货物的 CIF 或 CIP 价格的110%。

　　如果从单据中不能确定 CIF 或者 CIP 价格，投保金额必须基于要求承付或议付的金额，或者基于发票上显示的货物总值来计算，两者之中取金额较高者。

　iii. 保险单据须表明承保的风险区间至少涵盖从信用证规定的货物接管地或发运地开始到卸货地或最终目的地为止。

g. 信用证应规定所需投保的险别及附加险(如有的话)。如果信用证使用诸如"通常风险"或"惯常风险"等含义不确切的用语，则无论是否有漏保之风险，保险单据将被照样接受。

h. 当信用证规定投保"一切险"时，如保险单据载有任何"一切险"批注或条款，无论是否有"一切险"标题，均将被接受，即使其声明任何风险除外。

i. 保险单据可以援引任何除外条款。

j. 保险单据可以注明受免赔率或免赔额(减除额)约束。

赔款偿付地点(claim payable at/in)，如果信用证无特殊指定，一般显示信用证上规定的目的港或打上"destination"，信用证要求以汇票货币为赔付货币时，则在赔付地点之后加注"in the currency of the draft"。如信用证明确指定以某种货币为赔付货币，如为美元，则在赔付地点后直接注明"in USD"。

保险人在货运目的地的检验代理人(named survey agent)，保险人选择的检验代理人应位于货运目的地，如当地没有符合条件的检验代理人，则应尽可能就近选择。保险代理人除需提供名称外，还需有详尽的地址及联系电话，以便被保险人在货物出险后与其联系。

出单地点和日期(place and date of issue)，出单地点按出单公司的实际所在地填写。除非信用证另有规定，或除非在保险单上表明"保险责任最迟于货物装船或发运或接受监管之日起生效。"(The cover is effective at the latest from the date of loading on board or dispatch or taking in charge of the goods.)外，银行将不接受出单日期迟于装船或发运或接受监管的日期的保单。

任务小结

保险公司按约定的保险费率收讫保险费后，依据投保单出具保险单并交给出口商。出口商按信用证规定在保险单上作背书转让。

任务解决

虽然保险单是由保险公司签发的，但是王芳为了能够更好地学习和掌握保险单，向保险公司业务员学习了保险单的填制，具体填制的单据如下。

补充资料

保险单号：JL-LESBD04

中国人民保险公司
The People's Insurance Company of China
总公司设于北京　一九四九年创立
Head Office: Beijing　Established in 1949

保险单 Insurance Policy	保险单号次 Policy No.	JL-LESBD04

中国人民保险公司(以下简称"本公司")根据义乌市国际陆港集团有限公司(以下简称"被保险人")的要求，由被保险人向本公司缴付约定的保险费，按照本保险单承保险别和背面所载条款承保下述货物运输保险，特立本保险单。

This policy of insurance witnesses that The People's Insurance Company of China (hereinafter called "the company"), at the request of International Land Port Group (hereinafter called "the insured") and in consideration of the agreed premium paid to the company by the insured, undertakes to insure the undermentioned goods in transportation subject to the conditions of this policy as per the clauses printed overleaf and other special clauses attached hereon.

标记 Marks & Nos.	包装及数量 Quantity	保险货物项目 Description of Goods	保险金额 Amount Insured
As per Invoice No. DBIINV015	200 CTNS	Jian Hua Brand Plastic Slippers	USD20,328.00

总保险金额 Total Amount Insured	SAY US DOLLARS TWENTY THOUSAND THREE HUNDRED AND TWENTY-EIGHT ONLY.

保费 Premium	As Arranged	费率 Rate	As Arranged	装载运输工具 Per Conveyance SS.	CHENGFENG/V. 458
开航日期 SLG. on or ABT.	As per B/L			自 From　上海 Shanghai	至 To　东京 Tokyo
承保险别 Conditions	Covering All Risks as per PICC, dated Jan. 1, 1981				

所保货物，如遇出险，本公司凭本保险单及其他有关证件给付赔款。所保货物，如发生本保险单项下负责赔偿的损失或事故，应立即通知本公司下述代理人查勘。

Claims, if any, payable on surrender of this policy together with other relevant documents in the event of accident whereby loss or damage may result in a claim under this policy immediate notice applying for survey must be given to the company's agent as mentioned hereunder: Fleshhead Link Ltd Denso Hall Dubai.

赔款偿付地点 Claim Payable At/In	Tokyo in USD	中国人民财产保险公司义乌分公司 The People's Insurance Co. of China Yiwu Branch
日期 Date	2023 年 12 月 19 日 Dec. 19, 2023	
地址 Address	588 Airport Road, Yiwu City, Zhejiang Province, China	何静芝 General Manager

Endorsement: 2 copies

任务实训

请根据项目二任务一任务实训的信用证(编号9022BTY110397)修改后的内容，缮制一份保险单。

补充资料

保险单号：YD-HEM4152

中国人民保险公司

The People's Insurance Company of China

总公司设于北京　一九四九年创立

Head Office: Beijing　Established in 1949

保险单 Insurance Policy	保险单号次 Policy No.

中国人民保险公司 (以下简称 "本公司") 根据 _____(以下简称 "被保险人") 的要求，由被保险人向本公司缴付约定的保险费，按照本保险单承保险别和背面所载条款承保下述货物运输保险，特立本保险单。

This policy of insurance witnesses that The People's Insurance Company of China (hereinafter called "the company"), at the request of _____ (hereinafter called "the insured") and in consideration of the agreed premium paid to the company by the insured, undertakes to insure the undermentioned goods in transportation subject to the conditions of this policy as per the clauses printed overleaf and other special clauses attached hereon.

标记 Marks & Nos.	包装及数量 Quantity	保险货物项目 Description of Goods	保险金额 Amount Insured

总保险金额 Total Amount Insured			

保费 Premium		费率 Rate		装载运输工具 Per Conveyance SS.		
开航日期 SLG. on or ABT.			自 From		至 To	
承保险别 Conditions						

所保货物，如遇出险，本公司凭本保险单及其他有关证件给付赔款。所保货物，如发生本保险单项下负责赔偿的损失或事故，应立即通知本公司下述代理人查勘。

Claims, if any, payable on surrender of this policy together with other relevant documents in the event of accident whereby loss or damage may result in a claim under this policy immediate notice applying for survey must be given to the company's agent as mentioned hereunder: Fleshhead Link Ltd Denso Hall Dubai.

赔款偿付地点 Claim Payable At/In		中国人民财产保险公司义乌分公司 The People's Insurance Co. of China Yiwu Branch
日期 Date		
地址 Address		何静芝 General Manager

Endorsement: 2 copies

项目小结

保险单是出口商向银行议付货款所必备的单证之一，保险单一般由保险公司审单员根据投保人的投保单等材料进行缮制，但也有个别保险公司由投保人代其填制保险单的相关栏目内容。因此，必须首先掌握投保单的缮制，在此基础上缮制保险单。

项目测试

请根据项目二任务二项目测试的信用证(编号041-0269070-184)修改后的内容，缮制保险单。

补充资料

保险单号：FF-0987

中国人民保险公司
The People's Insurance Company of China
总公司设于北京　一九四九年创立
Head Office: Beijing　Established in 1949

保险单 Insurance Policy	保险单号次 Policy No.

中国人民保险公司 (以下简称 "本公司") 根据_____(以下简称 "被保险人") 的要求，由被保险人向本公司缴付约定的保险费，按照本保险单承保险别和背面所载条款承保下述货物运输保险，特立本保险单。

This policy of insurance witnesses that The People's Insurance Company of China (hereinafter called "the company"), at the request of _____ (hereinafter called "the insured") and in consideration of the agreed premium paid to the company by the insured, undertakes to insure the undermentioned goods in transportation subject to the conditions of this policy as per the clauses printed overleaf and other special clauses attached hereon.

标记 Marks & Nos.	包装及数量 Quantity	保险货物项目 Description of Goods	保险金额 Amount Insured

总保险金额 Total Amount Insured	

保费 Premium		费率 Rate		装载运输工具 Per Conveyance SS.	
开航日期 SLG. on or ABT.			自 From		至 To
承保险别 Conditions					

所保货物，如遇出险，本公司凭本保险单及其他有关证件给付赔款。所保货物，如发生本保险单项下负责赔偿的损失或事故，应立即通知本公司下述代理人查勘。

Claims, if any, payable on surrender of this policy together with other relevant documents in the event of accident whereby loss or damage may result in a claim under this policy immediate notice applying for survey must be given to the company's agent as mentioned hereunder: Fleshhead Link Ltd Denso Hall Dubai.

赔款偿付地点 Claim Payable At/In		中国人民财产保险公司义乌分公司 The People's Insurance Co. of China Yiwu Branch
日期 Date		
地址 Address		何静芝 General Manager

Endorsement: 2 copies

项目六

出口贸易信用证业务——交单结汇操作

项目导入

办理完货物的装船之后，单证员王芳顺利收到船公司寄来的海运提单。王芳仔细研读信用证的条款，准备交单结汇。

王芳先将已有的单据如商业发票、装箱单、海运提单、保险单等按照信用证规定的份数准备好，并着手制作还需要的单据如装运通知、汇票及其他结汇所需单据等。那么如何缮制装运通知？如何缮制其他结汇单据？如何缮制汇票？如何交单结汇呢？

项目目标

学习目标

▶掌握装运通知的内容及缮制要点；

▶熟悉其他结汇单据的内容及缮制要点；

▶掌握汇票的使用及缮制要点；

▶掌握交单结汇的注意事项及银行拒付的惯例规定。

技能目标

▶根据信用证或合同的要求制作装运通知或其他结汇单据；

▶根据信用证或合同的要求填制汇票；

▶根据信用证的要求、UCP 600 及相关惯例的规定，相符交单。

任务一 缮制装运通知

任务导入

王芳仔细研读信用证的条款，发现需要提交的单据中包括装运通知，于是她赶紧根据要求进行缮制。那么，装运通知有何作用？如何根据信用证的要求，制作装运通知？

任务资讯

■ 缮制装运通知

一、装运通知的基本概念

(一)装运通知的概念

装运通知(shipping advice)，是出口商根据信用证规定在货物装运并取得运输单据后，以传真、电报或电传方式将与装运有关的情况及时告知收货人等有关当事人的单据。交单议付时，须提供该传真、电报或电传副本予以证明。

(二)装运通知的作用

装运通知的作用主要包括：①使收货人等有关当事人及时了解货物装运的情况；②在FOB或CFR条件下，可作为进口商办理进口货物保险的凭证。根据INCOTERMS® 2024的规定，在FOB或CFR条件下，卖方有义务在交货后，及时向买方发出所需通知，以便买方采取收取货物通常所需要的措施。

若信用证未对装运通知的出单日期做出明确规定，一般要求出口商在货物离开起运地后三个工作日内向进口商发出装运通知。

(三)装运通知的内容

装运通知的内容一般有订单或合同号、信用证号、货物名称、数量、总值、唛头、提单号、船名航次、装运港、装运日期、目的港、预计到达日期等。在实际业务中，应根据信用证的要求和对客户的习惯做法，将上述项目适当地列明在电文中。

有关装运通知性质的单据名称除了shipping advice外，还有beneficiary's certified copy of fax、declaration of shipment等。不同名称的装运通知，内容上也有所不同，要根据实际需要灵活应对。

二、装运通知的缮制要点

根据GB/T 15310.3—2009《国际贸易出口单证格式》系列标准第3部分装运通知的国家标准，介绍如下。

出口商(exporter)，填写出口方的名称和地址，其出口申报手续可由其结关代理人或其他授权人完成，出口申报一方也可包括制造商、卖主或其他人。

进口商(importer)，填写进口方的名称和地址，其进口申报手续可由其结关代理人或其他授权人完成，进口申报一方也可包括货主或货物托运人。

运输事项(transport details)，填写商业目的的运输信息。

发票号(invoice no.)，填写商业发票的号码。

合同号(contract no.)，填写合同号码。

信用证号(L/C no.)，填写信用证号码。

运输单证号(transport document no.)，填写运输单证的号码。

价值(value)，填写货物的价值。

装运口岸和日期(port and date of shipment)，填写装运货物的口岸和日期。

运输标志和集装箱号(shipping marks; container no.)，填写运输标志(唛头)，以及出于运输目的，给一个或分别处理的几个集装箱中每一个集装箱所指定的序号。

包装类型及件数、商品名称或编码、商品描述(number and kind of packages, commodity no., commodity description)，填写货物所呈现的外观形式的描述，以及一票发运中单件货物的数量；商品的编码，及货物的描述。应严格按照发票、提单等单据的内容填写。

出口商签章(exporter stamp and signature)，填写出口公司的名称和法人代表或经办人的签字。

任务小结

通过上面内容的学习，王芳了解了装运通知的作用，知道装运通知缮制好后应按信用证规定的时限立即发出，不得逾期，然后把装运通知的副本或发出电传或电报的证明书与其他单证一起提交银行议付结汇。

任务解决

王芳缮制的装运通知如下。

装运通知
Shipping Note

1. 出口商 Exporter International Land Port Group 588 Airport Road, Yiwu City, Zhejiang Province, China	4. 发票号 Invoice No. DBIINV015	
	5. 合同号 Contract No. QJDB1018	6. 信用证号 L/C No. A30-0305-001033
2. 进口商 Importer Do-Best, Inc. 3-85-16 Chuo, Warabi-Shi Saitama, 335-0004, Japan	7. 运输单证号 Transport Document No. B/L No. COS3302848	
	8. 价值 Value USD18,480.00 (SAY US DOLLARS EIGHTEEN THOUSAND FOUR HUNDRED AND EIGHTY ONLY.)	
3. 运输事项 Transport Details Shipped by CHENGFENG/V.458	9. 装运口岸和日期 Port and Date of Shipment Shanghai Dec. 22, 2023	
10. 运输标志和集装箱号 Shipping Marks; Container No. Do-Best QJDB1018 Tokyo C/No.1-200 Container No.: COSU1258672	11. 包装类型及件数；商品名称或编码；商品描述 Number and Kind of Packages; Commodity No.; Commodity Description 200 CTNS Jian Hua Brand Plastic Slippers	
	12. 出口商签章 Exporter Stamp and Signature International Land Port Group 王某某	

任务实训

请根据项目二任务一任务实训的信用证(编号9022BTY110397)修改后的内容，缮制一份装运通知。

装运通知
Shipping Note

1. 出口商 Exporter	4. 发票号 Invoice No.	
	5. 合同号 Contract No.	6. 信用证号 L/C No.
2. 进口商 Importer	7. 运输单证号 Transport Document No.	
	8. 价值 Value	
3. 运输事项 Transport Details	9. 装运口岸和日期 Port and Date of Shipment	
10. 运输标志和集装箱号 Shipping Marks; Container No.	11. 包装类型及件数；商品名称或编码；商品描述 Number and Kind of Packages; Commodity No.; Commodity Description	

12. 出口商签章 Exporter Stamp and Signature

任务二　缮制其他结汇单据

任务导入

王芳仔细研读信用证的条款，发现需要提交的单据中还包括一份寄单证明，于是她赶紧根据要求进行缮制。那么，寄单证明该如何制作？在外贸业务中，可能需要的结汇单据还有哪些？

任务资讯

一、受益人证明

受益人证明(beneficiary's certificate)是根据信用证条款，由出口商签发的用来证实有关内容的书面证明。通常包括：证明商品原产地信息、已检验等，证明已寄出有关单据等，证明已寄出船样、样品、样卡、码样等，证明已发出装运通知等。

受益人证明的内容和格式无统一规定，应根据实际业务和信用证的要求自行设计。

【例6-1】寄单证明

Changzhou Alliance Metal Co. Ltd

Sangang Industry Park New District Changzhou Jiangsu China

Beneficiary's Certificate for Dispatch of Documents

Oct. 28, 2023

We certify that a set of non-negotiable documents under L/C No. 123456 including a copy of B/L, a copy of invoice, a copy of packing list have been mailed to the applicant by EMS within 48 hours after shipment.

【例6-2】寄样证明

Certificate

To whom it may concern,

Invoice No.:

L/C No.:

We hereby certify that in compliance with the terms of the relative letter of credit, we have sent requisite shipment samples by registered airmail to the nominee.

Signature

二、运输证明

运输证明 (shipping certificate) 是船长或其代理人出具的单据，用来证明船籍、航程、船龄、船级、集装箱船、运费等。由受益人向船公司或其代理人索取。

【例6-3】船龄证书 (certificate of vessel's age)

Certificate

Beihai, Feb. 23, 2023

To whom it may concern,

This is to certify that the M.S./S.S. (name of vessel) was built in (number of year) and has therefore not been in operation for more than 10 years at time of cargo loading.

China Ocean Shipping Agency, Beihai Branch

【例6-4】船籍和航程证书 (certificate of registry)

Certificate

Beihai, May 26, 2023

To whom it may concern,

This is to certify that M.S./S.S. (name of vessel) flying (name of country) flag, will not call at any Israeli Port during this present voyage, according to the schedule, and so far as we know that she is not blacklisted by the Arab countries.

China Ocean Shipping Agency, Beihai Branch

任务分析

通过上面内容的学习，王芳了解到在外贸业务中，进口商可能还要求出口商提供受益人证明、运输证明等，出口商需要仔细研读信用证的条款，根据信用证条款的具体要求，制作符合规定的相应单据。

任务解决

王芳制作的寄单证明如下。

Beneficiary's Certificate for Dispatch of Documents

We certify that one full set of non-negotiable documents under L/C No. A30-0305-001033 have been mailed to the applicant by EMS within 48 hours after shipment.

International Land Port Group

Dec. 23, 2023

任务实训

根据下面给出的信用证资料缮制受益人证明。

Applicant: XYZ Company, 6-2 Ohtemachi, 1-Chome, Chiyada-Ku, Tokyo, Japan

Beneficiary: ABC Company, No.128 Zhongshan Xilu, Nanjing, China

Merchandise: 100PCT Cotton Men's Slacks, 100 Cartons

Country of Origin: P.R. China

CIF Value: USD10,000.00

Packed in Seaworthy Cartons

Documents Required:

+Neutral packing list indicating quantity, N.W. and G.W. of each package, TTL quantity, N.W. and G.W., and packing conditions as required by L/C.

+GSP Form A

+Inspection certificate of quality issued by the entry–exit inspection and quarantine of the People's Republic of China.

Evidencing that the goods have been inspected and found to be in compliance with the contract.

+Beneficiary's certificate certifying that they have sent one full set of non-negotiable documents required by L/C to the applicant via DHL within 2 days after shipment.

+Beneficiary's certified copy of fax to the applicant (fax No. 0081-3-56786970) advising merchandise, shipment date, gross invoice value, name and voyage of vessel, carrier's name, port of loading and port of discharge immediately on the date of shipment.

Additional Conditions: All documents must be made out in the name of the applicant unless otherwise stipulated by the L/C.

补充资料

工厂出舱单显示：合同号SC666

100 PCT cotton men's slacks, 10 PCS each carton, TTL 100 cartons

每箱净重：1 kg　　　每箱毛重：1.8 kg　　尺码：8 m³

货物检验日期：2023年1月10日　　　装船日期：2023年1月12日

承运人：Sino Transportation Jiangsu Company

启运港：南京　　卸货港：东京　　运输船名及航次：All Safe V. 76689

发票号码：ABC8866　　发票日期：2023年1月3日

唛头：XYZ Slacks/Tokyo/1-100

普惠制产地证上出口商的签发日期：2023年1月3日

受益人证明的日期：2023年1月12日　　　受益人单据的签发人为王凡

任务三　缮制汇票

任务导入

　　王芳仔细研读信用证的条款，发现该信用证通过即期汇票议付，于是她赶紧根据要求进行缮制。那么，汇票该如何使用？王芳缮制汇票的依据是什么？王芳该如何缮制汇票？

任务资讯

一、汇票的概念

■ 缮制汇票

　　汇票是最重要的一种票据，由于其最能反映票据的性质、特征和规律，最集中地体现票据所具有的信用、支付和融资等各种经济功能，从而成为票据的典型代表。各国都将汇票作为一种重要的票据在其本国的票据法中做出详细、具体的规定。在我国对外贸易货款结算中，汇票也是使用最多的一种票据。

(一)汇票的定义

　　我国《票据法》第19条对汇票(bill of exchange，简称draft或bill)做了如下定义："汇票是出票人签发的，委托付款人在见票时或者在指定日期无条件支付确定的金额给收款人或者持票人的票据。"

　　按照各国广泛引用或参照的英国票据法所下的定义，汇票是"由一人签发给另一人的无条件书面命令，要求受票人见票时或于未来某一规定的或可以确定的时间，将一定金额的款项支付给某一特定的人或其指定人，或持票人"。

(二)汇票的必备内容

　　汇票必须要式齐全，所谓要式齐全，即应当具备必要的形式和内容。我国《票据法》第22条明确规定，汇票必须记载下列事项：①表明"汇票"的字样；②无条件支付的委托；③确定的金额；④付款人名称；⑤收款人名称；⑥出票日期；⑦出票人签章。汇票上未记载上述规定事项之一的，汇票无效。

在实际业务中，汇票通常尚需列明付款日期、付款地点和出票地点等内容。对此，我国《票据法》第23条也做了下述规定："汇票上记载付款日期、付款地、出票地等事项的，应当清楚、明确。汇票上未记载付款日期的，为见票即付。汇票上未记载付款地的，付款人的营业场所、住所或者经常居住地为付款地。汇票上未记载出票地的，出票人的营业场所、住所或者经常居住地为出票地。"

除了上述必备项目外，汇票还可以有一些票据法允许的其他内容的记载，例如，利息和利率、付一不付二、禁止转让、免除做成拒绝证书、汇票编号、出票条款等。

(三)汇票的当事人

汇票的主要当事人有出票人、付款人和收款人。出票人即签发汇票的人，一般是出口方或其指定的银行。付款人即接受支付命令付款的人，一般是进口方或其指定的银行。收款人即受领汇票所规定的金额的人。

(四)汇票的种类

1. 按照出票人的不同划分

按照出票人的不同，可将汇票分为银行汇票和商业汇票。银行汇票(banker's draft)，指出票人和付款人都是银行。在国际结算中，银行汇票签发后，一般交汇款人，由汇款人寄交国外收款人向指定的付款银行取款。出票行签发汇票后，必须将付款通知书寄给国外付款行，以便付款行在收款人持票取款时进行核对。根据中国人民银行1997年8月发布的《票据管理实施办法》第6条规定，有权签发银行汇票的须是经中国人民银行批准的银行。

商业汇票(commercial draft)，指出票人是工商企业或个人，付款人可以是工商企业或个人，也可以是银行。在国际贸易结算中，使用商业汇票居多，商业汇票通常是由出口人开立，向国外进口人或银行收取货款时使用。商业汇票的出票人不必向付款人寄送付款通知书。商业汇票大都附有货运单据。

2. 按照付款时间的不同划分

我国《票据法》第25条规定，付款日期可以按照下列形式之一记载：①见票即付；②定日付款；③出票后定期付款；④见票后定期付款。在涉外票据中还有一种运输单据出单日期后定期付款的记载方法。汇票的付款日期即为汇票的到期日。

上述四种记载付款日期的形式中，凡采用第①种形式"见票即付"的汇票，称为即期汇票(sight draft; demand draft)。当即期汇票的持票人向付款人提示，付款人见票时应立即付款。

凡采用后三种形式记载付款日期和运输单据出单日期后定期付款的，均为远期汇票(time draft; usance draft)。

在实际业务中，远期汇票的付款日期的记载方法，主要有以下几种：① 规定某一个特定日期，即定日付款(如Jun. 30, 2023)；② 付款人见票后若干天付款(如at 30 days after sight)；③ 出票日后若干天付款(如at 45 days after date of draft)；④ 提单日期后若于天付款(如at 60 days after date of bill of lading)。

在上述四种记载远期付款日期的方法中，以第②种使用最多，第④种次之，采用第①与第③种的比较少见。

3. 按照承兑人的不同划分

按照承兑人的不同，可将汇票分为商业承兑汇票和银行承兑汇票。

商业承兑汇票(commercial acceptance draft)，指由工商企业或个人承兑的远期汇票。商业承兑汇票是建立在商业信用的基础之上，其出票人也是工商企业或个人，例如出口企业。

银行承兑汇票(banker's acceptance draft)，指由银行承兑的远期商业汇票。银行承兑汇票通常由出口人签发，银行对汇票承兑后即成为该汇票的主债务人，而出票人则成为从债务人，或称次债务人。所以银行承兑汇票是建立在银行信用的基础之上，便于在金融市场上进行流通。

4. 按照是否附有货运单据划分

按照是否附有货运单据，可将汇票分为光票和跟单汇票。光票(clean draft)，是指不附带货运单据的汇票。视使用场合不同，光票的出票人既可以是工商企业或个人，也可以是银行。付款人同样也可以是工商企业、个人或银行。光票的流通全靠出票人、付款人或出让人(背书人)的信用。在国际结算中，除少量用于货款结算外，一般仅限于贸易从属费用、货款尾数、佣金等的托收或支付时使用。

跟单汇票(documentary draft)，又称押汇汇票，是指附有运输单据的汇票。跟单汇票的付款以附交货运单据，如提单、发票、保险单等单据为条件。汇票的付款人要取得货运单据提取货物，必须付清货款或提供一定的担保。跟单汇票体现了钱款与单据对流的原则，为进出口双方提供了一定的安全保证。因此，在国际货款结算中，大多采用跟单汇票作为结算工具。

一份汇票通常同时具备几种属性，例如一份商业汇票，可以既是即期的跟单汇票又是远期的银行承兑跟单汇票或远期的商业承兑跟单汇票。

二、汇票的一般操作

汇票的使用因有即期和远期之分，其使用流程略有差异，如图6-1所示。

图6-1 汇票使用流程

即期汇票只需经过出票、提示和付款的程序，而远期汇票还需经过承兑手续。如需流通转让，通常要经过背书。汇票遭到拒付时，还要涉及做成拒绝证明，依法行使追索权等法律问题。下面分别就各主要环节说明如下。

(一)出　票

1.出票的行为

出票(issue)，是指出票人在汇票上填写付款人、付款日期、付款金额、付款地点及收款人等项目，经签字后交给受票人的行为。出票应包括两个方面的行为：①缮制汇票并签字；②提交汇票。由于出票是设立债权债务的行为，所以，只有经过交付汇票才开始生效，只缮制汇票而不提交不叫出票，该汇票也没有生效。

2.出票的效力

出票人签发汇票后，成为该汇票的主债务人，承担该汇票被承兑或付款的责任。当汇票得不到承兑或付款时，持票人可以向出票人追索，出票人应当向持票人清偿被拒绝付款的汇票金额和自到期日或提示付款日起至清偿日止的利息，以及取得拒绝证明和发出通知等的费用。

3.汇票的抬头

汇票的抬头，即汇票的收款人，通常有三种表示方法。

(1)限制性抬头

例如: Pay to Henry Brown only; Pay to Henry Brown, not negotiable/transferable

这种汇票只能由指定的人收取款项，不能流通转让。

(2)指示性抬头

例如: Pay to the order of Bank of China; Pay to Bank of China or order

这种汇票除中国银行可以收款外，还可以经背书后转让。

(3)持票人或来人抬头

例如: Pay to Bearer; Pay to Henry Brown or Bearer

这种汇票不需要持票人背书，可自由转让。

按照我国《票据法》必须记载收款人名称的规定，凡签发持票人或来人抬头的汇票无效。在涉外票据中，一般也不使用持票人或来人抬头。《日内瓦统一法》也不允许汇票做成来人抬头，但英国《票据法》则允许做成来人抬头，即允许签发不记名汇票。

国际货款结算中使用的商业汇票通常需签发一式两份，分次寄发，以防遗失，但只对其中一份承兑或付款。为此，在汇票上一般都分别写明"付一不付二"或"付二不付一"字样，以防止重复承兑或付款。银行汇票通常只签发单份(sole)。

(二)提　示

提示(presentation)，是指收款人或持票人将汇票提交付款人要求付款或承兑的行为。付款人看到汇票，即为见票(sight)。提示可分为提示承兑和提示付款。

提示承兑(presentation for acceptance)，是指远期汇票持票人向付款人出示汇票，并要求付款人承诺付款的行为。

提示付款(presentation for payment)，是指汇票的持票人向付款人(或远期汇票的承兑人)出示汇票要求付款人(或承兑人)付款的行为。

远期汇票的提示承兑和即期汇票的提示付款均应在法定期限内进行。对此，各国票据法规定不一。按我国《票据法》规定，即期和见票后定期付款汇票自出票日后1个月内向付款人提示付款；定日付款或出票后定期付款汇票应在到期日前向付款人提示承兑，已经承兑的远期汇票的提示付款期限为自到期日起10日内。

(三)承　兑

承兑(acceptance)，是指付款人对远期汇票表示承担到期付款责任的票据行为。

1. 承兑的行为

承兑的手续是由付款人在汇票正面写上"承兑"(accepted)字样，注明承兑的日期，并由付款人签名，交还持票人。按票据法的一般规则，仅有付款人签名而未写"承兑"字样，也构成承兑。我国《票据法》第42条规定，未写明承兑日期的以付款人自收到提示承兑的汇票之日起的第三日为承兑日期。

我国《票据法》第41条规定："汇票付款人应当自收到提示承兑的汇票之日起3日内承兑或者拒绝承兑。"第43条规定："付款人承兑汇票，不能附有条件；承兑附有条件的，视为拒绝承兑。"但按票据法的一般规则，承兑附有条件的，承兑人仍应按所附条件承担责任。

2. 承兑的效力

承兑对于付款人来说，就是承诺了按票据的文字付款的责任。我国《票据法》第44条明确指出："付款人承兑汇票后，应当承担到期付款的责任。"因此，汇票一经承兑，付款人就成为汇票的承兑人(acceptor)，并成为汇票的主债务人，承兑人事后不得以诸如"出票人的签字是伪造的"等理由来否认承兑汇票的效力，而汇票一经付款人承兑，出票人便成为汇票的从债务人(或称次债务人)。

(四)付　款

付款(payment)，是指汇票付款人向持票人支付汇票金额以消灭票据关系的行为。即期汇票在付款人见票时即付，远期汇票于到期日在持票人提示付款时由付款人付款。持票人获得付款时，应当在汇票上签收，并将汇票交给付款人作为收据存查。汇票一经付款，汇票上的一切债权债务即告消灭或结束。

(五)背　书

1. 背书的行为

背书(endorsement)，是指在票据背面或者粘单上记载有关事项经签章后，或再加上受让人(即被背书人)的名字，交付给受让人(transferee)的行为。

2. 背书的效力

汇票在转让过程中应办理称之为"背书"的法定手续，汇票经背书可不断地转让下去。对受让人来说，所有在他前面背书的人以及出票人都是他的"前手"，而对出让人来说，所有在他后面的受让人都是他的"后手"。"前手"对"后手"负有担保汇票必然会被承兑或付款的责任。背书是一种要式法律行为，必须按照票据法规定的形式要件记载于票据上，即做成背书并交付，方能有效成立。但出票人在汇票上记载有"不得转让"字样或以其他文字限定收款人名称(即做成限制性抬头)的，则汇票不得转让。汇票经过背书后，收款的权利就转让给了受让人，由被背书人取得了汇票的权利。

背书的方式主要有限制性背书、空白背书和特别背书三种。

(1)限制性背书(restrictive endorsement)

限制性背书是指背书人对支付给被背书人的指示带有限制性的词语。

例如：Pay to Henry Brown only (仅付 Henry Brown)；

Pay to Bank of China, not transferable (付给中国银行，不可转让)。

凡做成限制性背书的汇票，只能由指定的被背书人凭票取款，而不能再行转让或流通。我国《票据法》第34条规定：背书人在汇票上记载了"不得转让"字样后，其后手再背书转让的，原背书人对后手的被背书人不承担保证责任。

(2)空白背书(blank endorsement)

空白背书又称略式背书或不记名背书，是指背书人只在票据背面签名，不指定被背书人，即不写明受让人。这种汇票可交付任何持票人，可和来人抬头汇票一样，只凭交付就可转让。

(3)特别背书(special endorsement)

特别背书又称记名背书，是指背书人在票据背面签名外，还写明被背书人名称或其指定人。

例如：Pay to the order of Bank of China。

这种背书，被背书人可以进一步凭背书交付而将汇票进行转让。

我国《票据法》第30条规定，背书必须记载被背书人名称。这就表明我国不允许对票据做不记名背书。限制性背书和特别背书应记载的事项包括被背书人名称、背书日期和背书人签章。其中背书人签章和被背书人名称是绝对应记载事项，按我国《票据法》规定，欠缺记载的背书行为无效。

(六)拒 付

拒付(dishonor)，是指持票人提示汇票要求承兑时遭到拒绝承兑，或持票人提示汇票要求付款时遭到拒绝付款。

付款人对于远期汇票拒绝承兑，或对即期汇票拒绝付款，并不使付款人对持票人负有法律责任。因为付款人对汇票的承兑或付款，是由于付款人与出票人原有的债权债务关系，即合同关系，如果出票人出票不当，或与原订的合同关系不符，或根本没有这个债务，付款人自然有权拒付。但是，远期汇票经承兑之后，承兑人必须承担到期付款的法律责任。如到期拒付，就不仅可被持票人追索，还可被出票人追索。

对汇票的拒付行为不一定要付款人正式表示不付款或不承兑，在付款人或承兑人死亡、逃匿、被依法宣告破产或因违法被责令停止业务活动等情况下，在事实上已不可能付款时，也作为拒付。在付款人对票据虽不明示拒付，但迟迟不付款或承兑时，持票人也可以认为票据已被拒付。

汇票被拒付，持票人除可向承兑人追偿外，还有权向其前手，包括所有的背书人和出票人行使追索权。

(七)追 索

汇票遭拒付后，汇票的善意持有人(bona fide holder)有权向所有的"前手"追索(recourse)，一直可追到出票人。持票人为了行使追索权，通常应及时做出拒绝证书(protest waived)。拒绝证书是由付款地的法定公证人或其他依法有权做出证书的机构如法院、银行、工会等做出证明拒绝事实的文件，是持票人凭以向其"前手"进行追索的法律依据。如拒绝的汇票已经承兑，出票人可凭此向法院起诉，要求承兑人付款。

在国际市场上，一张远期汇票的持有人如想在汇票到期前取得票款，可以将汇票进行贴现(discount)。所谓贴现就是持票人将承兑后的远期汇票提交给贴现行或贴现机构，由贴现机构扣除从贴现日到付款日的利息后，将余额付给持票人的行为。

三、汇票的缮制要点

在国际贸易中，主要使用跟单汇票作为出口方要求付款的凭证。制作汇票时应注意下列问题。

(一)汇票的号码

每一张汇票都有号码，汇票的号码写在"no."后面，通常与此笔交易的商业发票号码一致，以便核对。

(二)汇票的出票地点和日期

汇票的出票地点一般印就在汇票上，通常是出口方所在地。

出票日期一般是提交议付行议付的日期，该日期往往由议付行代为填写。该日期不得早于随附各种单据的出单日期，也不能迟于信用证的有效期/交单期。

(三)表明"汇票"的字样

汇票上有"exchange for..."的字样，exchange表明这是一张汇票。

(四)汇票金额

汇票必须载明它的金额，"exchange for..."的后面是汇票的小写金额，例如"exchange for USD5,000"；"the sum of..."的后面是它的大写金额，例如"The Sum of US Dollars Five Thousand Only"。大写金额的最后要写上"only"字样，大小写要一致。

托收项下汇票金额应与发票金额一致。若采用部分托收、部分信用证方式结算，则两张汇票金额各按规定填写，两者之和等于发票金额。

信用证项下的汇票，若信用证没有规定，则应与发票金额一致。若信用证规定汇票金额为发票的百分之几，则按规定填写。这一做法，通常用于以含佣价向中间商报价，发票按含佣价制作，开证行在付款时代扣佣金的情况。汇票货币的币种要与信用证金额货币相同。

汇票金额的填写方法如下。

1. 整数的填写方法

例如：5000美元，填写为"Exchange for USD5,000""The Sum of US Dollars Five Thousand Only"。

2. 有整有零的填写方法

例如：5000.86美元，填写为"Exchange for USD5,000.86""The Sum of US Dollars Five Thousand and Cents Eighty-Six Only"。

3. 零头的填写方法

例如：0.86，填写为"cents eighty-six""point eight six""86%""$\frac{86}{100}$"。

(五)汇票的付款期限

在汇票中用"at..."表示。

1. 信用证方式下

即期汇票 "at _____ sight"，只需在横线上用 "*******" 或 "……" 表示，也可以直接打上 "at sight" (但不要留空)。

远期汇票按信用证汇票条款的规定填入相应的付款期限。

例如："at 30 days after sight"，见票后30天付款。"at 45 days after date"，汇票出票日后45天付款。"at 60 days after the B/L date"，提单日后60天付款(注意：应在B/L date后加注实际的提单日期)。

2. 托收方式下

在国际贸易中，按交单的条件不同，托收可以分为付款交单(D/P)和承兑交单(D/A)两种，需要在汇票上标明。其他填法同信用证。

即期付款交单填为 "D/P at sight"。

远期付款交单，例如：见票后30天付款交单，填为 "D/P at 30 days after sight"。

承兑交单，例如：见票后30天承兑交单，填为 "D/A at 30 days after sight"。

(六)收(受)款人(Payee)

在国际贸易中，汇票的收(受)款人一般采用指示性抬头的方式，即用 "pay to the order of..." 或 "pay to...or order" 来表示。

1. 信用证方式下

在我国出口业务中，此栏通常填出口商在国内的往来银行或议付行的名称。

2. 托收方式下

收款人可以是托收行，也可将出口方写成收款人，然后由收款人作委托收款背书给托收行。

例如："pay to the order of Bank of China, Shanghai Branch"。

(七)出票依据

1. 信用证方式下

此栏应填写相关信用证开证行、信用证号码及开证日期。

例如："Drawn under the National Bank of Kuwait S.A.K. Head Office L/C No. 02/194546/8 dated Feb. 3, 2023"。

2. 托收方式下

此栏一般填写合同号码及签订合同的日期等。

例如："Drawn under Contract No.116 dated Feb. 3, 2023"。

(八)付款人(payer)即受票人(drawee)

一般此栏在汇票的左下角用 "to" 表示。

1. 信用证方式下

汇票付款人的填写要按照信用证的要求，在信用证汇票条款中付款人往往是用 "drawn on..." 或直接 "on..." 或 "drawee" 表示的。

例如：汇票条款中规定 "... drawn on us" 或 "... on ourselves"，则付款人为开证行。

汇票条款中规定 "... drawn on ×× bank" (非开证行)，则付款人为该银行(即信用证的付款行)。

汇票条款中规定 "... on yourselves"，则付款人为通知行，而此时，通知行往往又是信用证的保兑行。

知识链接

UCP 600的相关条款

第六条 c 款规定：信用证不得开成凭以申请人为付款人的汇票兑用。

2. 托收方式下

汇票的付款人一般填买卖合同中的买方。

(九)出票人 (drawer)

出票人一般写在汇票的右下角。

1. 信用证方式下

汇票的出票人填信用证的受益人即出口商，同时加盖公司印章并经负责人签字。需要注意的是出票人的印章必须与其出具的商业发票等其他单据的印章一致。

2. 托收方式下

汇票的出票人填合同中的卖方名称，加盖公司印章并经负责人签字。

任务小结

通过上面内容的学习，王芳明白了以下问题。

在国际贸易中，汇票通常是由出口商签发的由进口商作为付款人，某个银行作为收款人的票据。汇票经背书之后可以到票据市场进行贴现。

缮制汇票时不光要符合信用证条款的要求，还要熟悉我国《票据法》的有关规定。

任务解决

王芳制作的汇票内容如下。

No. (1) DBIINV015	Bill of Exchange
For (2) USD18,480.00	(3) Yiwu, Zhejiang, dated Jan. 4, 2024
(Amount in Figure)	(Place and Date of Issue)

At (4) ****** sight of this FIRST Bill of Exchange (SECOND of exchange being unpaid)
pay to the order of (5) Industrial and Commercial Bank of China Yiwu Branch
the sum of (6) SAY US DOLLARS EIGHTEEN THOUSAND FOUR HUNDRED AND EIGHTY ONLY.
                          (Amount in Words)
Value received for (7) 200 Cartons of (8) Jian Hua Brand Plastic Slippers
                    (Quantity)   (Name of Commodity)
Drawn under (9) MHBKJPJT
L/C No. (10) A30-0305-001033 dated (11) Nov. 4, 2023

To: For and on behalf of
(12) MHBKJPJT   (13) International Land Port Group
                                        王某某
                                      Signature

任务实训

请根据项目二任务一任务实训的信用证(编号9022BTY110397)修改后的内容,缮制一份汇票。

```
No. (1)_____                    Bill of Exchange
For (2)_____                                      (3)_____
    (Amount in Figure)                          (Place and Date of Issue)
At (4)_____ sight of this FIRST Bill of Exchange (SECOND of exchange being unpaid)
pay to the order of (5)_____
the sum of (6)_____
                        (Amount in Words)
Value received for (7)_____ of (8)_____
                    (Quantity)              (Name of Commodity)
Drawn under (9)_____
L/C No. (10)_____ dated (11)_____

To:                              For and on behalf of
(12)_____                  (13)_____
                                    Signature
```

任务四　交单结汇

任务导入

2024年1月4日,王芳备齐信用证要求的单据,向中国工商银行义乌分行交单议付。那么,王芳在向指定银行交单时,应注意哪些问题?如果银行提出不符点,王芳该如何应对?

任务资讯

一、受益人交单结汇注意事项

出口企业在货物装运后,应立即按照信用证的要求,正确缮制各种单据,并在信用证规定的有效期和交单期内,将单据及有关证件送交银行,通过银行收取外汇,并将所得外汇出售给银行换取人民币的过程即为交单结汇。出口企业在交单结汇过程中,应注意以下问题。

(一)交单时间

受益人应该在信用证的有效期(交单截止日)和交单期(最迟交单日)之前向银行交单,交单截止日和最迟交单日不在同一天的,哪个日期在前,就在该日期前交单。如果信用证的截止日或最迟交单日适逢接受交单的银行非因不可抗力等原因而歇业,则截止日或最迟交单日,将顺延至其重新开业的第一个银行工作日。银行在其营业时间外无接受交单的义务。

知识链接

UCP 600的相关条款

第二十九条规定：a. 如果信用证的截止日或最迟交单日适逢接受交单的银行非因第三十六条所述原因而歇业，则截止日或最迟交单日，视何者适用，将顺延至其重新开业的第一个银行工作日。b. 如果在顺延后的第一个银行工作日交单，指定银行必须在其致开证行或保兑行的面函中声明交单是在根据第二十九条a款顺延的期限内提交的。c. 最迟发运日不因第二十九条a款规定的原因而顺延。

第三十六条规定：银行对由于天灾、暴动、骚乱、叛乱、战争、恐怖主义行为或任何罢工、停工或其无法控制的任何其他因素导致的营业中断的后果，概不负责。银行恢复营业时，对于在营业中断期间已逾期的信用证，不再进行承付或议付。

第三十三条规定：银行在其营业时间外无接受交单的义务。

如果有可能的话，受益人应尽量早点交单，以防银行提出不符点时，受益人还有时间赶在信用证的有效期和交单期之前对不符单据进行修改后，重新向银行交单。关于起讫日期的计算，UCP 600有规定的，应严格按照相关规定行事。

知识链接

UCP 600的相关条款

第三条　解释

"在或大概在(on or about)"或类似用语将被视为规定事件发生在指定日期的前后五个日历日之间，起讫日期计算在内。

"至(to)""直至(until、till)""从……开始(from)"及"在……之间(between)"等词用于确定发运日期时包含提及的日期，使用"在……之前(before)"及"在……之后(after)"时则不包含提及的日期。

"从……开始(from)"及"在……之后(after)"等词用于确定到期日时不包含提及的日期。

"前半月"及"后半月"分别指一个月的第一日到第十五日及第十六日到该月的最后一日，起讫日期计算在内。

一个月的"开始(beginning)""中间(middle)"及"末尾(end)"分别指第一到第十日、第十一日到第二十日及第二十一日到该月的最后一日，起讫日期计算在内。

(二)交单地点

受益人应该在规定的时间，向信用证指定的银行交单，可在任一银行兑用的信用证其交单地点为任一银行所在地。除指定银行外，受益人也可以选择向开证行交单。如果受益人直接向开证行交单，受益人将承担信息传递过程中的风险；如果受益人向指定银行交单，交至指定银行前的信息传递风险由受益人承担，指定银行确认交单相符后，开证行或保兑行将承担信息传递过程中的风险。

受益人应尽可能将交单地点改在受益人所在地。如果交单地点不在受益人所在地，受益人应尽量早点交单，以防单据在递送过程中发生延误，错过信用证规定的交单时间。

知识链接

UCP 600的相关条款

第三十五条　关于信息传递和翻译的免责

当报文、信件或单据按照信用证的要求传输或发送时，或当信用证未作指示，银行自行选择传送服务时，银行对报文传输或信件或单据的递送过程中发生的延误、中途遗失、残缺或其他错误产生的后果，概不负责。

如果指定银行确定交单相符并将单据发往开证行或保兑行，无论指定银行是否已经承付或议付，开证行或保兑行必须承付或议付，或偿付指定银行，即使单据在指定银行送往开证行或保兑行的途中，或保兑行送往开证行的途中丢失。

银行对技术术语的翻译或解释上的错误不负责任，并可不加翻译地传送信用证条款。

（三）提交合格的单据

受益人应该牢记"正确、完整、及时、简洁、清晰"五个要求，制作结汇单据，确保单据内容、种类、份数均完整，严格按照信用证及UCP 600的规定向银行提交合格的单据。

知识链接

UCP 600的相关条款

第十七条规定

a. 信用证规定的每一种单据须至少提交一份正本。

b. 银行应将任何带有看似出单人的原始签名、标记、印戳或标签的单据视为正本单据，除非单据本身表明其非正本。

c. 除非单据本身另有说明，在以下情况下，银行也将其视为正本单据：

i. 单据看似由出单人手写、打字、穿孔或盖章；或者

ii. 单据看似使用出单人的原始信纸出具；或者

iii. 单据声明其为正本单据，除非该声明看似不适用于提交的单据。

d. 如果信用证要求提交单据的副本，提交正本或副本均可。

e. 如果信用证使用诸如"一式两份(in duplicate)""两份(in two folds)""两套(in two copies)"等用语要求提交多份单据，则提交至少一份正本，其余使用副本即可满足要求，除非单据本身另有说明。

二、信用证项下单证不符的处理

如果受益人提交的单据存在不符点，开证行可能拒付。对不符点，如果处理得当，受益人仍可能挽回损失，甚至变被动为主动。

(一)确认拒付通知是否有效

受益人收到开证行或保兑行的拒付通知时，应首先确认其是否有效。有效的拒付通知应符合以下条件。

拒付时间：开证行必须以电信方式或其他快捷方式，在不迟于自交单之翌日起第五个银行工作日结束前发出拒付通知。

拒付的意思表示：拒付通知中必须声明银行拒绝承付或议付。

拒付通知：必须给予交单人一份单独的拒付通知。

列举全部不符点：声明银行拒绝承付或者议付所依据的每一个不符点。没有提出具体不符点的拒付不能构成完整的拒付通知。

明示单据的处置：声明代为保留单据听候交单人的进一步指示；开证行持单直到开证申请人接受不符单据，或直接退单，或按交单人之前的指示处理等。

(二)做出合理应对

受益人应对照留底单据审核不符点是否成立，并根据不同情况，及时做出合理的应对。

若不符点不成立，应立即通过交单行反拒付。

若开证行提出的不符点确实成立，受益人应争取在有效期内更改全部单据并重新寄单，开证行在第二次收到单据后应视作全新单据予以重新审核，可提出与第一次不同的不符点；如受益人接受的是部分退单修改，则开证行只能就原不符点修改之处提出不符点，无权再提新的不符点。

如来不及更改单据，受益人应尽快联络开证申请人赎单提货，避免引起滞港费、仓储费等额外费用。如进口商拒绝赎单，受益人应立即查询货物的下落，了解货物是否到港，是否被提等情况。如果货物被进口商凭信用证项下单据或凭提货保函提走，那么不管单据是否有不符点，不管进口商是否赎单，开证行必须付款。

知识链接

UCP600的相关条款

第十六条 不符单据、放弃及通知

a. 当按照指定行事的指定银行、保兑行(如有的话)或者开证行确定交单不符时，可以拒绝承付或议付。

b. 当开证行确定交单不符时，可以自行决定联系申请人放弃不符点。然而这并不能延长第十四条b款所指的期限。

c. 当按照指定行事的指定银行、保兑行(如有的话)或开证行决定拒绝承付或议付时，必须给予交单人一份单独的拒付通知。该通知必须声明：

  i. 银行拒绝承付或议付；及

  ii. 银行拒绝承付或者议付所依据的每一个不符点；及

  iii. a)银行留存单据听候交单人的进一步指示；或者

   b)开证行留存单据直到其从申请人处接到放弃不符点的通知并同意接受该放弃，或者其同意接受对不符点的放弃之前从交单人处收到其进一步指示；或者

  c)银行将退回单据；或者

  d)银行将按之前从交单人处获得的指示处理。

 d. 第十六条 c 款要求的通知必须以电信方式，如不可能，则以其他快捷方式，在不迟于自交单之翌日起第五个银行工作日结束前发出。

 e. 按照指定行事的指定银行、保兑行(如有的话)或开证行在按照第十六条 c 款 iii 项 a)或 b)发出了通知以后，可以在任何时候将单据退还交单人。

 f. 如果开证行或保兑行未能按照本条行事，则无权宣称交单不符。

 g. 当开证行拒绝承付或保兑行拒绝承付或者议付，并且按照本条发出了拒付通知后，有权要求返还已偿付的款项及利息。

三、结 汇

  我国银行出口结汇的做法包括收妥结汇、定期结汇和买单结汇三个方面。

  收妥结汇即先收后结，指议付行收到外贸企业提交的单据后，经审核无误，将单据寄往国外付款行索汇，待收到国外银行将价款转入议付行账户的贷记通知书时，即按当日外汇牌价，折成人民币付给外贸公司。

  定期结汇指议付行根据向国外银行索偿的邮程远近，预先确定一个固定的结汇期限，到期后主动将票款金额折成人民币付给外贸公司。

  买单结汇即"出口押汇"，指议付行在审单无误的情况下，按信用证条款买入受益人的汇票和单据，从票面金额中扣除从议付日到估计收到票款之日的利息，将净额按议付日外汇牌价折成人民币，付给信用证的受益人。议付行买入跟单汇票后，即成为汇票的正当持有人，可凭票向付款行索取票款。若汇票遭拒付，议付行有权向受益人追回票款。银行同意做出口押汇，是为了对出口公司提供资金融通，有利于出口公司的资金周转。

  货物发出后，单证不符又无法补救时，出口商可以采取担保议付或电提两种方式收款，或通过托收方式收款。

  担保议付即"表提"。即在征得进口商同意的情况下，出口商向开证行出具担保书，要求议付行凭担保议付具有不符点的单据，议付行向开证行寄单时，在随附单据上注明单证不符点和"凭保议付"字样。

  电提即由议付行先用电信方式向开证行列明不符点，待开证行确认后，再将单据寄去的方式。"电提"的目的是在尽可能短的时间内了解开证行对单、证不符的态度。

任务小结

  通过上面内容的学习，王芳了解到交单结汇时需要注意以下两个方面。

  在向指定银行交单时，务必在信用证规定的有效期和交单期内办理。

  如果银行提出不符点，王芳应该冷静应对。首先根据 UCP 600 的规定，判断银行的拒付通知是否有效；如果银行提出的不符点不成立，应立即通过交单行反拒付；如果开证行提出的不符点确实成立，应争取在有效期内更改单据并重新交单。如来不及更改单据，出口商可以采取表提、电提或通过托收方式收款。

任务解决

王芳向中国工商银行义乌分行交单议付，银行工作人员对单据进行初步审核之后，告诉王芳没有问题，等到款项到账后，会及时通知她。

任务实训

请找一家外贸公司，收集其交单结汇中遇到的典型故事，跟踪并记录其一项交单结汇的过程，领略交单结汇的奥妙。

任务小结

交单结汇对于出口企业来说非常重要，作为受益人的出口企业应该严格按照信用证条款的要求及UCP 600等惯例的规定，在规定的时间、地点，将符合要求的单据向指定银行交单。一旦遭到银行拒付，受益人要冷静应对。如果开证行提出的不符点不成立，应立即通过交单行反拒付；如果开证行提出的不符点确实成立，应争取在有效期内更改单据并重新交单。

项目测试

判断以下条款，哪些情况对于出口公司来说存在收汇风险？

我国ABC公司出口货物到美国XYZ公司，信用证中有以下条款，哪些情况对于ABC公司来说是有收汇风险的。

(1) Goods to be shipped by air, AWB showing XYZ company as consignee, original AWB to be presented along with documents listed in the L/C to the issuing bank.

(2) Goods to be shipped by sea, ocean B/L should be made out to the order of the issuing bank, and full set of ocean B/L to be presented along with documents listed in the L/C to the issuing bank.

(3) Goods to be shipped by sea, ocean B/L showing XYZ company as consignee, full set of original B/Ls to be presented along with documents listed in the L/C to the issuing bank.

(4) Goods to be shipped by sea, ocean B/L showing XYZ company as consignee, full set less one original B(s)/L to be presented along with documents listed in the L/C to the issuing bank, beneficiary's certificate certifying that they have sent one original B/L to the applicant via DHL within one day after shipment.

项目七

出口贸易汇付业务——单证缮制

项目导入

　　王芳在义乌市国际陆港集团有限公司工作了一段时间后，对信用证业务及其海运方式下全套单据的制作已基本掌握。最近，公司接了一笔电汇支付方式下空运出口铂金项链至新加坡的业务。王芳为了将来的发展，主动向张成总经理请缨。经查，铂金及其制品被国家列入出口许可证管理目录，王芳需要事先向商务部门申请签发出口货物许可证，并且办理空运方式下的运输业务。那么如何申领出口许可证？如何缮制航空运单？如何完成汇付业务下的综合制单？

项目目标

学习目标

▶ 了解汇付的定义、当事人及其种类；

▶ 了解出口许可证的定义、出口许可证管理种类及范围；

▶ 了解出口许可证申领程序；

▶ 掌握出口许可证申请表的要点及缮制；

▶ 掌握国际空运委托书的要点及缮制；

▶ 掌握航空运单的要点及缮制。

技能目标

▶ 能够独立准确地缮制出口许可证申请表；

▶ 能够独立准确地缮制国际空运委托书；

▶ 能够独立准确地缮制航空运单；

▶ 能够独立准确地缮制汇付、空运方式下的全套单据。

任务一　申领出口许可证

任务导入

　　王芳通过网上申领的方式缮制出口许可证申请表，在提交了合同、商业发票等材料后，商务部驻杭州特派员办事处向义乌市国际陆港集团有限公司签发了出口许可证。那么，哪些货物被列入出口许可证管理目录？如何缮制出口许可证申请表？如何申领出口许可证？需要准备哪些材料？

任务资讯

■ 缮制出口许可证申请表

一、出口许可证管理

(一)出口许可证管理的含义

出口许可证管理，是指经过国家批准对外贸易经营者出口某种货物或技术的证明文件，由商务部或者商务部会同海关总署、质检总局依法制定许可证管理的货物或技术的目录，并以签发出口许可证的方式对出口许可证管理目录中的商品实行行政许可管理。

商务部是全国出口许可证的归口管理部门，负责制定进出口许可证管理办法及规章制度，监督和检查进出口许可证管理办法的执行情况，并处罚违规行为。出口许可证的发证部门可以归纳为两类，一类是中央机构，另一类是地方机构。中央发证机构包括商务部配额许可证事务局，地方机构包括商务部驻各地特派员办事处和各省、自治区、直辖市、计划单列市以及商务部授权的其他省会城市商务厅(局)、外经贸委(厅、局)。

出口许可证是国家管理货物出口的凭证，不得买卖、转让、涂改、伪造或变造。凡属于出口许可证管理的货物或技术，除国家另有规定外，外贸经营者必须在出口前按规定向指定发证机构申请相应的出口许可证，持证申报和验放货物。

(二)出口许可证管理的种类及范围

根据商务部、海关总署联合公布的《2018年出口许可证管理货物目录》，2018年实行出口许可证管理的有44种货物，分别实行出口配额许可证、出口配额招标和出口许可证管理等。

1. 实行出口配额管理的货物

活牛(对港澳出口)、活猪(对港澳出口)、活鸡(对香港出口)、小麦、玉米、大米、小麦粉、玉米粉、大米粉、甘草及甘草制品、蔺草及蔺草制品、磷矿石、煤炭、原油、成品油(不含润滑油、润滑脂、润滑油基础油)、锯材、棉花、白银。出口本款所列上述货物的，需按规定申请取得配额(全球配额或国别、地区配额)，凭配额证明文件申领出口许可证。其中，出口甘草及甘草制品、蔺草及蔺草制品的，需凭配额招标中标证明文件申领出口许可证。

2. 实行出口许可证管理的货物

活牛(对港澳以外市场)、活猪(对港澳以外市场)、活鸡(对港澳以外市场)、牛肉、猪肉、鸡肉、天然砂(含标准砂)、矾土、镁砂、滑石块(粉)、氟石(萤石)、稀土、锡及锡制品、钨及钨制品、钼及钼制品、锑及锑制品、焦炭、成品油(润滑油、润滑脂、润滑油基础油)、石蜡、部分金属及制品、硫酸二钠、碳化硅、消耗臭氧层物质、柠檬酸、维生素C、青霉素工业盐、铂金(以加工贸易方式出口)、铟及铟制品、摩托车(含全地形车)及其发动机和车架、汽车(包括成套散件)及其底盘等。其中，对向港澳台地区出口的天然砂实行出口许可证管理，对标准砂实行全球出口许可证管理。

消耗臭氧层物质的货样广告品需凭出口许可证出口。企业以一般贸易、加工贸易、边境贸易和捐赠贸易方式出口汽车、摩托车产品，需申领出口许可证，并符合申领许可证的条件；企业以工程承包方式出口汽车、摩托车产品，需凭中标文件等相关证明材料申领出口许可证；企业以上述贸易方式出口非原产于中国的汽车、摩托车产品，需凭进口海关单据和货物出口合同申领出口许可证；其他贸易方式出口汽车、摩托车产品免予申领出口许可证。

3. 以边境小额贸易方式出口以招标方式分配出口配额的货物和属于出口许可证管理的货物

消耗臭氧层物质、摩托车(含全地形车)及其发动机和车架、汽车(包括成套散件)及其底盘等货物，需按规定申领出口许可证。以边境小额贸易方式出口属于出口配额管理的货物的，由有关地方商务主管部门(省级)根据商务部下达的边境小额贸易配额和要求签发出口许可证。以边境小额贸易方式出口本款上述以外的列入目录的货物，免于申领出口许可证。

4. 免于申领出口许可证的货物

铈及铈合金(颗粒 < 500 μm)、钨及钨合金(颗粒 < 500 μm)、锆、铍的出口免于申领出口许可证，但需按规定申领两用物项和技术出口许可证。

5. 不纳入出口配额和出口许可证管理的货物

我国政府对外援助项下提供的目录内货物不纳入出口配额和出口许可证管理。

二、申请出口许可证业务流程

出口许可证申请业务流程如图7-1所示。

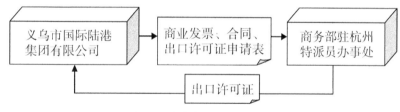

图7-1　申请出口许可证业务流程

注：①出口商最迟在货物装运前3日向当地商务主管部门申请签发；②发证机关对申请材料审核无误后，3日内签发出口许可证书。

三、出口许可证申请表的缮制要点

出口货物许可证申请表由出口商缮制，其主要内容与缮制方法如下。

出口商及编码一栏，填写出口商全称，注明在海关注册的企业代码及领证人姓名。

发货人及编码一栏，按合同规定填制，并与运输单据中显示的托运人相符。

出口许可证号一栏，留空，由签证机关填制。

出口许可证有效截止日期，"一批一证"制的商品为3个月，其他情况下的商品为6个月，应根据装运实际需要填制。

贸易方式一栏，根据实际方式填制，如一般贸易、进料加工、来料加工等。

合同号一栏，填入该批出口合同编号，长度不超过20个字节。

报关口岸，即实际装运口岸，填写口岸全称。

进口国家(地区)一栏，应填制目的港(地)国家的全称。

支付方式一栏，按合同支付条款的规定填制，如T/T等。

运输方式一栏，根据合同规定填写，如海运、空运等。

商品名称及商品编码一栏，根据《中华人民共和国海关统计商品目录》规定的商品标准名称和统一编码填制。

规格、型号一栏，填制实际规格，不同规格应分行表示，计量单位按H.S.编码规则缮制。

单位一栏，填制与合同规定一致的计量单位名称。

数量一栏，必须填制实际出口的数量，并与发票的相关内容一致。

单价一栏，按合同成交的单价填制，并与发票的相关内容一致。

总值一栏，按合同成交的总额填制，并与发票的总金额相同。

总值折美元一栏，按外汇牌价折算为美元记入。

总计一栏，将各栏的合计数分别填入本栏内。

备注一栏，加盖申请公司印章，填制申请日期。如有特别要求或说明，在此栏注明。

签证机构审批(初审)一栏，由发证机关审核无误后盖章，由授权人签名，并注明签证日期。

以下为出口许可证申请表的样本。

中华人民共和国出口货物许可证申请表

1. 出口商 Exporter	3. 出口许可证证号 Export License No.
2. 发货单位 Consignor	4. 出口许可证有效截止期：至　年　月　日止 Export License Expiry Date
5. 贸易方式 Terms of Trade	8. 进口国家（地区） Country/Region of Purchase
6. 合同号 Contract No.	9. 支付方式 Terms of Payment
7. 报关口岸 Port of Shipment	10. 运输方式 Means of Transport

11. 商品名称 Description of Goods			商品编码 Code of Goods		
12. 规格、型号 Specification	13. 单位 Unit	14. 数量 Quantity	15. 单价 (USD) Unit Price	16. 总值 (USD) Amount	17. 总值折美元 Amount in USD
18. 总计 Total					

20. 初审意见 First Review	19. 备注 Supplementary Details
经办人 Person in Charge	
领导意见 Final Review	申请日期 Filing Date

商务部监制本证不得涂改，不得转让

四、主管部门签发出口许可证

　　商务部驻杭州特派员办事处在收到义乌市国际陆港集团有限公司的申领出口许可证申请，核对材料审核无误后，向义乌市国际陆港集团有限公司签发了出口货物许可证。

　　以下为出口许可证的样本。

中华人民共和国出口货物许可证
Export License of the People's Republic of China

1. 出口商 Exporter	3. 出口许可证编号 Export License No.
2. 发货单位 Consignor	4. 出口许可证有效截止期 Export License Expiry Date
5. 贸易方式 Terms of Trade	8. 输往国家（地区） Country/Region of Purchase
6. 合同号 Contract No.	9. 收款方式 Terms of Payment
7. 报关口岸 Port of Shipment	10. 运输方式 Means of Transport

11. 商品名称 Description of Goods			商品编码 Code of Goods		
12. 规格、型号 Specification	13. 单位 Unit	14. 数量 Quantity	15. 单价 (USD) Unit Price	16. 总值 (USD) Amount	17. 总值折美元 Amount in USD
18. 总计 Total					

19. 备注 Supplementary Details	20. 发证机关盖章 Issuing Authority's Stamp & Signature
	发证日期 License Date （出口许可证专用章）

商务部监制本证不得涂改，不得转让

任务小结

　　凡属于出口许可证管理的货物或技术，除国家另有规定外，外贸经营者必须在出口前按规定提交出口许可证申请表及其相关材料，向指定发证机构申请相应的出口许可证，持证申报和验放货物。

　　缮制出口许可证申请表的步骤为：①认真阅读合同条款；②依据合同条款完整、准确地制作出口许可证申请表。

任务解决

　　王芳根据以下合同缮制出口许可证申请表如下。

补充资料

商品编码：7113192548

Sales Confirmation

S/C No.: QJDB1150

Date: Jun. 28, 2023

(1) The Seller: International Land Port Group

Address: 588 Airport Road, Yiwu City, Zhejiang Province, China

(2) The Buyer: Xingang Import & Export Corporation

Address: No. 9 Changji South Street, Singapore

(3) Commodity & Specifications	(4) Unit	(5) Quantity	(6) Unit Price (USD)	(7) Amount (USD)
Platinum Necklace			CIP Singapore	
PT31046	String	12	770.00	9,240.00

(8) Total Contract Value: SAY US DOLLARS NINE THOUSAND TWO HUNDRED AND FORTY ONLY.

(9) Packing: Each string packed in one box

(10) Airport Departure: Hangzhou International Airport

(11) Airport of Destination: Singapore Airport

(12) Time of Shipment: Not later than Aug. 31, 2023

Shipping Marks: Xingang/QJDB1150/Singapore/C/No.1-up

(13) Payment: The Buyer shall pay 100% of the sales proceeds in advance by T/T to reach the Seller not later than Aug. 15, 2023

(14) Insurance: To be covered by the Seller for 110% of total invoice value against All Risks subject to relevant ocean marine cargo of The People's Insurance Company of China dated Jan. 1, 1981

Confirmed By:

The Seller

International Land Port Group

王某某

The Buyer

Xingang Import & Export Corporation

Jim

Please sign and return one copy for our file

中华人民共和国出口货物许可证申请表

1. 出口商：义乌市国际陆港集团有限公司 Exporter　　编码：3318961952	3. 出口许可证号 Export License No.
2. 发货单位：义乌市国际陆港集团有限公司 Consignor　　编码：3318961952	4. 出口许可证有效截止期：至2023年9月30日止 Export License Expiry Date
5. 贸易方式：一般贸易 Terms of Trade	8. 进口国家（地区）：新加坡 Country/Region of Purchase
6. 合同号：QJDB1150 Contract No.	9. 支付方式：T/T Terms of Payment
7. 报关口岸：杭州萧山 Port of Shipment	10. 运输方式：空运 Means of Transport
11. 商品名称：铂金项链 Description of Goods	商品编码：7113192548 Code of Goods

12. 规格、型号 Specification	13. 单位 Unit	14. 数量 Quantity	15. 单价(USD) Unit Price	16. 总值(USD) Amount	17. 总值折美元 Amount in USD
PT31046	String	12	770.00	9,240.00	9,240.00
18. 总计 Total	String	12	770.00	9,240.00	9,240.00

20. 初审意见 First Review 经办人 Person in Charge 领导意见 Final Review	19. 备注 Supplementary Details 申请日期：2023 年 8 月 3 日 Filing Date

商务部监制本证不得涂改，不得转让

任务实训

2023年1月份义乌市国际陆港集团有限公司与加拿大Montreal Import & Export Corporation就冻猪肉(frozen pork)货号258进行往来函电磋商，经双方共同努力，最终达成交易，签订合同如下。经查，冻猪肉被国家列入出口许可证管理目录，义乌市国际陆港集团有限公司需要向商务部驻杭州特派员办事处申请出口许可证。请根据以下合同缮制出口许可证申请表。

补充资料

商品编码：02031110

Sales Confirmation

S/C No.: YD-HEM1315

Date: Jan. 5, 2023

(1) The Seller: International Land Port Group

      Address: 588 Airport Road, Yiwu City, Zhejiang Province, China

(2) The Buyer: Montreal Import & Export Corporation

      Address: 310 Vtra, Montreal, Canada

(3) Commodity & Specifications	(4) Unit	(5) Quantity	(6) Unit Price (USD)	(7) Amount (USD)
Frozen Pork			CIP Montreal	
258	KG	1,200	3.00	3,600.00

Total: USD3,600.00

(8) Total Contract Value: SAY US DOLLARS THREE THOUSAND SIX HUNDRED ONLY.

(9) Packing: Each 10 KGS packed in one carton. Total 120 cartons

(10) Airport Departure: Hangzhou International Airport

(11) Airport of Destination: Montreal Airport

(12) Time of Shipment: Not later than Feb. 28, 2023

Shipping Marks: Yuanda/YD-HEM1315/Montreal/C/No.1-up

(13) Payment: The Buyer shall pay 100% of the sales proceeds in advance by T/T to reach the Seller not later than Feb. 15, 2023

(14) Insurance: To be covered by the Seller for 110% of total invoice value against All Risks subject to relevant ocean marine cargo of The People's Insurance Company of China dated Jan. 1, 1981

Confirmed By:

The Seller	The Buyer
International Land Port Group	Montreal Import & Export Corporation
王某某	Robert

Please sign and return one copy for our file

中华人民共和国出口货物许可证申请表

1. 出口商 Exporter	3. 出口许可证号 Export License No.
2. 发货单位 Consignor	4. 出口许可证有效截止期：至　年　月　日止 Export License Expiry Date
5. 贸易方式 Terms of Trade	8. 进口国家（地区） Country/Region of Purchase
6. 合同号 Contract No.	9. 支付方式 Terms of Payment
7. 报关口岸 Port of Shipment	10. 运输方式 Means of Transport

11. 商品名称 Description of Goods			商品编码 Code of Goods		
12. 规格、型号 Specification	13. 单位 Unit	14. 数量 Quantity	15. 单价(USD) Unit Price	16. 总值(USD) Amount	17. 总值折美元 Amount in USD
18. 总计 Total					

20. 初审意见 First Review 经办人 Perion in Charge 领导意见 Final Review	19. 备注 Supplementary Details 申请日期 Filing Date

商务部监制本证不得涂改，不得转让

任务二　缮制航空运单

任务导入

　　义乌市国际陆港集团有限公司单证员王芳委托义乌阳明货运代理有限公司办理出口货物航空运输手续，取得航空运单。那么，航空货物运输业务程序是怎样的？办理航空货物运输需要提供哪些单据？国际空运委托书如何缮制？航空运单的定义是什么？如何缮制航空运单？

任务资讯

一、航空货物运输业务程序

办理航空货物运输业务的程序如图7-2所示。

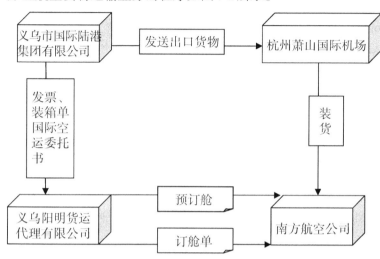

■ 缮制空运委托书

图7-2　航空货物运输业务流程

二、国际空运委托书的缮制要点

国际空运委托书是货主委托货代公司承办航空货运出口货物的依据，是一份法律文书。国际空运委托书没有固定格式，各航空公司委托书的内容大致相同。国际空运委托书是由托运人用英文填写并签章，香港地区除货名外可用中文。其要点及缮制方法如下。

始发站(airport departure)一栏，填写货物始发站机场的英文名称，不得简写或使用代码。

到达站(airport of destination)一栏，填写货物目的地机场的英文名称，不得简写或使用代码。如有必要，填写机场所属国家、州或城市的全称。

供承运人用(for carrier only)一栏，留空，由承运人根据需要填写。

路线及到达站(routing and destination)一栏，留空。

航班/日期(flight/day)一栏，填写托运人事先预订的航班/日期。

收货人姓名及地址(consignee's name and address)一栏，填写收货人的全称、地址，包括邮政编码和电话号码。此栏不能填写"to order"字样。

另行通知(also notify)一栏，填写same as consignee。

托运人账号(shipper's account number)一栏，如果承运人需要，可填写托运人账号。

托运人姓名及地址(shipper's name and address)一栏，填写托运人的全称、地址，包括邮政编码和电话号码。

托运人声明的价值(shipper's declared value)一栏，填写托运人向承运人办理货物声明价值的金额。托运人未办理货物声明价值，必须填写"NVD"(no value declared)字样。

运费(charges)一栏，填写托运人支付货物运费的方式等内容，例如freight prepaid(运费已付)或freight to collect(运费到付)。

保险金额(amount of insurance)一栏，留空，由中国民航部代理国际货物的保险业务机构填写。

随附文件(documents to accompany air waybill)一栏，填写托运人交承运人随同货物运输的有关文件的名称，例如商业发票、装箱单等。

供运输用(for carriage)一栏，留空。

供海关用(for customs)一栏，留空。

件数(no. of packages)一栏，填写货物的包装件数，如果使用不同的货物运价种类，应分别填写，并注明总件数。

实际毛重(actual gross weight)一栏，填写货物的总毛重。

运价类别(rate class)一栏，填写所使用的货物运价种类代号。例如，m代表起码运费，n代表45千克以下普通货物运价，g代表45千克以上普通货物运价。

收费重量(chargeable weight)一栏，留空。

离岸(rate charge)一栏，留空。

货物名称及重量(包括体积或尺寸)(nature and quantity of goods [including dimensions of volume])一栏，填写具体货物名称与重量。货名不得用统称，危险品应填写其标准学术名称；外包装要注明尺寸或体积，按长×宽×高的顺序填写。

在货物不能交于收货人时，托运人指示的处理方法(shipper's instructions in case of inability to deliver shipment as consigned)一栏，托运人根据需要做出指示。

处理情况(包括包装方式、货物标志及号码等)(handling information [including method of packing, identifying marks, numbers, etc.])一栏，填写货物在运输、中转、装卸货仓储时需要注意的事项，如货物的包装形式、标志、名称、货物外包装所用的材料，并注明数量和包装种类。

托运人签字、日期(signature of shipper, date)一栏，由托运人或其代理人签字或盖章，并填写托运货物的日期。

经收人、日期(agent, date)一栏，由承运人或其代理人的经办人签字，并填写日期。

三、航空运单

航空运单(air waybill)，是承运人与托运人之间签订的运输契约，也是承运人或其代理人签发的货物收据。航空运单还可作为核收运费的依据和海关查验放行的基本单据。但航空运单不是代表航空公司的提货通知单。在航空运单的收货人栏内，必须详细填写收货人的全称和地址，而不能做成指示性抬头。

航空运单根据签发人的不同可分为主运单和分运单。主运单是由航空公司签发的，分运单是由航空货运代理公司签发的，两者在法律效力上基本相同。

对于需要航空运输的货物，必须由托运人首先填制国际货物托运书，然后由航空公司凭此托运书填制航空运单。我国的航空运单是由航空公司或其代理签发的。按照国际惯例，航空运单共有正本一式3份：第一份正本交托运人向银行结汇，上面注明"original—for the shipper"；第二份正本由航空公司留存，上面注明"original—for the issuing carrier"；第三份正本由航空公司随机交收货人，上面注明"original—for the consignee"。其余副本则分别注明"for airport of destination""for second carrier""delivery receipt""extra copy"等，由航空公司根据需要分发。

四、航空运单的缮制要点

不同的航空公司使用的航空运单的格式不尽相同，但内容却基本一致，主要包括以下各项。

■ 缮制航空运单

航空公司的名称(name)一栏，印有航空公司的全称及简称，如样单上航空公司全称为The Civil Aviation Administration of China，简称为CAAC。此外，还印有不可协商(not negotiable)字样，明确表示航空运单是不可转让的。

航空运单的号码(air waybill number)一栏，一般前3位数字是航空公司的代号，如中国民航代号是999，南方航空公司代号是784，后面是航空公司对承运货物的单据编号。

托运人的名称和地址(shipper's name and address)一栏，在电汇方式下，填写合同卖方的名称和地址。

收货人的名称和地址(consignee's name and address)一栏，必须填写收货人的全称和详细地址，不得做成指示式抬头(to order)。为了保证出口商的利益，签约时最好以开证银行为收货人，以防进口商在提走货物后，却以单据有问题为借口而拒绝或拖延付款。在电汇方式下，在事先征得代收银行同意的前提下，可以以代收银行为收货人。

承运代理人的名称和地点(issuing carrier's agent name and city)一栏，由承运人填写代理人的"国际空运协会"代号及账号，但无特殊规定，可以不填。

会计事项(accounting information)一栏，一般填托运人账号、信用卡号等。

起运地(airport of departure)一栏，填写飞机起飞机场所在地名称。

目的地(airport of destination)一栏，填写货物运往最终目的地的名称。

航班号及飞行日期(flight/date)一栏，填写时要注意飞行日期不能迟于合同规定的最后装运期。

运费货币及支付方法(currency and payment)一栏，货币(currency)以币制代号表示，如RMB、HKD等；支付方法则要在已印好的"PP＝prepaid(预付)或CC＝collect(到付)"的栏目下面根据实际情况选择一种，然后在空格内打上"×"。

申报价值(declared value for carriage)一栏，填写托运货物的总价值，一般可按发票价填入。如果在航空运输过程中，由航空公司的原因造成货损或灭失时，此栏内容可作为理赔的依据。如认为涉及商业机密，出口商不愿宣布货值，则在此栏内填写"NVD"(no value declared)，表示无申报价值。

处理情况(handling information)一栏，填写包括标记、件号、包装方法、随机文件等事项，也可填写合同对本批货物运输的一些特别要求。

件数(no. of pieces/packages)一栏，填写装运外包装件数。

毛重(gross weight)一栏，填写货物总毛重，一般重量单位以千克(kg)表示。

运价等级(rate class)一栏，填写由航空公司根据货物不同的重量等级制定的不同运价。一般有以下几种运价等级，可用不同的代号表示："M"(minimum charge)代表起码运费；"N"(normal under 45 kg rate)代表45 kg以下普通货物运价；"Q"(quantity over 45 kg rate)代表45 kg以上普通货物运价；"C"(special commodity rate)代表特种商品运价；"R"(reduced class rate less than normal rate)代表折扣运价，即低于45 kg的普通货物运价的等级运价；"S"(surcharged class rate more than normal rate)表示加价运价，即高于45 kg的普通货物运价的等级运价。

品名编号(commodity item no.)一栏，应根据航空公司的类别填写，通常情况下可不填。

计费重量(chargeable weight)一栏，一般按毛重计费，如按起码运价计收运费，则可不填。

费率(rate)一栏，一般按每千克计算。

运费总额(total)一栏，按照运费总额=计费重量(第17栏)×费率(第18栏)计算。

货物品名和数量(nature and quantity of goods)一栏，一般填写商品名称、数量和尺码(指体积或容积)。因无专门的唛头栏目，通常可将唛头打在货物品名之下。

预付运费情况(prepaid freight charge)一栏中：①预付重量运费金额(prepaid weight charge) or (prepaid valuation charge)填写预付运费总额，即第19栏计算出的总额；②预付手续费金额(due carrier)填写由于承运人的需要而发生的费用；③代理费金额(due agent)填写代理费金额；④预付总金额(total prepaid)是预付运费及其他费用的总额，亦即以上各项相加。

到付运费情况(collect freight charge)一栏，填制方法参照"预付运费情况"栏。

托运人关于所装货物非危险品的保证(guarantee)一栏，由托运人盖章。

航空运单的签发地点和日期(executed on [date] at [place])一栏，由承运人填写，必须注意该日期应与飞行日期接近或是同一天，且要早于合同规定的最后装运期。

承运人的签章(signature of issuing carrier or its agent)一栏，航空运单的正本必须经承运人签章后才生效。

任务小结

航空运单与海运提单有很大不同，航空运单不可转让，持有航空运单也并不能说明可以对货物要求所有权。

出口商获取航空运单的方式如下：出口商选择货代公司，填写国际空运委托书，随附发票和装箱单，货代公司根据出口商要求编制预配舱方案，并为每票货物配上运单号向航空公司预订舱位，航空公司按国际空运托运委托书缮制航空运单。

任务解决

王芳根据项目七任务一任务解决的合同(QJDB1150)缮制国际空运委托书，航空公司依据国际空运委托书缮制航空运单如下。

补充资料

航班/日期：HU458/2023.08.19　　毛重：5 kg　净重：3 kg　运费：100 RMB/kg

义乌阳明运输代理有限公司
Yiwu Yangming Express Service Co. Ltd
国际空运委托书
Instruction for Cargo by Air

Ref. No.:

1. 始发站 Airport Departure Hangzhou Xiaoshan		2. 到达站 Airport of Destination Singapore						3. 供承运人用 For Carrier Only	
4. 路线及到达站 Routing and Destination								5. 航班 / 日期 Flight/Day HU458 2023.08.19	
至 To	第一承运人 By First Carrier	至 To	承运人 By	至 To	承运人 By	至 To	承运人 By	已预留吨位 Dooked	
6. 收货人姓名及地址 Consignee's Name and Address Xingang Import & Export Corporation No. 9 Changji South Street Singapore								11. 运费：现金 Charges	
7. 另行通知 Also Notify SAME AS CONSIGNEE									
8. 托运人账号 Shipper's Account Number		9. 托运人姓名及地址 Shipper's Name & Address						International Land Port Group 588 Airport Road, Yiwu City, Zhejiang Province, China	
10. 托运人声明的价值 Shipper's Declared Value NVD		12. 保险金额 Amount of Insurance		13. 随附文件 Documents to Accompany Air Waybill 发票、装箱单					
14. 供运输用 For Carriage		15. 供海关用 For Customs							

16. 件数 No. of Packages	17. 实际毛重 Actual Gross Weight (kg)	18. 运价类别 Rate Class	19. 收费重量 Chargeable Weight	20. 离岸 Rate Charge	21. 货物名称及重量 (包括体积 或尺寸) Nature and Quantity of Goods (Incl. Dimensions of Volume)
12 Boxes	5	N			Platinum Necklace 5 KGS

22. 在货物不能交于收货人时，托运人指示的处理方法
Shipper's Instructions in Case of Inability to Deliver Shipment as Consigned

23. 处理情况 (包括包装方式、货物标志及号码等)
Handling Information (Incl. Method of Packing, Identifying Marks, Numbers, etc.)

托运人证实以上所填全部属实并愿遵守托运人的一切载运章程。
The shipper certifies that the particulars on the face hereof are correct and agrees to the conditions of carriage of the carrier.

24. 托运人签字：王芳 Signature of Shipper	日期：2023/08/10 Date	25. 经收人：李利 Agent	日期：2023/08/10 Date

航空运单

3. Shipper's Name and Address International Land Port Group 588 Airport Road, Yiwu City, Zhejiang Province, China	2. Shipper's Account Number No.78425869	1. Not Negotiable 中国民航 CAAC Air Waybill (Air Consignment Note) Issued by China Southern Airlines Company Limited Guangzhou China
4. Consignee's Name and Address Xingang Import & Export Corporation No. 9 Changji South Street Singapore	Consignee's Account Number	
5. Issuing Carrier's Agent Name and City		
Agent's IATA Code　　　Account No.		6. Accounting Information
7. Airport of Departure Hangzhou International Airport		

To	By First Carrier	10. Currency and Payment RMB	Charge		11. Declared Value for Carriage NVD	Declared Value for Customs
			PPD	COLL		

8. Airport of Destination Singapore	9. Flight/Date HU458 2023/08/19	Amount of Insurance

12. Handling Information

13. No. of Pieces	14. Gross Weight	15. Rate Class	16. Commodity Item No.	17. Chargeable Weight	18. Rate	19. Total	20. Nature and Quantity of Goods (Incl. Dimensions or Volume)
12	5 KGS	N		5 KGS	100	500	Platinum Necklace PT31046 Xingang/QJDB1150/ Singapore/C/No.1-up

21. Prepaid Freight Charge 22. Collect Freight Charge 500 RMB	23. (Guarantee)
(1) Prepaid Valuation Charge	
(2) Due Carrier	
(3) Due Agent	
(4) Total Other Charges	Signature of Shipper or His Agent

Total Prepaid	Total Collect	24. Executed on (Date) at (Place) _____ 25. Signature of Issuing Carrier or Its Agent

任务实训

请根据项目七任务一任务实训的合同(YD-HEM1315)及以下补充资料缮制国际空运委托书及航空运单。

补充资料

航班／日期：HU489/2023.02.17

运费：10 RMB/kg Gross Weight for Net Weight

义乌阳明运输代理有限公司
Yiwu Yangming Express Service Co. Ltd

国际空运委托书
Instruction for Cargo by Air   Ref. No.:

1. 始发站 Airport Departure				2. 到达站 Airport of Destination				3. 供承运人用 For Carrier Only
4. 路线及到达站 Routing and Destination								5. 航班／日期 Flight/Day
至 To	第一承运人 By First Carrier	至 To	承运人 By	至 To	承运人 By	至 To	承运人 By	已预留吨位 Dooked
6. 收货人姓名及地址 Consignee's Name and Address								11. 运费 Charges
7. 另行通知 Also Notify								
8. 托运人账号 Shipper's Account Number			9. 托运人姓名及地址 Shipper's Name & Address					
10. 托运人声明的价值 Shipper's Declared Value			12. 保险金额 Amount of Insurance		13. 随附文件 Documents to Accompany Air Waybill			
14. 供运输用 For Carriage	15. 供海关用 For Customs							

16. 件数 No. of Packages	17. 实际毛重 Actual Gross Weight (kg)	18. 运价类别 Rate Class	19. 收费重量 Chargeable Weight	20. 离岸 Rate Charge	21. 货物名称及重量（包括体积或尺寸） Nature and Quantity of Goods (Incl. Dimensions of Volume)

22. 在货物不能交于收货人时，托运人指示的处理方法
Shipper's Instructions in Case of Inability to Deliver Shipment as Consigned

23. 处理情况（包括包装方式、货物标志及号码等）
Handling Information (Incl. Method of Packing, Identifying Marks, Numbers, etc.)

托运人证实以上所填全部属实并愿遵守托运人的一切载运章程。
The shipper certifies that the particulars on the face hereof are correct and agrees to the conditions of carriage of the carrier.

24. 托运人签字 Signature of Shipper	日期 Date	25. 经收人 Agent	日期 Date

航空运单

3. Shipper's Name and Address	2. Shipper's Account Number	1. Not Negotiable 中国民航 CAAC Air Waybill (Air Consignment Note) Issued by China Southern Airlines Company Limited Guangzhou China
4. Consignee's Name and Address	Consignee's Account Number	

5. Issuing Carrier's Agent Name and City		6. Accounting Information
Agent's IATA Code	Account No.	
7. Airport of Departure		

To	By First Carrier	10. Currency and Payment	Charge		11. Declared Value for Carriage NVD	Declared Value for Customs
			PPD	COLL		
8. Airport of Destination		9. Flight/Date			Amount of Insurance	

12. Handling Information

13. No. of Pieces	14. Gross Weight	15. Rate Class	16. Commodity Item No.	17. Chargeable Weight	18. Rate	19. Total	20. Nature and Quantity of Goods (Incl. Dimensions or Volume)

21. Prepaid Freight Charge 22. Collect Freight Charge	23. (Guarantee)
(1) Prepaid Valuation Charge	
(2) Due Carrier	
(3) Due Agent	
(4) Total Other Charges	Signature of Shipper or His Agent

Total Prepaid	Total Collect	24. Executed on (Date) at (Place) _____ 25. Signature of Issuing Carrier or Its Agent

任务三　汇付方式下综合制单

任务导入

　　王芳根据汇付业务的交易流程，逐步做好了航空货运、报关报检等各项工作，货物顺利托运。接下来，王芳全力整理、制作汇付时需要提交的各种单据。那么，汇付的使用流程是怎样的？汇付时，出口商需要向进口商提交哪些单据？

任务资讯

一、汇付的定义及当事人

　　汇付(remittance)又称汇款，指债务人或付款人通过银行或其他途径将款项汇交债权人或收款人的结算方式。在汇付业务中，通常有四个当事人：汇款人、收款人、汇出行和汇入行。汇款人(remitter)即付款人，在国际贸易结算中通常是进口商；收款人(payee)通常是出口商；汇出行(remitting bank)是接受汇款人的委托或申请，汇出款项的

■ 汇付方式下综合制单

银行，通常是进口商所在地的银行；汇入行(receiving bank)，又称解付行(paying bank)，是接受汇出行的委托解付款项的银行，汇入行通常是汇出行在收款人所在地的代理行。

二、汇付的种类

　　按照使用的支付工具不同，汇付可分为电汇、信汇和票汇三种。

　　电汇(telegraphic transfer，T/T)，是指汇出行应汇款人的申请，采用电传、SWIFT等电信手段将电汇付款委托书给汇入行，指示解付一定金额给收款人的一种汇款方式。电汇方式的优点是收款人可迅速收到汇款，但费用较高。

　　信汇(mail transfer，M/T)，是指汇出行应汇款人的申请，将信汇付款条件委托书寄给汇入行，授权解付一定金额给收款人的一种汇款方式。信汇方式的优点是费用较为低廉，但收款人收到汇款的时间较迟。图7-3显示了电汇/信汇流程。

　　票汇(demand draft，D/D)，是由汇出行根据汇款人的申请，开立以账户行或代理行为解付行的银行即期汇票，交由汇款人自行寄送给收款人或亲自携带出境，由持票人凭票取款的一种汇款方式。图7-4显示了票汇流程。

图7-3 电汇和信汇流程

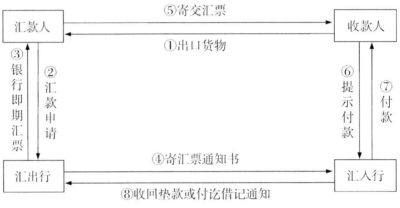

图7-4 票汇流程

任务小结

电汇方式下，出口商制作结汇单据的主要依据是合同。

电汇方式下综合制单的步骤为：①熟悉买卖合同的内容；②按照买卖合同的要求，收集、整理、制作结汇单据。

任务解决

王芳根据项目七任务一任务解决的合同(QJDB1150)缮制商业发票、装箱单如下。

补充资料

发票号码：QJDBCI1150

发票日期：2023年8月5日

体积：0.2 m³

装箱单日期：2023年8月8日

开户银行：中国银行义乌分行

商业发票
Commercial Invoice

1. 出口商 Exporter International Land Port Group 588 Airport Road, Yiwu City, Zhejiang Province, China	4. 发票日期和发票号 Invoice Date and No. Aug. 5, 2023　　QJDBCI1150	
	5. 合同号 Contract No. QJDB1150	6. 信用证号 L/C No.
2. 进口商 Importer Xingang Import & Export Corporation No. 9 Changji South Street, Singapore	7. 原产地 / 国 Country/Region of Origin China	
	8. 贸易方式 Trade Mode Ordinary Trade	
3. 运输事项 Transport Details From Hangzhou International Airport to Singapore Airport By Air	9. 交货和付款条款 Terms of Delivery and Payment Not Later Than Aug. 31, 2023 By T/T	

10. 运输标志和集装箱号 Shipping Marks; Container No.	11. 包装类型及件数；商品编码；商品描述 Number and Kind of Packages; Commodity No.; Commodity Description	12. 数量 Quantity	13. 单价 Unit Price	14. 金额 Amount
Xingang QJDB1150 Singapore 7113192548 C/No.1-up	12 Strings Each String Packed in One Box Platinum Necklace PT31046	CIP Singapore 2 Strings	USD770.00	USD9,240.00

15. 总值 (用数字和文字表示) Total Amount (In Figure and Words)
SAY US DOLLARS NINE THOUSAND TWO HUNDRED AND FORTY ONLY.

自由处置区	16. 出口商签章 Exporter Stamp and Signature International Land Port Group 王某某

装箱单
Packing List

1. 出口商 Exporter International Land Port Group 588 Airport Road, Yiwu City	3. 装箱单日期 Packing List Date Aug. 5, 2023				
2. 进口商 Importer Xingang Import & Export Corporation No. 9 Changji South Street Singapore	4. 合同号 Contract No. QJDB1150		5. 信用证号 L/C No.		
	6. 发票日期和发票号 Invoice Date and No. Aug. 5, 2023 QJDBCI1150				
7. 运输标志和集装箱号 Shipping Marks; Container No.	8. 包装类型及件数；商品编码；商品描述 Number and Kind of Packages; Commodity No.; Commodity Description	9. 毛重 kg Gross Weight	10. 净重 kg Net Weight	11. 体积 m³ Cube	
Xingang QJDB1150 Singapore 7113192548 C/No.1-up	12 Strings Each String Packed in One Box Platinum Necklace PT31046	5	3	0.2	
自由处置区	12. 出口商签章 Exporter Stamp and Signature International Land Port Group 王某某				

任务实训

请根据项目七任务一任务实训的合同(YD-HEM1315)及以下补充资料缮制商业发票、装箱单。

补充资料

发票号码：YD-HEMCI1315

发票日期：2023年2月10日

体积：2 m³

装箱单日期：2023年2月12日

开户银行：中国银行义乌分行

商业发票
Commercial Invoice

1. 出口商 Exporter	4. 发票日期和发票号 Invoice Date and No.		
	5. 合同号 Contract No.	6. 信用证号 L/C No.	
2. 进口商 Importer	7. 原产地 / 国 Country/Region of Origin		
	8. 贸易方式 Trade Mode		
3. 运输事项 Transport Details	9. 交货和付款条款 Terms of Delivery and Payment		

10. 运输标志和集装箱号 Shipping Marks; Container No.	11. 包装类型及件数；商品编码；商品描述 Number and Kind of Packages; Commodity No.; Commodity Description	12. 数量 Quantity	13. 单价 Unit Price	14. 金额 Amount

15. 总值 (用数字和文字表示) Total Amount (In Figure and Words)

自由处置区	16. 出口商签章 Exporter Stamp and Signature

装箱单
Packing List

1. 出口商 Exporter	3. 装箱单日期 Packing List Date	
	4. 合同号 Contract No.	5. 信用证号 L/C No.
2. 进口商 Importer	6. 发票日期和发票号 Invoice Date and No.	

7. 运输标志和集装箱号 Shipping Marks; Container No.	8. 包装类型及件数；商品编码；商品描述 Number and Kind of Packages; Commodity No.; Commodity Description	9. 毛重 kg Gross Weight	10. 净重 kg Net Weight	11. 体积 m^3 Cube
自由处置区	12. 出口商签章 Exporter Stamp and Signature			

任务小结

被国家列入出口许可证管理范围的货物，出口商应该在货物装运前3日向当地商务主管部门申请出口许可证，商务部门在收到出口许可证申请表、商业发票、合同等材料审核无误后，3日内签发出口许可证。

航空货物运输业务较海洋货物运输业务简单，出口商选择货代公司，填写国际托运委托书，随附发票和装箱单，货代公司根据出口商要求编制预配舱方案，并为每票货物配上运单号向航空公司预订舱位，航空公司按国际货物托运委托书缮制航空运单。航空运单与海运提单有很大不同，航空运单不可转让，持有航空运单也并不能说明可以对货物要求所有权。

项目测试

2023年2月份义乌市国际陆港集团有限公司与美国New York Import & Export Corporation就维生素C (Vitamin C)货号258进行往来函电磋商，经双方共同努力，最终达成交易，签订如下合同。经查，维生素C被国家列入出口许可证管理目录，义乌市国际陆港集团有限公司需要向商务部驻杭州特派员办事处申请出口许可证。请根据以下合同及补充资料缮制汇付、空运方式下的商业发票、装箱单、出口许可证申请表、国际托运委托书、航空运单。

补充资料

航班/日期：HU549/2023年3月19日

毛重：68 kg

净重：65 kg

体积：0.2 m^3

运费：10 RMB/kg

商品编码：29141100

商业发票号码：YD-HEM1325

发票日期：2023年3月7日

装箱单日期：2023年3月8日

Sales Confirmation

S/C No.: YD-HEM1325

Date: Feb. 5, 2023

(1) The Seller: International Land Port Group

Address: 588 Airport Road, Yiwu City, Zhejiang Province, China

(2) The Buyer: New York Import & Export Corporation

Address: No. 2 The Fifth Avenue, New York, United States of America

(3) Commodity & Specifications	(4) Unit	(5) Quantity	(6) Unit Price (USD)	(7) Amount (USD)
Vitamin C			CIP New York	
1,200 MG×100 PCS	Bottle	1,500	15.00	22,500.00
Total: USD22,500.00				

(8) Total Contract Value: SAY US DOLLARS TWENTY-TWO THOUSAND FIVE HUNDRED ONLY.

(9) Packing: Each 10 bottles packed in one carton. Total 150 cartons

(10) Airport Departure: Hangzhou International Airport

(11) Airport of Destination: New York Airport

(12) Time of Shipment: Not later than Mar. 31, 2023

Shipping Marks: Yuanda/YD-HEM1325/Newyork/C/No.1-up

(13) Payment: The Buyer shall pay 100% of the sales proceeds in advance by T/T to reach the Seller not later than Mar. 15, 2023

(14) Insurance: To be covered by the Seller for 110% of total invoice value against All Risks subject to relevant ocean marine cargo of The People's Insurance Company of China dated Jan. 1, 1981

Confirmed By:

The Seller

International Land Port Group

王某某

The Buyer

New York Import & Export Corporation

Danny

Please sign and return one copy for our file

商业发票
Commercial Invoice

1. 出口商 Exporter	4. 发票日期和发票号 Invoice Date and No.				
	5. 合同号 Contract No.	6. 信用证号 L/C No.			
2. 进口商 Importer	7. 原产地 / 国 Country/Region of Origin				
	8. 贸易方式 Trade Mode				
3. 运输事项 Transport Details	9. 交货和付款条款 Terms of Delivery and Payment				
10. 运输标志和集装箱号 Shipping Marks; Container No.	11. 包装类型及件数；商品编码；商品描述 Number and Kind of Packages; Commodity No.; Commodity Description	12. 数量 Quantity	13. 单价 Unit Price	14. 金额 Amount	

15. 总值 (用数字和文字表示) Total Amount (In Figure and Words)	
自由处置区	16. 出口商签章 Exporter Stamp and Signature

装箱单
Packing List

1. 出口商 Exporter	3. 装箱单日期 Packing List Date				
2. 进口商 Importer	4. 合同号 Contract No.	5. 信用证号 L/C No.			
	6. 发票日期和发票号 Invoice Date and No.				
7. 运输标志和集装箱号 Shipping Marks; Container No.	8. 包装类型及件数；商品编码；商品描述 Number and Kind of Packages; Commodity No.; Commodity Description	9. 毛重 kg Gross Weight	10. 净重 kg Net Weight	11. 体积 m^3 Cube	
自由处置区	12. 出口商签章 Exporter Stamp and Signature				

中华人民共和国出口货物许可证申请表

1. 出口商 Exporter				3. 出口许可证号 Export License No.		
2. 发货单位 Consignor				4. 出口许可证有效截止期：至 年 月 日止 Export License Expiry Date		
5. 贸易方式 Terms of Trade				8. 进口国家（地区） Country/Region of Purchase		
6. 合同号 Contract No.				9. 支付方式 Terms of Payment		
7. 报关口岸 Port of Shipment				10. 运输方式 Means of Transport		
11. 商品名称 Description of Goods				商品编码 Code of Goods		
12. 规格、型号 Specification	13. 单位 Unit	14. 数量 Quantity	15. 单价 (USD) Unit Price	16. 总值 (USD) Amount	17. 总值折美元 Amount in USD	
18. 总计 Total						
初审意见 First Review 经办人 Person in Charge				19. 备注 Supplementary Details		
领导意见 Final Review				申请日期 Filing Date		

商务部监制本证不得涂改，不得转让

义乌阳明运输代理有限公司
Yiwu Yangming Express Service Co. Ltd
国际空运委托书
Instruction for Cargo by Air   Ref. No.:

1. 始发站 Airport Departure	2. 到达站 Airport of Destination						3. 供承运人用 For Carrier Only	
4. 路线及到达站 Routing and Destination							5. 航班/日期 Flight/Day	
至 To	第一承运人 By First Carrier	至 To	承运人 By	至 To	承运人 By	至 To	承运人 By	已预留吨位 Dooked
6. 收货人姓名及地址 Consignee's Name and Address							11. 运费 Charges	
7. 另行通知 Also Notify								
8. 托运人账号 Shipper's Account Number		9. 托运人姓名及地址 Shipper's Name & Address						
10. 托运人声明的价值 Shipper's Declared Value		12. 保险金额 Amount of Insurance		13. 随附文件 Documents to Accompany Air Waybill				
14. 供运输用 For Carriage	15. 供海关用 For Customs							

16. 件数 No. of Packages	17. 实际毛重 Actual Gross Weight (kg)	18. 运价类别 Rate Class	19. 收费重量 Chargeable Weight	20. 离岸 Rate Charge	21. 货物名称及重量 (包括体积或尺寸) Nature and Quantity of Goods (Incl. Dimensions of Volume)

22. 在货物不能交于收货人时，托运人指示的处理方法
Shipper's Instructions in Case of Inability to Deliver Shipment as Consigned

23. 处理情况 (包括包装方式、货物标志及号码等)
Handling Information (Incl. Method of Packing, Identifying Marks, Numbers, etc.)

托运人证实以上所填全部属实并愿遵守托运人的一切载运章程。
The shipper certifies that the particulars on the face hereof are correct and agrees to the conditions of carriage of the carrier.

24. 托运人签字 Signature of Shipper	日期 Date	25. 经收人 Agent	日期 Date

航空运单

3. Shipper's Name and Address	2. Shipper's Account Number	1. Not Negotiable 中国民航 CAAC Air Waybill (Air Consignment Note) Issued by China Southern Airlines Company Limited Guangzhou China
4. Consignee's Name and Address	Consignee's Account Number	

5. Issuing Carrier's Agent Name and City		6. Accounting Information
Agent's IATA Code	Account No.	
7. Airport of Departure		

To	By First Carrier	10. Currency and Payment	Charge		11. Declared Value for Carriage NVD	Declared Value for Customs
			PPD	COLL		
8. Airport of Destination		9. Flight/Date			Amount of Insurance	

12. Handling Information

13. No. of Pieces	14. Gross Weight	15. Rate Class	16. Commodity Item No.	17. Chargeable Weight	18. Rate	19. Total	20. Nature and Quantity of Goods (Incl. Dimensions or Volume)

21. Prepaid Freight Charge 22. Collect Freight Charge	23. (Guarantee)
(1) Prepaid Valuation Charge	
(2) Due Carrier	
(3) Due Agent	
(4) Total Other Charges	Signature of Shipper or His Agent

Total Prepaid	Total Collect	24. Executed on (Date) at (Place) _____ 25. Signature of Issuing Carrier or Its Agent

项目八 出口贸易托收业务——单证缮制

项目导入

2023年3月，义乌市国际陆港集团有限公司签订了一份出口罐头至加拿大的外贸合同(合同号为：QJDB1226)。由于王芳在公司这段时间勤奋好学，踏实肯干，经理决定将该笔业务交给王芳来独立完成。

王芳仔细研究了合同条款，发现该笔交易是以托收方式支付货款，这与之前跟着师傅学习的信用证支付业务有些区别，主要是委托银行收款时汇票的缮制不同，但整个交易流程大同小异，王芳对完成此次任务信心满满。那么，王芳该如何熟练制作托收方式下的全套单据呢？

项目目标

学习目标

▶ 了解海关发票的种类及作用；

▶ 熟悉加拿大海关发票的内容及缮制要点；

▶ 熟悉托收方式下的交易流程；

▶ 掌握托收方式下汇票的缮制要点。

技能目标

▶ 能够独立准确地缮制加拿大海关发票；

▶ 能够独立准确地缮制托收方式下的汇票；

▶ 能够熟练制作托收方式下的全套单据。

任务一 缮制海关发票

任务导入

义乌市国际陆港集团有限公司单证员王芳发现合同中要求出口商提供一份单据"Canada Customs Invoice"，这个师傅之前提起过，叫"加拿大海关发票"，但具体如何填制，自己还不是很清楚，于是王芳决定首先攻克这个难关。那么海关发票的种类及作用有哪些？又该如何缮制加拿大海关发票？

任务资讯

一、海关发票概述

海关发票(customs invoice)是根据某些进口国海关的规定，由出口商填制的一种特定格式的发票，它的作用是供进口商凭以向海关办理进口报关、纳税等手续。

■ 缮制海关发票

进口国海关根据海关发票核查进口商品的价值和产地来确定该商品是否可以进口，是否可以享受优惠税率，核查货物在出口国市场的销售价格，以确定出口国是否以低价倾销而征收反倾销税，并据以计算进口商应缴纳的进口税款。因此，对进口商来说，海关发票是一种很重要的单据。

信用证中对于海关发票的常见称呼如下：①customs invoice (海关发票)；②invoice and combined certificate of value and origin (价值与原产地联合证明书)；③appropriate certified customs invoice (合适证明的海关发票)；④signed certificate of value and origin in appropriate form (合适格式的价值与原产地的签名证书)；⑤certified invoice in accordance with ×××(进口国) customs regulations (根据×××国海关法令开具的证实发票)。

目前，要求提供海关发票的主要国家(地区)有：美国、加拿大、澳大利亚、新西兰、牙买加、加勒比共同市场、非洲的一些国家等。

二、加拿大海关发票的缮制要点

各国的海关发票，格式不尽相同，但是内容及制作方法大同小异。现以加拿大海关发票为例，介绍海关发票的填制。

加拿大海关发票，是指销往加拿大的出口货物(食品除外)所使用的海关发票。其栏目用英文、法文两种文字对照(为方便初学者学习，本书只有英文)，内容繁多，要求每个栏目都要填写，不得留空，若不适用或无该项内容，则必须在该栏目内填写"N/A"(即 not applicable)。其主要栏目及缮制方法如下。

卖方的名称与地址(vendor's name and address)一栏，填写出口商的名称及地址，包括城市和国家名称。信用证支付条件下此栏填写受益人名址。

直接运往加拿大的装运日期(date of direct shipment to Canada)一栏，应填写直接运往加拿大的装运日期，此日期应与提单日期相一致。如单据送银行预审，也可请银行按正本提单日期代为加注。

其他参考事项，包括买方订单号码(other references, including purchaser's order no.)一栏，填写有关合同、订单或商业发票号码。

收货人名称及地址(consignee's name and address)一栏，填写加拿大收货人的名称与详细地址。信用证项下一般为信用证的开证人。

买方(purchaser's name and address)一栏，填写实际购货人的名称及地址。如与第四栏的收货人相同，则此栏可打上"same as consignee"。

转运国家(country of transshipment)一栏，应填写转船地点的名称。如在香港转船，可填写"from Shanghai to Vancouver with transshipment at Hong Kong by vessel"。如不转

船，可填"N/A"（即 not applicable）。

生产国别(country of origin of goods)一栏，填写China。补充说明：如果装运的货物中含有不是原产国的原料、零件、部件或材料，本栏填"N/A"，具体情况在第12栏"商品详细描述"中注明。

运输方式及直接运往加拿大的起运地点(transportation: give mode and place of direct shipment to Canada)一栏，只要货物不在国外加工，不论是否转船，均填写起运地和目的地名称以及所用运载工具，如 from Shanghai to Montreal by vessel。

价格条件及支付方式，如销售、寄售、租赁等(conditions of sale and terms of payment, i.e. sale, consignment shipment, leased goods, etc.)一栏，填写价格术语及支付方式，例如 CIF Vancouver D/P at sight 或 CFR Montreal by L/C at sight。

货币名称(currency of settlement)一栏，填写支付货币的名称，须与商业发票使用的货币相一致。例如USD，HKD。

件数(number of packages)一栏，填写该批商品的外包装总件数，例如600 cartons。

商品详细描述(specification of commodities [kind of packages, marks and numbers, general description and characteristics, i.e. grade, quality])一栏，按商业发票相同栏目填写，并将包装情况及唛头填写在此栏(包括种类、唛头和数量、品名和特性，即等级、品质)。

数量(quantity [state unit])一栏，填写商品的具体数量，而不是包装的件数。

单价(unit price)一栏，按商业发票记载的每项单价填写，使用的货币应与信用证和商业发票一致。

总值(total)一栏，按商业发票的总金额填写。

净重及毛重的总数(total weight)一栏，填写总毛重和总净重，应与其他单据的总毛重和总净重相一致。

发票总金额(invoice total)一栏，按商业发票的总金额填写。

如果1～17栏的任何栏的内容包括在随付的商业发票内，请填此栏(If any fields 1 to 17 are included on an attached commercial invoice, check this box)，在方框内填一个"√"记号，并将有关商业发票号填写在横线上。

出口商名称及地址，如并非卖方(exporter's name and address [if other than vendor])一栏，如出口商与第1栏的卖方不是同一名称，则在此栏列入实际出口商名称；而若出口商与第一栏卖方为同一者，则在本栏打上"the same as vendor"。

负责人的姓名及地址(originator's name and address)一栏，填写出口公司名称、地址、负责人名称及签字。

主管当局现行管理条例，如适用者(departmental ruling, if applicable)一栏，这是指加方海关和税务机关对该货进口的有关规定。如有，则在此栏填写，如无，则填"N/A"。

如果23～25三个栏目均不适用(if fields 23 to 25 are not applicable, check this box)，可在方框内打"√"记号。

如果以下金额已包括在第17栏目内(if included in field 17 indicate amount)：

① Transportation charges, expense, and insurance from the place of direct shipment to Canada. 自起运地至加拿大的运费和保险费：可填运费和保险费的总和，允许以支付的原

币填写；若不适用则填"N/A"。

②Costs for construction, erection, and assembly incurred after importation into Canada. 货物进口到加拿大后进行建造、安装及组装而发生的成本费用，按实际情况填列；若不适用，则填"N/A"。

③出口包装费用(export packing)可按实际情况将包装费用金额打上，如无，则填"N/A"。

如果以下金额不包括在第17栏目内(if not included in field 17 indicate amount)则注明，否则就填"N/A"：

①Transportation charges, expenses, and insurance to the place of direct shipment to Canada. 直接运往加拿大的运费和保险费。

②Amount for commission other than buying commissions. 购买佣金以外的佣金。

③Export packing. 出口包装费。

核对check (if applicable)一栏，若适用，则在方格内打"√"记号：

①Royalty payment or subsequent proceeds are paid or payable by the purchaser. 买方已支付的专利费或售后支付的款项。

②The purchaser has supplied goods or services for use in the production of these goods. 买方为这些货物的生产提供的货物或服务。

本栏系补偿贸易、来件、来料加工、装配等贸易方式专用；一般贸易不适用，可在方格内填"N/A"。

任务小结

海关发票是根据某些进口国海关的规定，由出口商填制的一种特定格式的发票。各国对海关发票的称呼不尽相同，但内容及作用大同小异。

填制海关发票的步骤为：①认真阅读合同或信用证相关条款的要求；②完整、准确地制作海关发票。

任务解决

Sales Confirmation

S/C No.: QJDB1226
Date: Apr. 28, 2023

(1) The Seller: International Land Port Group
　　　Address: 588 Airport Road, Yiwu City, Zhejiang Province, China
(2) The Buyer: Wensco Foods Ltd
　　　Address: 191 Green Land Street Well D. Coquitlam, B.C., Canada

(3) Commodity & Specifications	(4) Unit	(5) Quantity	(6) Unit Price (USD)	(7) Amount (USD)
Tropic Isle Canned Mandarin Oranges LS-Whole Segments	CFR Vancouver			
6/2.84 KGS/CTN	CTN	950	11.40	10,830.00

(8) Total Contract Value: SAY US DOLLARS TEN THOUSAND EIGHT HUNDRED AND THIRTY ONLY.

(9) Packing: In plastic bags of 2.84 KGS each then six bags in a carton

(10) Port of Loading & Destination: From Ningbo to Vancouver, B.C., Canada

(11) Time of Shipment: Not later than May 31, 2023

(12) Payment: Upon first presentation the Buyers shall pay against documentary draft drawn by the Sellers at sight. The shipping documents are to be delivered against payment only

(13) Documents Required:

i. Signed commercial invoice in triplicate

ii. Canada customs invoice in quadruplicate fully completed

iii. Full set of clean "On Board" ocean Bill of Lading to the order of shipper marked "Freight Prepaid" and notify the Buyer

Confirmed By:

The Seller

International Land Port Group

王某某

The Buyer

Wensco Foods Ltd

Jack

Please sign and return one copy for our file

王芳根据实际业务情况，填制加拿大海关发票如下。

补充资料

Invoice No.: WC12016

Invoice Date: May 6, 2023

Ocean Vessel: Chengfeng V.606

B/L No.: 00NB23

B/L Date: May 28, 2023

Gross W.T.: 17,138 kg

Net W.T.: 16,188 kg

Measurement: 18.365 m^3

Canada Customs Invoice

		Page of

1. Vendor's Name and Address	2. Date of Direct Shipment to Canada	
International Land Port Group 588 Airport Road, Yiwu City, Zhejiang Province, China	May 20, 2023	
	3. Other References (Including Purchaser's Order No.) S/C No.: QJDB1226	

4. Consignee's Name and Address	5. Purchaser's Name and Address (if other than Consignee)	
Wensco Foods Ltd 1191 Green Land Street Well D. Coquitlam, B.C., Canada	Same as Consignee	
	6. Country of Transshipment	
	N/A	
	7. Country of Origin of Goods China	If shipment includes goods of different origins enter origins against items in 12

8. Transportation: Give Mode and Place of Direct Shipment to Canada	9. Conditions of Sale and Terms of Payment (i.e. Sale Consignment Shipment, Leased Goods, etc.)
From Ningbo to Vancouver, B.C., Canada	CFR Vancouver D/P at Sight
	10. Currency of Settlement
	USD

11. No. of Packages	12. Specification of Commodities (Kind of Packages, Marks, and Numbers, General Description and Characteristics, i.e. Grade, Quality)	13. Quantity (State Unit)	Selling Price	
			14. Unit Price	15. Total
950 Cartons	Tropic Isle Canned Mandarin Oranges LS-Whole Segments 6/2.84 KGS/CTN	950 CTNS	USD11.40	USD10,830.00

18. If Any Fields 1 to 17 Are Included on an Attached Commercial Invoice, Check This Box ☐	16. Total Weight		17. Invoice Total
	Net 16,188 KGS	Gross 17,138 KGS	USD10,830.00

19. Exporter's Name and Address (If Other than Vendor)	20. Originator's Name and Address
Same as Vendor	International Land Port Group 588 Airport Road, Yiwu City, Zhejiang Province, China

21. Departmental Ruling (If Applicable)	22. If Fields 23 to 25 Are Not Applicable, Check This Box ☐
N/A	

23. If Included in Field 17 Indicate Amount	24. If Not Included in Field 17 Indicate Amount	25. Check (If Applicable)
i. Transportation charges, expenses, and insurance from the place of direct shipment to Canada USD1,500 ii. Costs for construction, erection, and assembly incurred after importation into Canada iii. Export packing	i. Transportation charges, expenses, and insurance to the place of direct shipment to Canada ii. Amount for commissions other than buying commissions iii. Export packing	i. Royalty payments or subsequent proceeds are paid or payable by the purchaser ☐ ii. The purchaser has supplied goods or services for use in the production of these goods ☐

任务实训

请根据以下合同内容填制加拿大海关发票。

Sales Confirmation

S/C No.: E12SG121
Date: Dec. 20, 2022

(1) The Seller: International Land Port Group

Address: 588 Airport Road, Yiwu City, Zhejiang Province, China

(2) The Buyer: Sam Flower Ltd

Address:1001 Green Land Street Well D. Coquitlam, B.C., Canada

We hereby confirm having sold to you the following goods on terms and conditions as set forth below:

(3) Article No.	(4) Commodity & Specifications	(5) Quantity (PCS)	(6) Unit Price (USD)	(7) Amount (USD)
Wooden Flower Stands And Wooden Flower Pots			CFR Vancouver	
068-1	Flower Pots	600	5.00	3,000.00
004a	Flower Stands	350	8.90	3,115.00
	Total:	950		6,115.00

(8) Total Amount: SAY US DOLLARS SIX THOUSAND ONE HUNDRED AND FIFTEEN ONLY. With 5% more or less in quantity and amount allowed at Seller's option.

(9) Packing: Into one twenty feet full container load

(10) Shipping Marks: As per Seller's option

(11) Port of Loading & Destination: From Shanghai to Vancouver by sea

(12) Delivery Date: On or before Feb.14, 2023

(13) Payment Terms: The Buyers shall duly accept the documentary draft by the Sellers at 30 days sight upon first presentation and make payment on its maturity. The shipping documents are to be delivered against payment only

(14) Documents Required:

i. Commercial invoice in quadruplicate all stamped and signed by beneficiary certifying that the goods are of Chinese origin

ii. Canada customs invoice in quadruplicate fully completed

iii. Full set of clean on board Bill of Lading made out to order of shipper and blank endorsed, marked freight prepaid and notify the Buyer

iv. Packing list in triplicate

v. Certificate stamped and signed by beneficiary stating that the original invoice and packing list have been sent to applicant by courier service 2 days before shipment

Confirmed By:

The Seller
International Land Port Group
王某某

The Buyer
Sam Flower Ltd
Sam

补充资料
提单日期: 2023 年 2 月 10 日

068-1 Flower Pots   毛重：8,500 kg   净重：800 kg   总体积：11 m³。
004a Flower Stands   毛重：8,000 kg   净重：7300 kg   总体积：13 m³。

Canada Customs Invoice

	Page of

1. Vendor's Name and Address	2. Date of Direct Shipment to Canada
	3. Other References (Including Purchaser's Order No.)
4. Consignee's Name and Address	5. Purchaser's Name and Address (if other than Consignee)
	6. Country of Transshipment
	7. Country of Origin of Goods / If shipment includes goods of different origins enter origins against items in 12
8. Transportation: Give Mode and Place of Direct Shipment to Canada	9. Conditions of Sale and Terms of Payment (i.e. Sale Consignment Shipment, Leased Goods, etc.)
	10. Currency of Settlement

11. No. of Packages	12. Specification of Commodities (Kind of Packages, Marks, and Numbers, General Description and Characteristics, i.e. Grade, Quality)	13. Quantity (State Unit)	Selling Price	
			14. Unit Price	15. Total

18. If Any Fields 1 to 17 Are Included on an Attached Commercial Invoice, Check This Box	□	16. Total Weight		17. Invoice Total
		Net	Gross	

19. Exporter's Name and Address (If Other than Vendor)	20. Originator's Name and Address

21. Departmental Ruling (If Applicable)	22. If Fields 23 to 25 Are Not Applicable, Check This Box □

23. If Included in Field 17 Indicate Amount	24. If Not Included in Field 17 Indicate Amount	25. Check (If Applicable)
i. Transportation charges, expenses, and insurance from the place of direct shipment to Canada USD1,500	i. Transportation charges, expenses, and insurance to the place of direct shipment to Canada	i. Royalty payments or sub- sequent proceeds are paid or payable by the purchaser □
ii. Costs for construction, erection, and assembly incurred after importation into Canada	ii. Amount for commissions other than buying commissions	ii. The purchaser has supplied goods or services for use in the production of these goods □
iii. Export packing	iii. Export packing	

任务二　托收方式下综合制单

任务导入

　　王芳根据托收方式的交易流程，逐步做好了租船订舱、报关报检等各项工作，货物顺利托运。接下来，王芳全力整理、制作托收时需要提交的各种单据。那么，托收的业务流程是什么？托收时，出口商需要向银行提交哪些单据？

任务资讯

一、托收的基本概念

(一)托收的含义

■ 托收方式下综合制单

　　按照《托收统一规则》国际商会第522号出版物(URC 522)第2条的规定：托收是指由接到托收指示的银行根据所收到的指示处理金融单据及/或商业单据以便取得付款或承兑，或凭付款或承兑交出商业单据，或凭其他付款或条件交出单据。简言之，托收是指债权人(出口商)出具债权凭证(汇票、本票、支票等)委托银行向债务人(进口商)收取货款的一种支付方式。

(二)托收方式的当事人

　　托收方式包括以下当事人：委托人、托收行、代收行和付款人。

　　委托人(principal)，是指委托银行办理托收业务的客户，即开出汇票(或不开汇票)委托银行向国外付款人收款的出票人(drawer)，通常是出口商。

　　托收行(remitting bank)，是指接受委托人的委托转托国外银行向国外付款人代为收款的银行，通常为出口商所在地的银行。

　　代收行(collecting bank)，是指接受托收行的委托代向付款人收款的银行，通常为进口商所在地的银行。

　　付款人(payer)，即汇票的受票人(drawee)，通常为进口商。

二、托收业务流程

　　托收根据所使用汇票的不同，可分为光票托收和跟单托收。在国际贸易中，货款结算使用托收方式时，通常多使用跟单托收。下面将着重介绍跟单托收的业务流程。

(一)光票托收

　　光票托收，指委托人(出口商)委托银行向付款人(进口商)收取款项时使用光票，即不附带任何商业单据；一般仅用于货款尾数、小额货款、贸易从属费用和索赔款的收取。

(二)跟单托收

　　跟单托收，指委托人(出口商)委托银行向付款人(进口商)收取款项时使用跟单汇票或仅用商业单据。跟单托收按交单条件不同，又可分为付款交单和承兑交单。

1. 付款交单(documents against payment，D/P)

根据付款时间的不同，付款交单又可以分为即期付款交单和远期付款交单。

(1) 即期付款交单(documents against payment at sight，D/P at sight)

即期付款交单，指出口商根据合同发货后开具即期汇票连同全套货运单据，委托当地银行通过其在进口地的分行或代理行向进口商提示，进口商见票后立即付款，付款后交出货运单据。其流程如图8-1所示。

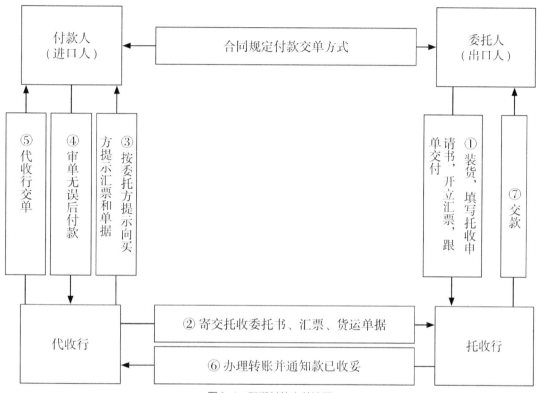

图8-1　即期付款交单流程

对比流程说明如下。

①买卖双方签订合同，在合同中规定采用D/P at sight方式支付货款。

②卖方按合同规定交付货物，取得全套货运单据。填写托收委托书，开立即期汇票，连同全套货运单据交托收行，委托其收取货款。

③托收行按委托书中的规定核实所收到的单据，确定单据表面与委托书所列一致时，托收行将汇票连同全套货运单据，并说明托收委托书上各项指示，寄送它在进口地的分行或代理行，即提示行。

④提示行收到汇票及货运单据后，根据指示向进口商做出即期付款提示。

⑤进口商见票后立即付清全部货款，赎走全套货运单据。

⑥代收行电告或邮告托收行款项已收妥转账。

⑦托收行将货款交给出口商。

(2) 远期付款交单 (documents against payment after sight，D/P after sight)

远期付款交单指出口商根据合同发货后开具远期汇票连同全套货运单据，委托当地银行通过其在进口地的分行或代理行向进口商提示，进口商审核无误后在汇票上进行承兑，于汇票到期日付清货款领取全套货运单据。其流程如图8-2所示。

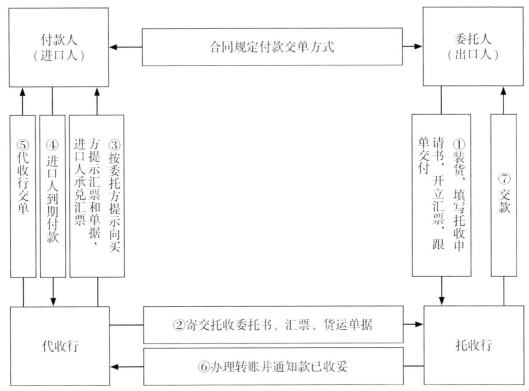

图8-2 远期付款交单流程

本流程的第①、③、⑥和⑦步与即期付款交单流程基本相同，这里仅就第②、④、⑤三步说明如下。第②步，卖方按合同规定交付货物，取得全套货运单据。填写托收委托书开立远期汇票，连同全套货运单据交托收行，委托其收取货款。第④步，提示行收到汇票及货运单据后，根据指示向进口商作承兑提示。进口商见票后立即进行承兑，提示行收回承兑后的汇票与单据。第⑤步，进口商到期付清全部货款后，赎走全套货运单据。

从以上可以看出，无论是即期付款交单，还是远期付款交单，进口商都必须先付清货款，然后才能取得货运单据。

2. 承兑交单 (documents against acceptance，D/A)

承兑交单即承兑是交单的前提，也就是出口商的交单是以进口商在汇票上承兑为条件的。其基本做法是：出口商根据合同发运货物后开具远期汇票，连同全套货运单据委托银行办理托收，并在托收委托书中明确指示在进口商承兑后即可取走全套货运单据，待汇票到期日履行付款义务。承兑交单方式只适用于远期汇票的托收。承兑交单方式对出口商来说风险很大，其收款的保障依赖进口商的信用，一旦进口商到期因种种原因不付款，出口方可能会遭受到货款两空的损失。实际业务中除特殊情况外，一般不使用这种方式。其流程如图8-3所示。

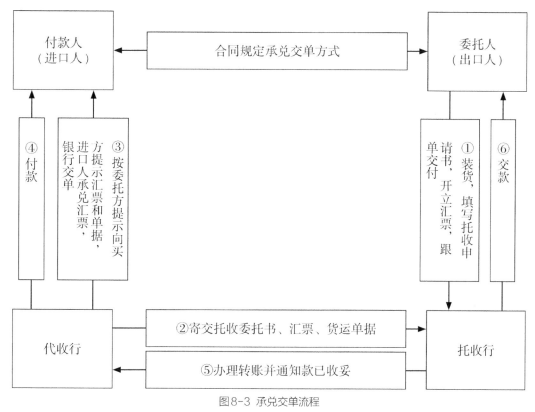

图8-3 承兑交单流程

本流程的第①、②、⑤和⑥步与远期付款交单流程基本相同，这里仅就第③、④两步骤说明如下：第③步，提示行收到汇票及货运单据后，根据指示向进口商作承兑提示。进口商见票后立即进行承兑，提示行在承兑后交单并收回承兑后的汇票。第④步，进口商到期付清全部货款。

三、《托收统一规则》

在托收业务中，银行与委托人之间的关系，往往由于各方对权利、义务和责任的解释有分歧，加上不同银行的具体做法也有差异，从而导致误会、纠纷以至争议。国际商会为了协调各有关当事人在托收业务中发生的矛盾，以利业务的开展，曾于1958年草拟并于1967年作为国际商会第254号出版物公布了《商业单据托收统一规则》(Uniform Rules for Collection of Commercial Paper)，从而在银行托收业务中取得了统一的术语、定义、程序和原则，也使出口商在委托代收货款时有所依循和参考。此后，根据国际贸易的发展，并吸取实践中的经验，国际商会于1978年对该规则做了修订，改名为《托收统一规则》，即国际商会第322号出版物(Uniform Rules for Collections，ICC Publication No. 322)，简称"URC 322"。在URC 322使用了17年以后，根据使用中的情况和问题，国际商会于1995年4月又一次颁布了新的修订本，作为国际商会第522号出版物。最新修订本对国际间的托收程序、技术和法律等方面均有所修改。新规则已被许多国家的银行采纳，并据以处理托收业务中各方的纠纷和争议。我国银行在接受托收业务时，也遵循该规则办理。

《托收统一规则》现行版本国际商会第522号出版物(ICC Publication No. 522)，以下简称"URC 522"，已于1996年1月1日起正式实施，全文共26条，分为总则、托收的形式和结构、提示方式、义务和责任、付款、利息和手续费及其他费用、其他规定共七个部分。以下扼要介绍其主要内容。

①银行必须核实所收到的单据在表面上与托收指示书所列一致。如发现单据遗漏，银行有义务用电信或其他快捷方式通知发出托收指示的一方，但银行并无审单的义务。

②除非事先征得银行同意，货物不应以银行或其指定人为收货人。银行只处理单据而不处理货物或代表货物的合同，银行对跟单托收项下的货物没有义务采取任何行动。

③托收不应含有远期汇票而又同时规定商业单据要在付款后才交付。如果托收含有远期付款的汇票，托收指示书应注明商业单据是凭承兑交单交付款人还是凭付款交单交付款人。如无上述说明，银行只能在受票人付款后，方可将商业单据交出。

④托收遭到拒付，提示行应向托收行发出拒付通知，托收行应在收到此项通知后，对如何处理单据给予相应的指示。如发出拒付通知60天内提示行仍未接到此项指示，可将单据退回托收行，不再负担任何责任。

⑤委托人应受国外法律和惯例规定的义务和责任所约束，并对银行承担该项义务所造成的损失负赔偿责任。

⑥托收指示书中必须注明该托收按《托收统一规则》(URC 522)办理。

必须注意，在托收业务中，有关银行一方面要依照《托收统一规则》，另一方面也要服从托收指示书的内容。当两者的条款有抵触时，应服从托收指示书的规定。因为托收指示书是托收业务的基础，也是确定有关当事人权利和义务的依据。

《托收统一规则》是国际商会制定的仅次于《国际贸易术语解释通则》和《跟单信用证统一惯例》的有重要影响的规则。自公布实施以来，对减少当事人之间在托收业务中的纠纷和争议起了较大作用，很快为各国银行所采用，但由于它只是一项国际惯例，所以，只有在托收指示书中约定按此行事时，才对当事人有约束力。

任务小结

通过上面内容的学习，王芳注意到以下问题。

托收方式下，出口商制作结汇单据的主要依据是合同。

托收方式下综合制单的步骤为：①熟悉买卖合同的内容；②按照买卖合同的要求，收集、整理、制作结汇单据。

任务解决

王芳收集好已有的单据，包括商业发票、加拿大海关发票、海运提单，然后制作了一份汇票，委托中国银行义乌分行代为收款。

商业发票
Commercial Invoice

1. 出口商 Exporter International Land Port Group 588 Airport Road, Yiwu City, Zhejiang Province, China	4. 发票日期和发票号 Invoice Date and No. WC12016 May 6, 2023			
	5. 合同号 Contract No. QJDB1226		6. 信用证号 L/C No.	
2. 进口商 Importer Wensco Foods Ltd 1191 Green Land Street Well D. Coquitlam, B.C., Canada, V3K 5Z7	7. 原产地 / 国 Country/Region of Origin China			
	8. 贸易方式 Trade Mode Ordinary Trade			
3. 运输事项 Transport Details From Ningbo to Vancouver By Vessel	9. 交货和付款条款 Terms of Delivery and Payment Delivery Not Later Than May 31, 2023 D/P at Sight			
10. 运输标志和集装箱号 Shipping Marks; Container No.	11. 包装类型及件数；商品编码；商品描述 Number and Kind of Packages; Commodity No.; Commodity Description	12. 数量 Quantity	13. 单价 Unit Price	14. 金额 Amount
N/M	Tropic Isle Canned Mandarin Oranges LS-Whole Segments 6/2.84 KGS/CTN	950 CTNS	CFR Vancouver USD11.40	USD10,830.00

15. 总值 (用数字和文字表示) Total Amount (In Figure and Words)
SAY US DOLLARS TEN THOUSAND EIGHT HUNDRED AND THIRTY ONLY.

自由处置区	16. 出口商签章 Exporter Stamp and Signature International Land Port Group 王某某

海运提单
Bill of Lading

1. Shipper International Land Port Group 588 Airport Road, Yiwu City, Zhejiang Province, China	10. B/L No. 00NB23
	ORIGINAL
2. Consignee To order of Shipper	COSCO 中国远洋运输 (集团) 有限公司 CHINA OCEAN SHIPPING (GROUP) CO. COMBINED TRANSPORT BILL OF LADING
3. Notify Party Wensco Foods Ltd 1191 Green Land Street Well D. Coquitlam, B.C., Canada	

4. Place of Receipt	5. Ocean Vessel Chengfeng
6. Voyage No. V. 606	7. Port of Loading Ningbo
8. Port of Discharge Vancouver	9. Place of Delivery

11. Marks	12. Nos. & Kinds of Pkgs.	13. Description of Goods	14. G.W.	15. Meas.
N/M	950 CTNS	Tropic Isle Canned Mandarin Oranges LS-Whole Segments	17,138 KGS	18.365 CBM

Freight Prepaid
S/C No.: QJDB1226

16. Total Number of Containers or Packages (In Words)
SAY NINE HUNDRED AND FIFTY CARTONS ONLY.

Freight & Charges	Revenue Tons	Rate	Per	Prepaid	Collect
Prepaid At	Payable At		17. Place and Date of Issue Ningbo May 28, 2023		
Total Prepaid	18 Number of Original B(s)/L Three		21. 中国外运代理公司 China Ocean Shipping Agency		
Loading on Board the Vessel					
19. Date May 28, 2023	20. By 中国外运代理公司 China Ocean Shipping Agency 章建国 For the Carrier Named Above		章建国 For the Carrier Named Above		

No. (1) WC12016

For (2) USD10,830.00   **Bill of Exchange**   (3) Yiwu, Zhejiang, dated Jun. 6, 2023

(Amount in Figure)   (Place and Date of Issue)

At (4) _____ sight of this FIRST Bill of Exchange (SECOND of exchange being unpaid)

pay to the order of (5) Bank of China Yiwu Branch

the sum of (6) SAY US DOLLARS TEN THOUSAND EIGHT HUNDRED AND THIRTY ONLY.

(Amount in Words)

Value received for (7) 950 Cartons of (8) Tropic Isle Canned Mandarin Oranges LS-Whole Segments

(Quantity)   (Name of Commodity)

S/C No. (9) QJDB1226 dated (10) Apr. 28, 2023

To: For and on behalf of

(11) Wensco Foods Ltd   (12) International Land Port Group

王某某

Signature

任务实训

请根据项目八任务一任务实训的合同内容及以下补充材料，制作托收业务下的全套单据。

补充资料

发票号码：SA120166

发票日期：2023 年 1 月 10 日

提单号码：FS11006

提单日期：2023 年 2 月 10 日

船名：Dongfeng V. 037

提单签署：COSCO Shanghai Branch

集装箱：1×20′ FCL CY/CY

集装箱号：STEU4597333

封号：80010E

068-1 Flower Pots　　毛重：8,500 kg　　净重：8,000 kg　　总体积：11 m^3。

004a Flower Stands　　毛重：8,000 kg　　净重：7,300 kg　　总体积：13 m^3。

唛头：请自行设计一个标准的唛头。

商业发票
Commercial Invoice

1. 出口商 Exporter	4. 发票日期和发票号 Invoice Date and No.	
	5. 合同号 Contract No.	6. 信用证号 L/C No.
2. 进口商 Importer	7. 原产地 / 国 Country/Region of Origin	
	8. 贸易方式 Trade Mode	
3. 运输事项 Transport Details	9. 交货和付款条款 Terms of Delivery and Payment	

10. 运输标志和集装箱号 Shipping Marks; Container No.	11. 包装类型及件数；商品编码；商品描述 Number and Kind of Packages; Commodity No.; Commodity Description	12. 数量 Quantity	13. 单价 Unit Price	14. 金额 Amount

15. 总值 (用数字和文字表示) Total Amount (In Figure and Words)

自由处置区	16. 出口商签章 Exporter Stamp and Signature

装箱单
Packing List

1. 出口商 Exporter	3. 装箱单日期 Packing List Date	
2. 进口商 Importer	4. 合同号 Contract No.	5. 信用证号 L/C No.
	6. 发票日期和发票号 Invoice Date and No.	

7. 运输标志和集装箱号 Shipping Marks; Container No.	8. 包装类型及件数；商品编码；商品描述 Number and Kind of Packages; Commodity No.; Commodity Description	9. 毛重 kg Gross Weight	10. 净重 kg Net Weight	11. 体积 m³ Cube

自由处置区	12. 出口商签章 Exporter Stamp and Signature

海运提单

Bill of Lading

1. Shipper	10. B/L No.
	ORIGINAL
2. Consignee	
3. Notify Party	COSCO 中国远洋运输 (集团) 有限公司 CHINA OCEAN SHIPPING (GROUP) CO. COMBINED TRANSPORT BILL OF LADING

4. Place of Receipt	5. Ocean Vessel	
6. Voyage No.	7. Port of Loading	
8. Port of Discharge	9. Place of Delivery	

11. Marks	12. Nos. & Kinds of Pkgs.	13. Description of Goods	14. G.W.	15. Meas.

16. Total Number of Containers or Packages (In Words)

Freight & Charges	Revenue Tons	Rate	Per	Prepaid	Collect
Prepaid At	Payable At		17. Place and Date of Issue		
Total Prepaid	18. Number of Original B(s)/L		21.		

Loading on Board the Vessel

19. Date	20. By	
	For the Carrier Named Above	For the Carrier Named Above

Beneficiary's Certificate

No. (1)_____

For (2)_____   Bill of Exchange   (3)_____
    (Amount in Figure)   (Place and Date of Issue)

At (4)_____ sight of this FIRST Bill of Exchange (SECOND of exchange being unpaid)

pay to the order of (5)_____

the sum of (6)_____
                        (Amount in Words)

Value received for (7)_____ of (8)_____
                (Quantity)   (Name of Commodity)

Drawn under (9)_____

S/C No. (10)_____   dated (11)_____

To: For and on behalf of

(12)_____   (13)_____
                                Signature

项目小结

不同付款方式下，外贸合同的履行过程不同，但在各环节中所需的单据基本相同，因此从单据制作的角度来讲，商业发票、装箱单、海运提单、保险单等单据的缮制与前面各项目中的介绍没多大区别。无非信用证业务下，制单的主要依据是信用证，而托收业务下，制单的主要依据是外贸合同。

不同的交易内容不同，需要的单据不同，一定要根据合同和信用证的条款要求缮制结汇单据。

项目测试

请根据以下合同内容及补充材料，制作全套单据。

Sales Confirmation

S/C No.: SKF12016

Date: Feb. 18, 2023

(1) The Seller: International Land Port Group

Address: 588 Airport Road, Yiwu City, Zhejiang Province, China

(2) The Buyer: Kwong Foo Young Co. Ltd

Address: No. 34 Jalap Street, Singapore

(3) Commodity & Specifications	(4) Unit	(5) Quantity	(6) Unit Price (USD)	(7) Amount (USD)
Bean Curd and Vinegar			CIF Singapore	
Bean Curd	CTN	200	12.75	2,550.00
Vinegar	CTN	200	16.50	3,300.00
Total:				5,850.00

(8) Total Contract Value: SAY US DOLLARS FIVE THOUSAND EIGHT HUNDRED AND FIFTY ONLY.

(9) Port of Loading & Destination: From Shanghai to Singapore

(10) Shipment: To be effected by the Seller during April 2023 with partial shipment and transshipment prohibited

(11) Payment: Upon first presentation the Buyer shall pay against documentary draft drawn by the Seller at Sight. The shipping documents are to be delivered against payment only

(12) Insurance: To be covered by the Seller for 110% of total invoice value against all risks subject to relevant ocean marine cargo of The People's Insurance Company of China dated Jan. 1, 1981

(13) Documents Required:

i. Signed commercial invoice, 3 folds

ii. Packing list, 3 folds

iii. Full set clean on board ocean Bills of Lading issued to our order, marked "Freight Prepaid" and notify applicant

iv. Certificate of origin in one original

v. Insurance policy or certificate in duplicate for 110 PCS of the invoice value covering All Risks as per CIC

Confirmed By:

The Seller

International Land Port Group

王某某

The Buyer

Kwong Foo Young Co. Ltd

Tom

有关资料

发票号码：JF040133

发票日期：2023年3月25日

提单号码：FS11263

提单日期：2023年4月5日

船名：Dongfeng V. 037

集装箱：1×20' FCL CY/CY

集装箱号：STEU4597111　　　　　　　封号：60010C

产地证号码：12012345

产地证日期：2023年3月26日

保险单号码：12-75269

计量单位：KGS

提单签署：COSCO Shanghai Branch

腐乳商品编号：2100.9090　　每箱毛重：22 kg　　每箱净重：19 kg　　总体积：5 m³

米醋商品编号：2209.0000　　每箱毛重：52 kg　　每箱净重：50 kg　　总体积：20 m³

唛头：请自行设计一个标准的唛头。

商业发票
Commercial Invoice

1. 出口商 Exporter	4. 发票日期和发票号 Invoice Date and No.	
	5. 合同号 Contract No.	6. 信用证号 L/C No.
2. 进口商 Importer	7. 原产地/国 Country/Region of Origin	
	8. 贸易方式 Trade Mode	
3. 运输事项 Transport Details	9. 交货和付款条款 Terms of Delivery and Payment	

10. 运输标志和集装箱号 Shipping Marks; Container No.	11. 包装类型及件数；商品编码；商品描述 Number and Kind of Packages; Commodity No.; Commodity Description	12. 数量 Quantity	13. 单价 Unit Price	14. 金额 Amount

15. 总值(用数字和文字表示) Total Amount (In Figure and Words)

自由处置区	16. 出口商签章 Exporter Stamp and Signature

装箱单
Packing List

1. 出口商 Exporter	3. 装箱单日期 Packing List Date	
2. 进口商 Importer	4. 合同号 Contract No.	5. 信用证号 L/C No.
	6. 发票日期和发票号 Invoice Date and No.	

7. 运输标志和集装箱号 Shipping Marks; Container No.	8. 包装类型及件数；商品编码；商品描述 Number and Kind of Packages; Commodity No.; Commodity Description	9. 毛重 kg Gross Weight	10. 净重 kg Net Weight	11. 体积 m³ Cube

自由处置区	12. 出口商签章 Exporter Stamp and Signature

海运提单
Bill of Lading

1. Shipper	10. B/L No.
	ORIGINAL
2. Consignee	COSCO 中国远洋运输 (集团) 有限公司 CHINA OCEAN SHIPPING (GROUP) CO. COMBINED TRANSPORT BILL OF LADING
3. Notify Party	

4. Place of Receipt	5. Ocean Vessel	
6. Voyage No.	7. Port of Loading	
8. Port of Discharge	9. Place of Delivery	

11. Marks	12. Nos. & Kinds of Pkgs.	13. Description of Goods	14. G.W.	15. Meas.

16. Total Number of Containers or Packages (In Words)

Freight & Charges	Revenue Tons	Rate	Per	Prepaid	Collect
Prepaid At	Payable At		17. Place and Date of Issue		
Total Prepaid	18. Number of Original B(s)/L		21.		
Loading on Board the Vessel					
19. Date	20. By				
	For the Carrier Named Above		For the Carrier Named Above		

Certificate of Origin

1. Exporter	Certificate No. CERTIFICATE OF ORIGIN OF THE PEOPLE'S REPUBLIC OF CHINA			
2. Consignee				
3. Means of Transport and Route	5. For Certifying Authority Use Only			
4. Country/Region of Destination				
6. Marks and Numbers of Packages	7. Number and Kind of Packages; Description of Goods	8. H.S. Code	9. Quantity or Weight	10. Number and Date of Invoices
11. Declaration by the Exporter The undersigned hereby declares that the above details and statements are correct; that all the goods were produced in China and that they comply with the Rules of Origin of the People's Republic of China. ------------------------------------ Place and date, signature and stamp of certifying authority	12. Certification It is hereby certified that the declaration by the exporter is correct. ------------------------------------ Place and date, signature and stamp of certifying authority			

中国人民保险公司
The People's Insurance Company of China
总公司设于北京　一九四九年创立
Head Office: Beijing　Established in 1949

保险单 Insurance Policy	保险单号次 Policy No.	

中国人民保险公司 (以下简称 " 本公司 ") 根据＿＿＿＿＿＿ (以下简称 " 被保险人 ") 的要求, 由被保险人向本公司缴付约定的保险费, 按照本保险单承保险别和背面所载条款承保下述货物运输保险, 特立本保险单。

This policy of insurance witnesses that The People's Insurance Company of China (hereinafter called "the company"), at the request of ＿＿＿＿＿＿ (hereinafter called "the insured") and in consideration of the agreed premium paid to the company by the insured, undertakes to insure the undermentioned goods in transportation subject to the conditions of this policy as per the clauses printed overleaf and other special clauses attached hereon.

标记 Marks & Nos.	包装及数量 Quantity	保险货物项目 Description of Goods	保险金额 Amount Insured

总保险金额 Total Amount Insured	

保费 Premium		费率 Rate		装载运输工具 Per Conveyance SS.	
开航日期 SLG. on or ABT.			自 From		至 To	
承保险别 Conditions						

所保货物, 如遇出险, 本公司凭本保险单及其他有关证件给付赔款。所保货物, 如发生本保险单项下负责赔偿的损失或事故, 应立即通知本公司下述代理人查勘。

Claims, if any, payable on surrender of this policy together with other relevant documents in the event of accident whereby loss or damage may result in a claim under this policy immediate notice applying for survey must be given to the company's agent as mentioned hereunder: Fleshhead Link Ltd Denso Hall Dubai.

赔款偿付地点 Claim Payable At/In		中国人民财产险公司义乌分公司 The People's Insurance Co. of China Yiwu Branch
日期 Date		
地址 Address		General Manager

Endorsement

No. (1)_____

For (2)_____   **Bill of Exchange**   (3)_____

    (Amount in Figure)   (Place and Date of Issue)

At (4)_____ sight of this FIRST Bill of Exchange (SECOND of exchange being unpaid)

pay to the order of (5)_____

the sum of (6)_____

                       (Amount in Words)

Value received for (7)_____ of (8)_____

              (Quantity)   (Name of Commodity)

Drawn under (9)_____

L/C No. (10)_____   dated (11)_____

To: For and on behalf of

(12)_____   (13)_____

                           Signature

项目九

进口贸易信用证业务——单证操作

项目导入

一段时间以来，义乌市国际陆港集团有限公司主要经营出口业务，王某某总经理为了响应国家"扩大进口、保持外贸平衡发展"政策号召，决定拓展进口业务。2023年1月份，义乌市国际陆港集团有限公司接受义乌芬芳袜业有限公司委托，向德国汉堡机器设备公司进口一批机器设备，王某某总经理将这笔进口业务分配给工作表现良好的王芳负责。经协商，与德国出口商签订以信用证作为支付方式的进口合同。王芳需要在合同规定的时间内，向银行申请开立信用证，依据合同及信用证对出口商提交的全套议付单据进行审核……那么，如何缮制开证申请书？如何审核单据？

项目目标

学习目标

▶ 了解申请开立信用证需要注意的问题及程序；

▶ 掌握开证申请书的要点及缮制；

▶ 掌握审核单据的要点及结果。

技能目标

▶ 能够独立准确地缮制开证申请书；

▶ 能够独立准确地审核信用证项下全套单据。

任务一　缮制开证申请书

任务导入

义乌市国际陆港集团有限公司单证员王芳持进口合同到银行申请开立信用证，在依据合同缮制开证申请书，缴纳保证金，支付开证手续费后，银行依据开证申请书开立信用证。

那么，申请开立信用证应该注意什么问题？程序是怎样的？开证申请书依据什么缮制？如何缮制？

任务资讯

一、申请开立信用证应注意的问题

(一)开证时间

开证申请书

如果合同规定了开证日期，就必须在规定限期内开立信用证；如果合同有装运期的起止日期，那么最迟必须让卖方在装运期开始前的最后一天收到信用证；如果合同只规定最后装运期，那么买方应在合理的时间内开证，一般在合同规定的交货期前半个月或一个月开到卖方。总之，要让卖方在收到信用证以后能在合同规定的装运期内装运货物。

(二)开证时必须以签订的买卖合同为依据

合同中规定要在信用证上明确的条款都必须列明，一般不能使用"参阅第××号合同"或"第××号合同项下货物"等条款，也不能将有关合同作为信用证附件附在信用证后。信用证内容必须明确无误，应明确规定各类单据的出单人(商业发票、保险单和运输单据除外)，以及各单据应表述的内容。

二、申请开立信用证的程序

进口人在合同规定的时间向中国银行或其他经营外汇业务的银行办理申请开立信用证手续，其程序如下。

(一)递交有关合同的副本及附件

进口人在向银行申请开证时，要向银行递交进口合同的副本以及所需附件，如进口许可证等。

(二)填写开证申请书

进口商按贸易合同规定向当地银行申请开立信用证，填制开证申请书(documentary credit application)。开证申请书是银行开具信用证的依据，是开证申请人与开证银行之间的有关开立信用证的权利与义务的契约。开证申请书是依据合同开立的，但信用证一经开出就成为独立于合同以外的自足的文件，因而在开立信用证时应审慎核查贸易合同的主要条款并将其列入开证申请书。

开证申请书有正面和背面两个部分的内容。正面主要包括受益人名称和地址、信用证及合同号码、信用证的有效期及到期地点、装运期、信用证的性质、货物的描述、对单据的要求、信用证的金额和种类、信用证中的特别条款及其他一些条款等。背面内容是：开证行与开证申请人之间的约定，一般由开证行根据相关的国际惯例和习惯做法事先确定并印制，申请人只需签字盖章即可。进口人根据银行规定的开证申请书格式，一般填写一式三份，一份银行结算部门留存，一份银行信贷部门留存，一份开证申请人留存。

(三)缴付保证金

按照国际贸易的习惯做法，除非开证行对开证申请人有授信额度，进口人向银行申请开立信用证时，应向银行缴付一定比例的保证金，其金额一般为信用证金额的百分之几到百分之几十不等，通常根据进口人的资信情况而定。在我国的进口业务中，开证行根据不同企业和交易的情况，要求开证申请人缴付一定比例的人民币保证金，然后银行才会开证。

(四)支付开证手续费

进口人在申请开证时，必须按规定支付一定金额的开证手续费。

三、缮制开证申请书

各银行印制的信用证申请书的格式和内容都大同小异，这里介绍中国农业银行的格式，并简单介绍填制的内容、方法及注意的事项。

申请开证日期一栏在申请书右上角。

传递方式一栏有三种方式可选，即信开、简电开和电开，需要哪一种方式，在前面方框中打"×"：①信开是指开证行根据开证申请人的要求，将信用证的全部内容用信函方式开出，航空邮寄到通知行，再通知受益人。②简电开是指开证行根据开证申请人的要求，将信用证的主要内容发电预先通知受益人。这种简电信用证只供受益人备货订仓参考，不能凭以装运货物，也不是有效的信用证文件，银行不能凭以付款/承兑/议付。发出简电通知的开证行必须毫不延迟地向通知行寄送有效信用证文件，受益人方可凭以议付单据。③电开是指开证行根据开证申请人的要求，将信用证的全部内容以加注密押的电信方式通知受益人所在地的银行，请其通知受益人的一种开证方式。目前，外汇指定银行大多用SWIFT电信方式开证。

信用证性质一栏，不可撤销跟单信用证已印制好，如要增加保兑或可转让等内容，可加上。信用证号码由开证行填。

有效期及地点一栏，根据交易的具体情况填写，地点通常为受益人国家。

申请人一栏，必须填写全称及详细地址，还要注明联系电话、传真等号码，便于有关当事人之间的联系。

受益人一栏，必须填写全称及详细地址，也要注明联系电话、传真等号码，便于联系。

通知行一栏，如果空白，则由开证行填写。

信用证金额一栏，必须用数字和文字两种形式表示，并且要表明币种。信用证金额是开证行付款责任的最高限额，必须根据合同的规定表示清楚，如果有一定比例的上下浮动幅度，也应表示清楚。

分批装运与转运一栏，应根据合同的规定明确表示"允许"或"不允许"，在选择的项目前面方框中打"×"。

装运条款一栏，应根据合同规定填写装运地(港)及目的地(港)、最晚装运日期，如有转运地(港)也应写清楚。

价格条款一栏，有FOB、CFR、CIF、FCA、CPT、CIP及"其他价格条款"七个备选项目，根据合同成交的贸易术语在该项前的方框中打"×"，如是其他价格条款，则在该项后面写明。

付款方式一栏，信用证有效兑付方式有四种：即期付款、承兑、议付、延期付款，应根据合同规定，在所选方式前的方框中打"×"。

汇票要求一栏，"受益人按发票金额的＿＿%，做成以＿＿为付款人，期限为＿＿天的汇票"，应根据合同的规定填写，注意三方面的问题。① 汇票金额：如果合同规定所有货款都用信用证支付，则应填写信用证项下汇票金额是发票金额的100%；如果合同规定该笔货款由信用证和托收两种方式各支付50%，则应填写信用证项下汇票金额是全部发票金额的50%；依此类推。② 汇票付款人：汇票的付款人通常为开证行或开证行指定的付款行。UCP 600第六条规定：信用证不得开成凭以申请人为付款人的汇票兑用。③ 汇票付款期限：如果是即期汇票，则打上×××，如果是远期汇票，必须填写具体的天数，如30天、60天、90天等。

单据条款一栏，印制好的单据要求共10条，其中第1～9条是针对具体的单据，第10条是"其他单据"，即以上9种单据以外的单据要求，可填在第10条中。填制单据条款时应注意：① 在所需单据前的括号里打"×"；② 在该单据条款后填上具体的要求，如一式几份，应包括什么内容等，印制好的要求不完整，可在该单据条款后面填写清楚。

信用证项下的货物描述一栏，包括货物的名称、规格、数量、包装、单价条款、唛头等。所有内容必须与合同规定一样。

附加条款一栏，印制好的有4条，其中第1～3条是具体的条款要求，如需要可在前面括号里打"×"。第4条是"其他条款"，即以上3种条款以外的要求，可填在第4条中。

以下为中国农业银行开证申请书的样本。

正面内容

中国农业银行
Agriculture Bank of China
Irrevocable Documentary Credit Application
开立不可撤销跟单信用证申请书

To: Agriculture Bank of China _____ Branch　　　　　　　Date 日期_____
致：中国农业银行_____行　　　　　　　　　　　Credit No. 信用证号码_____

☐ Issued by mail 信开 ☐ With brief advice by teletransmission 简电开 ☐ Issued by teletransmission (which shall be the operative instrument) 电开	Expiry date and place 有效期及地点_____ ☐ in the country of Beneficiary 在受益人所在国家 ☐ at Issuing Bank's counter 在开证行柜台
Applicant 申请人	Beneficiary (with full name and address) 受益人(全称和详细地址)
Advising bank (if bank at your option) 通知行	Amount (in figures and words) 金额(大、小写)

Partial shipments 分批装运 ☐ allowed 允许 ☐ not allowed 不允许	Transshipment 转运 ☐ allowed 允许 ☐ not allowed 不允许	Credit available with _____ Bank 此证可由 _____ 银行 By 凭☐ sight payment 即期付款 　☐ acceptance 承兑 　☐ negotiation 议付 　☐ deferred payment 迟期付款
Shipment from 装运从 _____ For transportation to 运至 _____ Not later than 不得迟于 _____		
Terms 价格条款 ☐ FOB ☐ CFR ☐ CIF _____ ☐ FCA ☐ CPT ☐ CIP _____ ☐ or other terms 其他价格条款 _____		Against the documents detailed herein 连同下列单据 ☐ and Beneficiary's draft(s) at __ day(s) sight drawn on __ for __% of invoice value 受益人按发票金额 __% 做成以 __ 为付款人，期限为 __ 天的汇票。

Document required: (marked with "×") 所需单据(用"×"标明):
☐ Signed Commercial Invoice in _____ copies indicating L/C No. _____ and Contract No. _____.
　经签字的商业发票一式 _____ 份，标明信用证号 _____ 和合同号 _____。
☐ Full set of clean on board Ocean Bill of Lading made out to order and blank endorsed, marked "freight [ ] prepaid / [ ] to collect" [ ] showing freight amount and notifying _____.
　全套清洁已装船海运提单做成空白抬头、空白背书，注明"运费[ ]已付/[ ]待付"，[ ]标明运费金额，并通知 _____。
☐ Clean Air Waybill consigned to _____ marked "freight [ ] prepaid / [ ] to collect" notifying ____
　清洁空运提单收货人为 _____，注明"运费[ ]已付/[ ]待付"，[ ]标明运费金额，并通知 _____。
☐ Insurance Policy/Certificate in duplicate for _____% of the invoice value, blank endorsed, showing claims payable at _____, in the currency of the draft, covering _____.
　保险单/保险凭证一式两份，按发票金额的 _____% 投保，空白背书，注明赔付地在 _____，以汇票同种货币支付，投保 _____。
☐ Packing List/Weight Memo in _____ copies indicating quantity, gross and net weight of each package.
　装运单/重量单一式 _____ 份，注明每一包装的数量、毛重和净重。
☐ Certificate of Quantity/Weight in _____ copies issued by _____.
　数量/重量证明一式 _____ 份，由 _____ 出具。
☐ Certificate of Quality in _____ copies issued by _____.
　品质证一式 _____ 份，由 _____ 出具。

续　表

```
┌─────────────────────────────────────────────────────────────────────────┐
│ □ Certificate of Origin in _____ copies issued by _____  │
│   产地证一式 _____ 份，由 _____ 出具。                 │
│ □ Beneficiary's Certified copy of fax/telex dispatched to the applicant within _____ day(s) after │
│   shipment advising L/C No., name of vessel, date of shipment, name of goods, quantity, weight and │
│   value of goods.                                                          │
│   受益人以传真 / 电传方式通知申请人装船证明副本。该证明须在装船后 _____ 天内发出，并通 │
│   知该信用证号、船名、装运日以及货物的名称，货物的数量、重量和金额。        │
│ □ Other documents, if any 其他单据                                         │
│                                                                           │
│                                                                           │
│   Description of goods 货物描述                                            │
│                                                                           │
│                                                                           │
│   Additional instructions 附加条款                                         │
│ □ All banking charges outside the Issuing Bank including reimbursing charges are for account of │
│   Beneficiary.                                                            │
│   开证行以外的所有银行费用 ( 包括可能产生的偿付费用 ) 由受益人承担。        │
│ □ Documents must be presented within _____ days after date of the transport document but within the │
│   validity of the Credit.                                                  │
│   所需单据须在运输单据出具日后 _____ 天内提交，但不得超过信用证有效期。      │
│ □ Both quantity and Credit amount _____% more or less are allowed.         │
│   数量及信用证金额允许有 _____% 的增减。                                    │
│ □ Other terms and conditions, if any 其他条款                              │
│                                              申请人盖章                     │
└─────────────────────────────────────────────────────────────────────────┘
```

背面内容

开证申请人承诺书

致：中国农业银行 _____

我公司已依法办妥一切必要的进口手续，兹谨请贵行直接或通过贵行上级行为我公司依照本申请书所列条款开立第 _____ 号国际货物买卖合同项下不可撤销跟单信用证，并承诺如下：

一、同意贵行依照国际商会第600号出版物《跟单信用证统一惯例》办理该信用证项下的一切事宜，并同意承担由此产生的一切责任。

二、及时提供贵行要求我公司提供的真实、有效的文件及资料，接受贵行的审查监督。

三、在贵行规定期限内支付该信用证项下的各种款项，包括货款及贵行和有关银行的各项手续费、杂费、利息以及国外受益人拒绝承担的有关银行费用等。

四、在贵行到单通知书规定的期限内，书面通知贵行办理对外付款/承兑/确认迟期付款/拒付手续。否则，贵行有权自行确定对外付款/承兑/确认迟期付款/拒付，并由我公司承担全部责任。

五、我公司如因单证有不符之处而拟拒绝付款/承兑/确认迟期付款时，将在贵行到单通知书规定期限内提出拒付请求，并附拒付理由书一式两份，一次列明所有不符点。对单据存在的不符点，贵行有独立的终结认定权和处理权。经贵行根据国际惯例审核认为不属可据以拒付的不符点，贵行有权主动对外付款/承兑/确认迟期付款，我公司对此放弃抗辩权。

六、该信用证如需修改，由我公司向贵行提出书面申请，贵行可根据具体情况确定能否办理修改。我公司确认所有修改当受益人接受时才能生效。

七、经贵行承兑的远期汇票或确认的迟期付款，我公司无权以任何理由要求贵行停止付款。

八、按上述承诺，贵行在对外付款时，有权主动借记我公司在贵行的账户款项。若发生任何形式的垫付，我公司将无条件承担由此而产生的债务、利息和费用等，并按贵行要求及时清偿。

九、在收到贵行开出信用证、修改书的副本之后，及时核对，如有不符之处，将在收到副本后的两个工作日内书面通知贵行。否则，视为正确无误。

十、该信用证如因邮寄、电信传递发生遗失、延误、错漏，贵行概不负责。

十一、本申请书一律用英文填写。如用中文填写引发的歧义，贵行概不负责。

十二、因信用证申请书字迹不清或词义含混而引起的一切后果均由我公司负责。

十三、如发生争议需要诉讼的，同意由贵行住所地法院管辖。

十四、我公司已对开证申请书及承诺书各印就条款进行审慎研阅，对各条款含义与贵行理解一致。

同意受理	申请人(盖章)
银行(盖章)	法定代理人
负责人	或授权代理人
或授权代理人	年　月　日
年　月　日	

任务小结

在信用证业务中，进口商依据合同缮制开证申请书，向银行缴纳保证金、支付开证手续费后，银行依据开证申请书开立信用证。

缮制开证申请书的步骤如下：① 认真阅读合同条款；② 依据合同完整、准确地制作开证申请书。

项目解决

义乌市国际陆港集团有限公司与德国汉堡机器设备公司签订的进口合同如下，王芳根据进口合同缮制开证申请书。

补充资料

信用证号码：QJDBLC1310　　开证日期：2023/01/20

Sales Confirmation

S/C No.: QJDB1310

Date: Jan. 10, 2023

(1) The Seller: Hamburg Machinery and Equipment Company

　　Address: No.137 Guangshan Road, Hamburg, Germany

(2) The Buyer: International Land Port Group

　　Address: 588 Airport Road, Yiwu City, Zhejiang Province, China

(3) Commodity & Specifications	(4) Unit	(5) Quantity	(6) Unit Price (EUR)	(7) Amount (EUR)
Computerized Embroidery Machines			CIP Ningbo	
NV95E	set	20	5,000.00	100,000.00
Total: EUR100,000.00				

(8) Total Contract Value: SAY EUROPEAN DOLLARS ONE HUNDRED THOUSAND ONLY.

(9) Packing: Nude packed

(10) Port of Loading & Destination: From Hamburg, Germany to Ningbo

(11) Time of Shipment: To be effected by the Seller during Mar. 2023. With partial shipment and transshipment prohibited

Shipping Marks: Hamburg M&E/QJDB1310/Ningbo/C/No.1-up

(12) Payment: By Irrevocable L/C at Sight opened by the Buyer through a bank acceptable to the Seller not later than 30 days before the month of shipment and remain valid for negotiation in Hamburg until 15 days after the date of shipment

(13) Insurance: To be covered by the Seller for 110% of total invoice value against All Risks subject to relevant ocean marine cargo of The People's Insurance Company of China dated Jan. 1, 1981

(14) The Seller must supply the following documents to the Buyer before the cargo arrives the port of destination:

　　i. Certificate of origin

　　ii. Official quarantine certificate of plants signed by exporting country in duplicate

　　iii. Commercial invoice in triplicate

　　iv. Bill of lading three copies

　　v. Packing list in triplicate

　　vi. Insurance policy/certificate in duplicate

Confirmed By:

The Seller   The Buyer

Hamburg Machinery and Equipment Company   International Land Port Group

Johann Wolfgang   王某某

Please sign and return one copy for our file

中国农业银行

Agriculture Bank of China

Irrevocable Documentary Credit Application

开立不可撤销跟单信用证申请书

To: Agriculture Bank of China Yiwu Branch

致：中国农业银行___义乌分___行

Date 日期 2023/01/20

Credit No. 信用证号码 QJDBLC1310

☐ Issued by mail 信开 ☐ With brief advice by teletransmission 简电开 ☒ Issued by teletransmission (which shall be 　　the operative instrument) 电开	Expiry date and place 有效期及地点 20230415 ☒ in the country of Beneficiary 　在受益人所在国家 ☐ at Issuing Bank's counter 　在开证行柜台
Applicant 申请人 International Land Port Group 588 Airport Road, Yiwu City Zhejiang Province, China	Beneficiary (with full name and address) 受益人（全称和详细地址） Hamburg Machinery and Equipment Company No.137 Guangshan Road, Hamburg, Germany
Advising bank (if bank at your option) 通知行 Bank of China Hamburg Branch	Amount (in figures and words) 金额（大、小写） EUR100,000.00 Say European Dollars One Hundred Thousand Only.

Partial shipments 分批 装运	Transshipment 转运	Credit available with _____ Bank 此证可由 Bank of China Hamburg Branch 银行 By 凭☐ sight payment 即期付款 　　　　☐ acceptance 承兑 　　　　☒ negotiation 议付 　　　　☐ deferred payment 迟期付款
☐ allowed 允许 ☒ not allowed 不允许	☐ allowed 允许 ☒ not allowed 不允许	
Shipment from 装运从 Hamburg For transportation to 运至 Ningbo Not later than 不得迟于 Mar. 31, 2023		Against the documents detailed herein 连同下列单据 ☐ and Beneficiary's draft(s) at ____ day(s) sight 　drawn on Agriculture Bank of China Yiwu 　Branch for 100% of invoice value 　受益人按发票金额 100 % 做成以 　AGRICULTURE BANK OF CHINA YIWU 　BRANCH 为付款人，期限为_____天的汇票。
Terms 价格条款 ☐ FOB　☐ CFR　☒ CIF Ningbo ☐ FCA　☐ CPT　☐ CIP_____ ☐ or other terms 其他价格条款_____		

Document required: (marked with "×") 所需单据（用"×"标明）：

☒ Signed Commercial Invoice in 3 copies indicating L/C No. QJDBLC1310 and Contract No. QJDB1310
　经签字的商业发票一式 3 份，标明信用证号 QJDBLC1310 和合同号 QJDB1310。

☒ Full set of clean on board Ocean Bill of Lading made out to order and blank endorsed, marked "freight
　[√] prepaid / [ ] to collect" [ ] showing freight amount and notifying International Land Port Group
　全套清洁已装船海运提单做成空白抬头、空白背书，注明"运费 [√] 已付 /[ ] 待付"，[ ] 标
　明运费金额，并通知义乌市国际陆港集团有限公司。

☐ Clean Air Waybill consigned to _____ marked "freight[ ] prepaid / [ ] to collect" notifying_____
　清洁空运提单收货人为_____，注明"运费 [ ] 已付 /[ ] 待付"，[ ] 标明运费金额，并
　通知_____。

续　表

☒ Insurance Policy/Certificate in duplicate for <u>110</u>% of the invoice value, blank endorsed, showing claims payable at <u>Ningbo</u>, in the currency of the draft, covering <u>All Risks</u>.
　保险单 / 保险凭证一式两份，按发票金额的 <u>110</u>% 投保，空白背书，注明赔付地在<u>宁波</u>，以汇票同种货币支付，投保<u>一切险</u>。

☐ Packing List/Weight Memo in _____ copies indicating quantity, gross and net weight of each package.
　装运单 / 重量单一式 _____ 份，注明每一包装的数量、毛重和净重。

☐ Certificate of Quantity/Weight in _____ copies issued by _____.
　数量 / 重量证明一式 _____ 份，由 _____ 出具。

☐ Certificate of Quality in _____ copies issued by _____.
　品质证一式 _____ 份，由 _____ 出具。

☐ Certificate of Origin in _____ copies issued by _____.
　产地证一式 _____ 份，由 _____ 出具。

☐ Beneficiary's Certified copy of fax/telex dispatched to the applicant within _____ day(s) after shipment advising L/C No., name of vessel, date of shipment, name of goods, quantity, weight and value of goods.
　受益人以传真 / 电传方式通知申请人装船证明副本。该证明须在装船后 _____ 天内发出，并通知该信用证号、船名、装运日以及货物的名称，货物的数量、重量和金额。

☐ Other documents, if any 其他单据

Description of goods 货物描述

Computerized Embroidery Machines NV95E 20 sets
Shipping Marks: Hamburg M&E/QJDB1310/Ningbo/C/No.1-up

Additional instructions 附加条款

☐ All banking charges outside the Issuing Bank including reimbursing charges are for account of Beneficiary.
　开证行以外的所有银行费用（包括可能产生的偿付费用）由受益人承担。

☒ Documents must be presented within <u>7</u> days after date of the transport document but within the validity of the Credit.
　所需单据须在运输单据出具日后 <u>7</u> 天内提交，但不得超过信用证有效期。

☐ Both quantity and Credit amount _____% more or less are allowed.
　数量及信用证金额允许有 _____% 的增减。

☐ Other terms and conditions, if any 其他条款

申请人盖章

任务实训

　　2023年2月，义乌市国际陆港集团有限公司与美国 New York Import & Export Corporation 就扳手 (wrench)(货号 R222S) 签订进口合同，请根据以下合同缮制开证申请书。
　　补充资料
　　信用证号码：YD-HEM1328　开证日期：2023/02/20

Sales Confirmation

S/C No.: YD-HEM1328

Date: Feb. 8, 2023

(1) The Seller: New York Import & Export Corporation

Address: No. 2 The Fifth Avenue, New York, United States of America

(2) The Buyer: International Land Port Group

Address: 588 Airport Road, Yiwu City, Zhejiang Province, China

(3) Commodity & Specifications	(4) Unit	(5) Quantity	(6) Unit Price (USD)	(7) Amount (USD)
Wrench			CIF Ningbo	
R222S	Set	1,500	30.00	45,000.00
Total: USD45,000.00				

(8) Total Contract Value: SAY US DOLLARS FORTY-FIVE THOUSAND ONLY.

(9) Packing: Packed in carton of 100 sets. Total 15 cartons

(10) Port of Loading & Destination: From New York, United States of America to Ningbo

(11) Time of Shipment: To be effected by the Seller during Mar. 2023. With partial shipment and transshipment prohibited

Shipping Marks: Yuanda/YD-HEM1328/Ningbo/C/No.1-up

(12) Payment: By Irrevocable L/C at Sight opened by the Buyer through a bank acceptable to the Seller not later than 30 days before the month of shipment and remain valid for negotiation in New York until 15 days after the date of shipment

(13) Insurance: To be covered by the Seller for 110% of total invoice value against All Risks subject to relevant ocean marine cargo of The People's Insurance Company of China dated Jan. 1, 1981

(14) The Seller must supply the following documents to the Buyer before the cargo arrives the port of destination:

i. Certificate of origin

ii. Official quarantine certificate of plants signed by exporting country in duplicate

iii. Commercial invoice in triplicate

iv. Bill of lading in three copies

v. Packing list in triplicate

vi. Insurance policy/certificate in duplicate

Confirmed By:

The Seller

New York Import & Export Corporation

Robert Jones

The Buyer

International Land Port Group

王某某

Please sign and return one copy for our file

中国农业银行
Agriculture Bank of China
Irrevocable Documentary Credit Application
开立不可撤销跟单信用证申请书

To: Agriculture Bank of China _____ Branch   Date 日期_____
致：中国农业银行___义乌分___行   Credit No. 信用证号码 QJDBLC1310

☐ Issued by mail 信开 ☐ With brief advice by teletransmission 简电开 ☐ Issued by teletransmission (which shall be the operative instrument) 电开	Expiry date and place 有效期及地点 _____ ☐ in the country of Beneficiary 在受益人所在国家 ☐ at Issuing Bank's counter 在开证行柜台
Applicant 申请人	Beneficiary (with full name and address) 受益人（全称和详细地址）
Advising bank (if bank at your option) 通知行	Amount (in figures & words) 金额（大、小写）

Partial shipments 分批装运
☐ allowed 允许
☐ not allowed 不允许
	Transshipment 转运
	☐ allowed 允许
	☐ not allowed 不允许
		Credit available with _____ Bank
		此证可由 _____ 银行
		By 凭☐ sight payment 即期付款
		    ☐ acceptance 承兑
		    ☐ negotiation 议付
		    ☐ deferred payment 迟期付款

Shipment from 装运从 _____
For transportation to 运至 _____
Not later than 不得迟于_____
		Against the documents detailed herein 连同下列单据
		☐ and Beneficiary's draft(s) at _____ day(s) sight
		   drawn on _____ for _____ % of
		   invoice value 受益人按发票金额 ____ % 做成

Terms 价格条款 ☐ FOB ☐ CFR ☐ CIF _____ ☐ FCA ☐ CPT ☐ CIP _____ ☐ or other terms 其他价格条款_____		以 _____ 为付款人，期限为__天 的汇票。

Document required: (marked with "×") 所需单据（用"×"标明）:
☐ Signed Commercial Invoice in ____ copies indicating L/C No. _____ and Contract No. _____
   经签字的商业发票一式 ____ 份, 标明信用证号 _____ 和合同号 _____ 。
☐ Full set of clean on board Ocean Bill of Lading made out to order and blank endorsed, marked "freight
   [√] prepaid / [ ] to collect" [ ] showing freight amount and notifying _____
   全套清洁已装船海运提单做成空白抬头、空白背书, 注明"运费[√]已付/[ ]待付", [ ]标明
   运费金额, 并通知 _____ 。
☐ Clean Air Waybill consigned to _____ marked "freight [ ] prepaid / [ ] to collect" notifying _____
   清洁空运提单收货人为 _____, 注明"运费[ ]已付/[ ]待付", [ ]标明运费金额, 并通
   知_____ 。

续 表

☐ Insurance Policy/Certificate in duplicate for ＿＿＿% of the invoice value, blank endorsed, showing claims payable at ＿＿＿＿, in the currency of the draft, covering ＿＿＿＿.
保险单 / 保险凭证一式两份，按发票金额的＿＿＿% 投保，空白背书，注明赔付地在＿＿＿＿，以汇票同种货币支付，投保＿＿＿＿。

☐ Packing List/Weight Memo in ＿＿＿ copies indicating quantity, gross and net weight of each package.
装运单 / 重量单一式 ＿＿＿ 份，注明每一包装的数量、毛重和净重。

☐ Certificate of Quantity/Weight in ＿＿＿ copies issued by ＿＿＿＿＿＿＿＿＿＿＿＿＿＿＿＿＿.
数量 / 重量证明一式 ＿＿＿ 份，由 ＿＿＿＿＿＿＿＿＿＿＿＿＿＿ 出具。

☐ Certificate of Quality in ＿＿＿ copies issued by ＿＿＿＿＿＿＿＿＿＿＿＿＿＿＿＿＿＿＿.
品质证一式 ＿＿＿＿ 份，由 ＿＿＿＿＿＿＿＿＿＿＿＿＿＿ 出具。

☐ Certificate of Origin in ＿＿＿ copies issued by ＿＿＿＿＿＿＿＿＿＿＿＿＿＿＿＿＿＿＿.
产地证一式 ＿＿＿＿ 份，由 ＿＿＿＿＿＿＿＿＿＿＿＿＿＿ 出具。

☐ Beneficiary's Certified copy of fax/telex dispatched to the applicant within ＿＿＿＿ day(s) after shipment advising L/C No., name of vessel, date of shipment, name of goods, quantity, weight and value of goods.
受益人以传真 / 电传方式通知申请人装船证明副本。该证明须在装船后 ＿＿＿＿ 天内发出，并通知该信用证号、船名、装运日以及货物的名称，货物的数量、重量和金额。

☐ Other documents, if any 其他单据

Description of goods 货物描述

Additional instructions 附加条款

☐ All banking charges outside the Issuing Bank including reimbursing charges are for account of Beneficiary.
开证行以外的所有银行费用 (包括可能产生的偿付费用) 由受益人承担。

☐ Documents must be presented within ＿＿＿ days after date of the transport document but within the validity of the Credit.
所需单据须在运输单据出具日后 ＿＿＿ 天内提交，但不得超过信用证有效期。

☐ Both quantity and Credit amount ＿＿＿% more or less are allowed.
数量及信用证金额允许有 ＿＿＿＿% 的增减。

☐ Other terms and conditions, if any 其他条款

申请人盖章

任务二　审核单证

义乌市国际陆港集团有限公司单证员王芳收到中国农业银行义乌分行"进口信用证付款通知书",对出口商提交的全套议付单据审核无误后,及时办理付款赎单手续。那么,单证审核的要求、原则、方法及重点是哪些?单证审核的结果及处理方法是什么?

一、单证审核概述

单证审核是对已经缮制、备妥的单据对照信用证(在信用证付款情况下)或合同(非信用证付款方式)的有关内容进行单单、单证的及时检查和核对,发现问题,及时更正,达到安全收汇的目的。

■ 审核单据

二、单证审核基本要求

(一)及时性

及时审核有关单据可以对一些单据上的差错做到及时发现,及时更正,有效避免因审核不及时造成的各项工作的被动。

(二)全面性

应当从安全收汇和全面履行合同的高度来重视单据的审核工作。一方面,我们应对照信用证和合同认真审核每一份单证,不放过任何一个不符点。另一方面,要善于处理所发现的问题,加强与各有关部门的联系和衔接,使发现的问题得到及时、妥善的处理。

三、单证审核基本原则

单证审核的基本原则是"单单相符、单证相符"。单单相符、单证相符是安全收汇的前提和基础,所提交的单据中存在的任何不符哪怕是细小的差错都会造成一些难以挽回的损失。

四、单证审核基本方法

单证审核包括纵向审核法和横向审核法。

纵向审核法是指以信用证或合同(在非信用证付款条件下)为基础对规定的各项单据进行一一审核,要求有关单据的内容严格符合信用证的规定,做到"单证相符"。

横向审核法在纵向审核的基础上,以商业发票为中心审核其他规定的单据,使有关的内容相互一致,做到"单单相符"。

上述审核一般由制单员或审单员进行,为第一道审核;为安全起见,应当对有关单据进行复审。

五、单证审核重点

(一)综合审核的要点

综合审核中要注意如下要点:①检查规定的单证是否齐全(包括所需单证的份数);②检查所提供的文件名称和类型是否符合要求;③有些单证是否按规定进行了认证;④单证之间的货物描述、数量、金额、重量、体积、运输标志等是否一致;⑤单证出具或提交的日期是否符合要求。

(二)分类审核的要点

1.汇票

汇票审核中要注意如下要点:①汇票的付款人名称、地址是否正确;②汇票上金额的大、小写是否一致;③付款期限是否符合信用证或合同(非信用证付款条件下)的规定;④检查汇票金额是否超出信用证金额,如信用证金额前有"大约"一词可按10%的增减幅度掌握;⑤出票人、受款人、付款人是否符合信用证或合同(非信用证付款条件下)的规定;⑥币制名称是否与信用证和发票上的相一致;⑦出票条款是否正确,例如出票所根据的信用证或合同号码是否正确;⑧是否按需要进行了背书;⑨汇票是否由出票人进行了签字;⑩汇票份数是否正确如"只此一张"或"汇票一式二份有第一汇票和第二汇票"。

2.商业发票

商业发票审核中要注意如下要点:①抬头人是否符合信用证规定;②签发人是否是受益人;③商品的描述是否完全符合信用证的要求;④商品的数量是否符合信用证的规定;⑤单价和价格条件是否符合信用证的规定;⑥提交的正副本份数是否符合信用证的要求;⑦信用证要求表明和证明的内容是否有遗漏;⑧发票的金额是否超出信用证的金额,如数量、金额均有"大约",可按10%的增减幅度掌握。

3.保险单据

保险单据审核中要注意如下要点:①保险单据是否由保险公司或其代理出具;②投保加成是否符合信用证的规定;③保险险别是否符合信用证的规定并且无遗漏;④保险单据的类型是否与信用证的要求相一致,除非信用证另有规定,保险经纪人出具的暂保单银行不予接受;⑤保险单据的正副本份数是否齐全,如保险单据注明出具一式多份正本,除非信用证另有规定,所有正本都必须提交;⑥保险单据上的币制是否与信用证上的币制相一致;⑦包装件数、唛头等是否与发票和其他单据相一致;⑧运输工具、起运地及目的地,是否与信用证及其他单据相一致;⑨如转运,保险期限是否包括全程运输;⑩保险单的签发日期是否不迟于运输单据的签发日期,除非信用证另有规定;⑪保险单据是否做成可转让的形式,以受益人为投保人,由投保人背书,除信用证另有规定可以例外。

4.运输单据

运输单据审核中要注意如下要点:①运输单据的类型是否符合信用证的规定;②起运地、转运地、目的地是否符合信用证的规定;③装运日期/出单日期是否符合信用证的规定;④商品名称可使用货物的统称时,是否与发票上货物说明的写法相抵触;⑤运费预付或运费到付是否正确表明；⑥正副本份数是否符合信用证的要求；⑦运输单据上是否有不良批注；⑧包装件数是否与其他单据相一致；⑨唛头是否与其他单据相一致；⑩应加背书的运输单据，是否已加背书。

知识链接

UCP 600的相关条款

第十四条　单据审核标准

a. 按指定行事的指定银行、保兑行(如果有的话)及开证行须审核交单，并仅基于单据本身确定其是否在表面上构成相符交单。

b. 按指定行事的指定银行、保兑行(如果有的话)及开证行各有从交单次日起至多五个银行工作日用以确定交单是否相符。这一期限不因在交单日当天或之后信用证截止日或最迟交单日届至而受到缩减或影响。

c. 如果单据中包含一份或多份受第十九、二十、二十一、二十二、二十三、二十四或二十五条规制的正本运输单据，则须由受益人或其代表在不迟于本惯例所指的发运日之后的二十一个日历日内交单，但是在任何情况下都不得迟于信用证的截止日。

d. 单据中的数据，在与信用证、单据本身以及国际标准银行实务参照解读时，无须与该单据本身中的数据、其他要求的单据或信用证中的数据等同一致，但不得相矛盾。

e. 除商业发票外，其他单据中的货物、服务或履约行为的描述，如果有的话，可使用与信用证中的描述不矛盾的概括性用语。

f. 如果信用证要求提交运输单据、保险单据或者商业发票之外的单据，却未规定出单人或其数据内容，则只要提交的单据内容看似满足所要求单据的功能，且其他方面符合第十四条d款，银行将接受该单据。

g. 提交的非信用证所要求的单据将被不予理会，并可被退还给交单人。

h. 如果信用证含有一项条件，但未规定用以表明该条件得到满足的单据，银行将视为未作规定并不予理会。

i. 单据日期可以早于信用证的开立日期，但不得晚于交单日期。

j. 当受益人和申请人的地址出现在任何规定的单据中时，无须与信用证或其他规定单据中所载相同，但必须与信用证中规定的相应地址同在一国。联络细节(传真、电话、电子邮件及类似细节)作为受益人和申请人地址的一部分时将被不予理会。然而，如果申请人的地址和联络细节为第十九、二十、二十一、二十二、二十三、二十四或二十五条规定的运输单据上的收货人或通知方细节的一部分时，应与信用证规定的相同。

k. 在任何单据中注明的托运人或发货人无须为信用证的受益人。

l. 运输单据可以由任何人出具，无须为承运人、船东、船长或租船人，只要其符合第十九、二十、二十一、二十二、二十三或二十四条的要求。

六、单证审核结果

进口方的审单可能出现两种结果。

第一种，进口方把出口方提交的单据与信用证条款进行严格对比，发现单据正确无误后，进口方即可通知开证行对外付款。

第二种，进口方通过审单，发现单据和信用证规定存在不符。如果不符点对货物交付没有严重影响，进口方可以通知开证行暂时拒绝付款，并要求出口方进行修改；如果进口方发现不符点影响到合同履行的核心内容，如货物规格、数量、品质等重要条款与信用证不符，则进口方可拒绝付款提货，并可对由此造成的损失向对方提出索赔。

银行收到国外寄来的汇票及单据后，对照信用证的规定，核对单据的份数和内容。如内容无误，即由银行对国外付款。同时，进口方按照国家规定的有关外汇牌价向银行买汇赎单。如审核国外单据发现单、证不符时，应做出适当处理。例如，停止对外付款；相符部分付款，不符部分拒付；货到检验合格后再付款；凭卖方或议付行出具担保付款；要求国外改正单据；在付款的同时，提出保留索赔权等。

任务小结

通过上面内容的学习，王芳注意到以下问题。

审单的主要依据是信用证、合同条款及 UCP 600 的规定。

审单要做到单证的内容准确、单据齐全、单证相符、单单相符以及各单据签发日期的合理性。

项目解决

王芳对进口商提交的全套单据进行审核，发现商业发票和海运提单存在以下不符点(标记为灰底)，义乌市国际陆港集团有限公司通知中国农业银行义乌分行暂时拒绝付款，要求德国汉堡机器设备公司对商业发票和海运提单进行修改。

商业发票
Commercial Invoice

1. 出口商 Exporter Hamburg Machinery and Equipment Company No. 137 Guangshan Road, Hamburg, Germany	4. 发票日期和发票号 Invoice Date and No. QJDBCI1310 Feb. 28, 2023			
	5. 合同号 Contract No. QJDB131010		6. 信用证号 L/C No. QJDBLC1310	
2. 进口商 Importer International Land Port Group 588 Airport Road, Yiwu City, Zhejiang Province, China	7. 原产地 / 国 Country/Region of Origin China			
	8. 贸易方式 Trade Mode Ordinary Trade			
3. 运输事项 Transport Details From Hamburg to Shanghai By Sea	9. 交货和付款条款 Terms of Delivery and Payment During Mar. 2023 By L/C			
10. 运输标志和集装箱号 Shipping Marks; Container No.	11. 包装类型及件数；商品编码；商品描述 Number and Kind of Packages; Commodity No.; Commodity Description	12. 数量 Quantity	13. 单价 Unit Price	14. 金额 Amount
Hamburg M&E QJDB1310 Ningbo C/No.1-Up	Computerized Embroidery Machines NV95E	20 Sets	EUR5,000.00	EUR100,000.00

15. 总值 (用数字和文字表示) Total Amount (In Figure and Words)
SAY EUROPEAN DOLLARS ONE HUNDRED THOUSAND ONLY.

自由处置区	16. 出口商签章 Exporter Stamp and Signature Hamburg Machinery and Equipment Company Johann Wolfgang

海运提单

Bill of Lading

1. Shipper Hamburg Machinery and Equipment Company No.137 Guangshan Road, Hamburg, Germany	10. B/L No. QJDBBL131010
	ORIGINAL
2. Consignee To order of Shipper	COSCO 中国远洋运输 (集团) 有限公司 CHINA OCEAN SHIPPING (GROUP) CO. COMBINED TRANSPORT BILL OF LADING
3. Notify Party International Land Port Group 588 Airport Road, Yiwu City Zhejiang Province, China	

4. Place of Receipt	5. Ocean Vessel
6. Voyage No. V. 088	7. Port of Loading Hamburg
8. Port of Discharge Shanghai	9. Place of Delivery

11. Marks	12. Nos. & Kinds of Pkgs.	13. Description of Goods	14. G.W.	15. Meas.
Hamburg M&E QJDB1310 Ningbo C/No.1-Up	20 Sets Nude Packed	Computerized Embroidery Machines NV95E		
			Freight Collect Credit Number: QJDBLC131010	

16. Total Number of Containers or Packages (In Words)
SAY TWENTY SETS ONLY.

Freight & Charges	Revenue Tons	Rate	Per	Prepaid	Collect
Prepaid At	Payable At		17. Place and Date of Issue Hamburg Mar. 10, 2023		
Total Prepaid	18. Number of Original B(s)/L Three		21. Hamburg Ocean Shipping Agency		
Loading on Board the Vessel					
19. Date Mar. 10, 2023	20. By Hamburg Ocean Shipping Agency For the Carrier Named Above		For the Carrier Named Above		

任务实训

义乌市国际陆港集团有限公司收到美国 New York Import & Export Corporation 提交的全套单据，现根据项目九任务一任务实训的合同及缮制好的开证申请书对汇票和保险单进行审核（直接修改在原单据中）。

补充资料

发票/汇票号码：YD-HEMCI1328　　保险单号：YD-HEMLC1328

No. (1) YD-HEMCI1328	**Bill of Exchange**

No. (1) YD-HEMCI1328　　　　　　　**Bill of Exchange**

For (2) USD450,000.00　　　　　　　　　(3) New York, dated Mar. 10, 2023

　　(Amount in Figure)　　　　　　　　　　　(Place and Date of Issue)

At (4) _____ sight of this FIRST Bill of Exchange (SECOND of exchange being unpaid)

pay to the order of (5) Bank of China New York Branch

the sum of (6) Say US Dollars Forty Five Thousand Only

Value received for (7)　　150 Sets　　 of　(8)　　　　Wrenches　　　　　　

　　　　　　　　　　(Quantity)　　　　　　(Name of Commodity)

Drawn under (9) Agriculture Bank of China Yiwu Branch

L/C No. (10) YD-HEMLC1328　dated (11) Feb. 20, 2023

To:　　　　　　　　　　　　　　　　　　For and on behalf of

(12) Agriculture Bank of China Yiwu Branch　　(13) New York Import & Export Corporation

　　　　　　　　　　　　　　　　　　　　　　　Robert Jones

　　　　　　　　　　　　　　　　　　　　　　　Signature

The New York Insurance Company

Policy No.	YD-HEMPLC1328

This policy of insurance witnesses that the New York Insurance Company (hereinafter called "the company") at the request of <u>New York Import & Export Corporation</u> (hereinafter called "the Insured") and in consideration of the agreed premium paid to the company by the Insured undertakes to insure the undermentioned goods in transportation subject to the conditions of this policy as per the clauses printed overleaf and other special clauses attached hereon.

Marks & Nos.	Quantity	Description of Goods	Amount Insured
As per Invoice No. YD-HEMCI1328	1,500 Sets	Wrench	USD49,500.00

Total Amount Insured	SAY US DOLLARS FORTY-NINE THOUSAND FIVE HUNDRED ONLY.				
Premium	As Arranged	Rate	As Arranged	Per Conveyance SS.	HANGYI/V.0478
SLG. on or ABT.	As per Bill of Lading		From	New York	To	Shanghai
Conditions	Covering All Risks as per PICC 1/1/1981				

Claims, if any, payable on surrender of this policy together with other relevant documents in the event of accident whereby loss or damage may result in a claim under this policy immediate notice applying for survey must be given to the company's agent as mentioned hereunder: Fleshhead Link Ltd Denso Hall Dubai.

Claim Payable At/In	Ningbo in USD	The Hamburg Insurance Company
Date	Mar. 10, 2023	
Address: No. 2 The Fifth Avenue, New York, United States of America		General Manager

Endorsement:

项目小结

在进口信用证业务中，进口商应该在合同规定的时间内，依据合同缮制开证申请书，向银行缴纳保证金、支付开证手续费后，银行依据开证申请书开立信用证。

进口商在收到出口商提交的全套议付单据后，应依据信用证、合同条款及UCP 600的有关规定对全套单据进行审核，要求单证的内容准确、单据齐全、单证相符和单单相符以及各单据签发日期的合理性。进口商审核单据正确无误后，即可通知开证行对外付款；进口商通过审单，发现单据和信用证规定存在不符，如果不符点对货物交付没有严重影响，可以通知开证行暂时拒绝付款，并要求出口商进行修改，如果不符点影响到合同履行的核心内容，进口商可拒绝付款提货，并可对由此造成的损失向对方提出索赔。

项目测试

根据所给资料审核并修改填制错误的商业发票、提单、汇票、保险单(直接修改在原单据中)。

Beneficiary: XYZ Leather Goods Company 456 Spagnoli Road, New York 11747 USA

Applicant: ABC Trading Co. Ltd. 123 Huanghe Road, Tianjin China

Drafts to be drawn at sight on issuing bank for 100% of invoice value.

You are authorized to drawn on Bank of China Tianjin Branch for Documentary Irrevocable Credit No. 98765 dated Apr. 15, 2023. Expiry date May 31, 2023 for negotiation beneficiary.

Available with Royal Bank of New York by negotiation.

Full set of clean on board ocean Bills of Lading, made out to order, blank endorsed, and marked freight prepaid notify applicant.

Insurance policy/certificate in duplicate for 110 PCS of invoice value covering All Risks and War Risk of the PICC dated Jan. 1, 1981.

Goods: 5,000 PCS of leather bags packed in 10 PCS/CTN.

合同号：ABC234　　　　　　　　合同日期：2023年4月30日
信用证号：DT905012　　　　　　发票号：1234567
发票日期：2023年5月5日　　　　发票金额：USD108,000 CIP Tianjin
装运港：New York, USA　　　　　目的港：Tianjin, China
装船日期：2023年5月15日　　　　开船日期：2023年5月15日
发票签发人：XYZ Leather Goods Company Alice

G.W: 2,408 kg　　　　N.W: 2,326 kg　　　　Meas.: 21.70 m^3

No. of Packages: 500 Cartons

船名、航次号：SUN V.126　　　　提单号码：CNS010108895
集装箱号/封号：YMU259654/56789
运输标记：XYZ/1234567/New York/Nos.1-500
保险单号码：HMOP09319089

商业发票
Commercial Invoice

1. 出口商 Exporter XYZ Leather Goods Company 456 Spagnoli Road, New York 11747 USA	4. 发票日期和发票号 Invoice Date and No. 1234567 May 5, 2023	
	5. 合同号 Contract No. ABC234	6. 信用证号 L/C No. DT905012
2. 进口商 Importer ABC Trading Co. Ltd 123 Huanghe Road, Tianjin, China	7. 原产地 / 国 Country/Region of Origin China	
	8. 贸易方式 Trade Mode Ordinary Trade	
3. 运输事项 Transport Details From New York to Tianjin, by sea	9. 交货和付款条款 Terms of Delivery and Payment During May 2023 By L/C	

10. 运输标志和集装箱号 Shipping Marks; Container No.	11. 包装类型及件数；商品编码；商品描述 Number and Kind of Packages; Commodity No.; Commodity Description	12. 数量 Quantity	13. 单价 Unit Price	14. 金额 Amount
XYZ 1234567 New York Nos. 1-500	Leather Bags		USD21.60	USD108,000.00

15. 总值 (用数字和文字表示) Total Amount (In Figure and Words)
SAY US DOLLARS ONE HUNDRED AND EIGHT THOUSAND ONLY.

自由处置区	16. 出口商签章 Exporter Stamp and Signature XYZ Trading Company Alice

海运提单

Bill of Lading

1. Shipper ABC Trading Co. Ltd 123 Huanghe Road, Tianjin China		10. B/L No. CNS010108895			
2. Consignee To order of shipper					
3. Notify Party XYZ Leather Goods Company 456 Spagnoli Road, New York 11747 USA					
4. Place of Receipt	5. Ocean Vessel Sun				
6. Voyage No. V.126	7. Port of Loading New York, USA				
8. Port of Discharge Tianjin, China	9. Place of Delivery				
11. Marks	12. Nos. & Kinds of Pkgs.	13. Description of Goods		14. G.W.	15. Meas.
XYZ 1234567 New York Nos. 1-500	5,000 PCS Packed in 10 PCS / CTN	Leather Bags		2,408 KGS	21.70 CBM
					Freight Collect

16. Total Number of Containers or Packages (In Words)
SAY FIVE HUNDRED CARTONS ONLY.

Freight & Charges	Revenue Tons	Rate	Per	Prepaid	Collect
Prepaid At	Payable At		17. Place and Date of Issue New York, dated Apr. 15, 2023		
Total Prepaid	18. Number of Original B(s)/L Three		21. Hamburg Ocean Shipping Agency		
Loading on Board the Vessel					
19. Date Apr. 15, 2023	20. By China Ocean Shipping (Group) Co. For the Carrier Named Above		For the Carrier Named Above		

No. (1) 1234567

For (2) USD108,000.00   **Bill of Exchange**   (3) New York, dated Apr. 15, 2023

(Amount in Figure)   (Place and Date of Issue)

At (4) 30 days sight of this FIRST Bill of Exchange (SECOND of exchange being unpaid)

pay to the order of (5) Any Bank in America

the sum of (6) SAY US DOLLARS ONE HUNDRED AND EIGHT THOUSAND ONLY.

(Amount in Words)

Value received for (7)   5,000 PCS   of (8)   Leather Bags

(Quantity)   (Name of Commodity)

Drawn under (9) Royal Bank of New York

L/C No. (10) DT905012 dated (11) Apr. 15, 2023

To: For and on behalf of

(12) Bank of China Tianjin Branch   (13) XYZ Leather Goods Company

Alice

Signature

中国人民保险公司
The People's Insurance Company of China
总公司设于北京　一九四九年创立
Head Office: Beijing　Established in 1949

保险单 Insurance Policy	保险单号次 Policy No.	HMOP09319089

中国人民保险公司 (以下简称"本公司") 根据 <u>XYZ Leather Goods Company</u>(以下简称"被保险人") 的要求，由被保险人向本公司缴付约定的保险费，按照本保险单承保险别和背面所载条款承保下述货物运输保险，特立本保险单。

This policy of insurance witnesses that The People's Insurance Company of China (hereinafter called "the company"), at the request of <u>XYZ Leather Goods Company</u> (hereinafter called "the insured") and in consideration of the agreed premium paid to the company by the insured, undertakes to insure the undermentioned goods in transportation subject to the conditions of this policy as per the clauses printed overleaf and other special clauses attached hereon.

标记 Marks & Nos.	包装及数量 Quantity	保险货物项目 Description of Goods	保险金额 Amount Insured
As per Invoice No. 1234567	5,000 CTNS	Leather Bags	USD118,800.00

总保险金额 Total Amount Insured	SAY US DOLLARS ONE HUNDRED AND EIGHTEEN THOUSAND EIGHT HUNDRED ONLY.

保费 Premium	As Arranged	费率 Rate	As Arranged	装载运输工具 Per Conveyance SS.	SUN V. 126

开航日期 SLG. on or ABT.	As per B/L	自 From	纽约 New York	至 To	天津 Tianjin

承保险别 Conditions	Covering All Risks of the PICC, dated Jan. 1, 1981

所保货物，如遇出险，本公司凭本保险单及其他有关证件给付赔款。所保货物，如发生本保险单项下负责赔偿的损失或事故，应立即通知本公司下述代理人查勘。

Claims, if any, payable on surrender of this policy together with other relevant documents in the event of accident whereby loss or damage may result in a claim under this policy immediate notice applying for survey must be given to the company's agent as mentioned hereunder: Fleshhead Link Ltd Denso Hall Dubai.

赔款偿付地点 Claim Payable At/In	New York in USD	中国人民财产险公司天津分公司 The People's Insurance Co. of China Tianjin Branch
日期 Date	2023 年 4 月 15 日 Apr. 15, 2023	
地址 Address	123 Huanghe Road, Tianjin, China	General Manager

Endorsement: 2 copies

参考文献

1. 何璇, 曹晶晶. 国际贸易理论与实务. 北京: 科学出版社, 2022

2. 胡丹婷, 徐志远. 国际贸易理论与实务. 北京: 机械工业出版社, 2023

3. 朱春兰, 佘雪峰. 外贸单证实训教程. 杭州: 浙江大学出版社, 2020

4. 全国国际商务单证专业培训考试办公室. 国际商务单证理论与实务. 北京: 中国商务出版社, 2021

5. 张燕芳, 黄燕. 外贸单证实务. 北京: 人民邮电出版社, 2024

6. 陈广. 国际贸易制单实务. 北京: 中国经济出版社, 2024

图书在版编目（CIP）数据

外贸制单实务 / 龚江洪，陈巧萍主编. -- 杭州 ：
浙江大学出版社，2019.11（2025.8重印）
ISBN 978-7-308-19692-5

Ⅰ．①外… Ⅱ．①龚… ②陈… Ⅲ．①对外贸易—原
始凭证 Ⅳ．①F740.44

中国版本图书馆CIP数据核字（2019）第241473号

外贸制单实务
WAIMAO ZHIDAN SHIWU

龚江洪　陈巧萍　主编

丛书策划	朱　玲
责任编辑	陈丽勋
责任校对	虞雪芬　董齐琪
装帧设计	春天书装
出版发行	浙江大学出版社
	（杭州市天目山路148号　　邮政编码　310007）
	（网址：http：//www.zjupress.com）
排　　版	杭州林智广告有限公司
印　　刷	浙江新华数码印务有限公司
开　　本	787mm×1092mm　1/16
印　　张	15.75
字　　数	360千
版 印 次	2019年11月第1版　2025年8月第4次印刷
书　　号	ISBN 978-7-308-19692-5
定　　价	50.00元